사채, 이것만 알고 빌려 씁시다

이정도도 모르면
대부업체
이용하지마세요!

저자 김만기

- 수록 내용 -
꼭 알아야 할 법률상식
대부업의 개념
대부업체의 선택, 대부계약의 체결
이자의 지급, 채무의 변제

법문북스

이정도도 모르면
대부업체
이용하지마세요!

저자 김만기

법문북스

머 리 말

　요즘 경제가 어려워지면서 은행과 같은 제도권 금융기관이 아닌 대부업체에서 돈을 빌리는 사람이 많아 그에 따른 부작용으로 불법채권추심행위나 고금리(고리사채)에 따른 피해가 많이 발생하고 있습니다.

　그런데 대부업체 이용자가 대부업체를 이용하려는 경우 어떤 대부업체를 선택할 것인지, 대부계약의 체결방법, 법정이자의 범위, 대부금의 상환 및 불법 채권추심의 신고 등에 관하여 자세히 모르고 이용하기 때문에 고통을 받고 있는 분이 많아 금융감독원 등에 구제를 신청하는 사례가 비일비재 합니다.

　은행 등의 제도권 금융기관을 이용해 돈을 빌릴 수 없는 경우에는 대부업체에서 돈을 빌릴 수 있고, 이자의 지급이 어렵거나 대부금을 정상적으로 상환하기 어려울 경우에는 연체이자를 감면하거나 상환기간을 연장해 주는 '채무조정'을 이용할 수 있으며, 더 이상 변제능력이 없을 경우에는 법원에 '개인회생' 또는 '개인파산·면책' 신청을 할 수도 있습니다.

　그래서 이 책에서는 이러한 제도들을 해설을 곁들여

서 문답식으로 제1장에서는 대부업에 대한 개념을, 제2장에서는 대부업체의 선택에 대해서, 제3장에서는 대부계약의 체결에 대해서, 제4장에서는 이자의 지급에 대해서, 제5장에서는 채무의 변제에 대해서, 부록에서는 관련 법령을 정리하였습니다.

이러한 자료들은 대법원, 법제처, 금융감독원, 금융위원회 및 대한법률구조공단의 상담사례와 해설들을 취합하여 체계적으로 정리, 누구나 이해하기 쉽게 볼 수 있도록 노력하였습니다.

이 책이 많이 보급되어 대부업체 이용자가 법과 제도를 몰라 고통을 받고 있는 분들에게 큰 도움이 되리라 믿으며, 열악한 출판시장임에도 불구하고 흔쾌히 출간에 응해 주신 법문북스 김현호 대표님에게 깊은 감사를 드립니다.

2017. 02.
편저자

목 차

대부업체(사채)이용자는 꼭 알아야 할 법률상식

제1장 대부업의 개념 등

제2장 대부업체의 선택

제3장 대부계약의 체결

제4장 이자의 지급

제5장 채무의 변제

부 록

대부업체(사채)이용자는 꼭 알아야 할 법률상식?

◆ 불법사금융·개인정보불법유통 피해사례 및 대응 요령

(출처 : 금융감독원 자료)

【고금리 피해사례】

1. 불법 고금리 수취 사례

(전남 OO시에 거주하는 S씨는 시장에서 반찬가게를 운영 중에 운영자금이 부족하여 전단지를 보고 고금리 일수를 이용하게 되었음)

- 일수업자 송모씨로부터 500만원을 빌렸는데 수수료 30만원을 공제하고 65일간 10만원을 상환하는 조건이었는데, 서씨는 일수금 상환 부담을 견디지 못하고 현재는 가게를 넘기고 식당일 하고 있음.
- 일수업자는 이후에도 계속 채권추심을 하면서, 경찰에서 혹시 조사요청이 오더라도 응하지 말고 거짓말을 하라고 회유하고 있다며 피해구제 신고

2. 불법 고금리 사채

(전북 OO시에 거주하는 유모씨는 미용실을 운영하던 중 사업 운영자금이 부족하여 일수전단지를 보고 사채업자 조씨로부터 500만원을 매일 6만원씩 100일간 상환하는 조건으로 2012.09월 대출받음)

- 2013.01월에 추가로 1,000만원을 매일 12만원씩 100일간 상환하는 조건으로 대출받았는데, 사채업자 조씨는 이때 미용실 매매계약서를 강제로 작성하게 하고 미용실 열쇠를

강탈해 갔으며, 그 후 수시로 찾아와서 대출상환을 요구함

【고금리 피해 예방요령】

1. 대출시 대출업체가 등록대부업체인지 여부를 확인(금융감독원 (1332) 및 지자체 대부업담당자에 문의)

① 등록대부업체의 경우 이자율 위반의 대부계약을 체결할 확률이 낮은 편이므로 대부업체를 이용할 때도 등록된 대부업체인지 반드시 확인하고 거래하십시오.

② 또한 휴대전화 문자메시지, 일수전단지, 명함 등을 통한 대출광고는 불법사금융업체이므로 절대 이용하지 마십시오.

2. 고금리 입증을 위한 계약서, 변제 내역을 보관

① 법정 최고 이자율 위반으로 경찰에 신고하거나 채무변제를 완료하였음에도 사채업자가 고금리 이자의 변제를 요구하여 법원에 채무부존재 확인소송을 낼 때, 피해자들은 증거부족으로 이자율 위반사실을 입증하기 어려운 경우가 많습니다.

② 대부계약시에 반드시 서면으로 작성한 계약서를 받아 보관하시고 변제사실을 증명하는 영수증이나 계좌이체내역을 보관하는 것이 좋습니다.

【불법채권추심】

① 불법채권추심에 대응하기 위해서는 무엇보다도 증거자료 확보가 중요합니다.

② 평소 휴대폰 등의 녹취 및 촬영 기능을 잘 익혀두었다가 불법채권추심을 당할 경우에는 당황하지 말고 휴대폰을 이

용해 통화내용 녹취, 사진, 동영상 촬영을 통한 증거자료를 꼭 확보하여 신고·상담을 해야 합니다.

※ 피해사례1) 채권추심자가 소속을 밝히지 않는다면?

① 대출채권 추심자가 채무자 또는 그의 관계인에게 소속과 성명을 밝히지 않는 것은 불법채권추심에 해당합니다.
② 채권추심자가 검찰·법원 등 사법당국을 사칭하거나 법무사, 법무팀장 등 사실과 다른 직함을 사용하는 것도 불법입니다.

〈관련법규〉

① "대부업법" 제10조의2 대부계약에 따른 채권의 추심을 하는 자는 채무자 또는 그의 관계인에게 그 소속과 성명을 밝혀야 한다(위반시 5백만원 이하의 과태료).
② "채권의 공정한 추심에 관한 법률(이하 채권추심법)" 제6조 제1항 채권추심자가 채권자로부터 채권추심을 위임받은 경우에는 채권추심에 착수하기 전까지 다음 각호에 해당하는 사항을 채무자에게 서면으로 통지하여야 한다(위반시 1천만원 이하의 과태료).
  1. 채권추심자의 성명·명칭 또는 연락처(채권추심자가 법인인 경우에는 채권추심담당자의 성명, 연락처를 포함한다)
  2. 채권자의 성명·명칭, 채무금액, 채무불이행 기간 등 채무에 관한 사항
  3. 입금계좌번호, 계좌명 등 입금계좌 관련 사항

① 채권추심자에게 소속과 성명을 밝히도록 요구하고 이에 응하지 않을 경우 채권추심에 응할 필요가 없습니다.

② 채권추심자가 소속과 성명을 밝히지 않고 채권추심을 계속할 경우 관할 지자체에 신고하고, 미등록 사채업자가 추심을 하는 경우에는 경찰서에 신고합니다.

※ 피해사례2) 채권추심자가 협박 또는 폭언을 한다면?

① 채권추심자가 협박조의 내용으로 언성을 높이거나, 욕설 등 폭언을 하였다면 이는 불법채권추심에 해당될 수 있습니다.

② 또한, 언어 이외의 폭행·체포·감금, 기타 위계·위력을 사용한 행위도 모두 불법채권추심에 해당됩니다.

〈관련법규〉

"채권추심법" 제9조 제1호 채무자 또는 관계인을 폭행·협박·체포 또는 감금하거나 그에게 위계나 위력을 사용하는 행위 금지(위반시 5년 이하의 징역 또는 5천만원 이하의 벌금)

〈대응방법〉

① 전화 협박 등의 불법채권추심은 증빙이 어려워 처벌이 곤란한 경우가 많으므로 반드시 증거자료를 확보, 전화로 채권 추심자가 협박을 하는 경우에는 당황하지 말고 통화내용을 녹취하고, 자택방문의 경우에는 핸드폰 등을 이용한 녹화·사진촬영, 이웃증언 등을 확보합니다.

② 이후 확보한 증거자료를 가지고 관할 지자체 또는 경찰서

에 적극 신고합니다.

정당한 사유 없이 반복적으로 전화·문자메시지 등을 이용하여 추심하거나 저녁 9시 이후 아침 8시 이전에 전화·문자메시지, 자택방문 등의 채권추심을 하여 공포심이나 불안감을 유발, 정상적인 업무나 사생활을 해친다면 불법채권추심에 해당됩니다.

〈관련법규〉

① "채권추심법" 제9조제2호 정당한 사유 없이 반복적으로 또는 야간(오후 9시 이후부터 다음 날 오전 8시까지)에 채무자나 관계인을 방문함으로써 공포심이나 불안감을 유발하여 사생활 또는 업무의 평온을 심하게 해치는 행위 금지(위반시 3년 이하의 징역 또는 3천만원 이하의 벌금)

② "채권추심법" 제9조제3호 정당한 사유 없이 반복적으로 또는 야간에 전화하는 등 말·글·음향·영상 또는 물건을 채무자나 관계인에게 도달하게 함으로써 공포심이나 불안감을 유발하여 사생활 또는 업무의 평온을 심하게 해치는 행위 금지(위반시 3년 이하의 징역 또는 3천만원 이하의 벌금)

〈대응방법〉

① 전화·문자메시지 발송, 자택방문 등이 반복적으로 또는 야간에 발생하였음을 입증해야 하므로 전화 기록 등을 필히 보관(채무자가 휴대전화 전원을 꺼놓거나, 통화불능 지역

에 있어 채권추심업체가 정상시간대 발송한 것이 심야시간
에 도 달한 경우 등은 제외)합니다.
② 채권추심업체에 공식적으로 반복적 또는 야간 추심행위중
단을 요청하고 관할 경찰서에 신고(전화기록 등 입증이 불
가능한 경우에는 추심 시간대·횟수 등을 기록한 일지를 경
찰수사에 제공하면 조치 가능성이 높음)합니다.

※ 피해사례4) 채권추심자가 집 또는 회사로 찾아온다면?

① 채권추심자의 자택·회사 방문 자체를 불법채권추심으로 간
주할 수는 없으나 혼인·장례 등 채무자가 곤란한 사정을
이용하여 방문 등을 통해 채권추심의사를 공개적으로 표시
하는 경우는 불법입니다.
예) 1. 혼인·장례식장에 찾아오겠다고 협박하는 사례
  2. 딸 결혼식날 예식장에 실제로 찾아와 하객들이 보는
   앞에서 채무상환을 요구하며 계란을 투척하고 이후
   "둘째, 셋째 때도 보자"라고 협박한 사례
② 방문시 채무사실을 가족·회사동료 등 제3자에게 직·간접적
으로 알리는 것 또한 불법입니다.

《관련법규》

"채권추심법" 제12조제1호 혼인·장례 등 채무자가 채권추심
에 응하기 곤란한 사정을 이용하여 채무자 또는 관계인에게
채권 추심의 의사를 공개적으로 표시하는 행위(위반시 2천만
원 이하의 과태료)

① 혼인·장례식 등에 찾아오겠다고 협박하는 경우 당황하지 말고 협박 내용을 녹취하고 채권추심자에게 이는 불법이므로 지자체·경찰서에 신고하겠다며 즉시 중단 요청합니다.

② 협박이 지속되거나 불안한 경우 관할 지자체 및 경찰서에 신고합니다.

③ 증빙자료를 확보하지 못한 경우도 지자체에 즉시 민원제기 등을 통해 조치를 취합니다.

④ 혼인·장례식 등에 직접 찾아오는 경우에는 마찬가지로 증거자료 확보 후 지자체에 신고합니다.

※ 피해사례5) 채무사실을 제3자에게 고지하거나 이를 협박하면?

① 채권추심자가 채무사실을 가족이나 회사동료 등 제3자에게 직·간접적으로 알리는 것은 불법입니다.

② 채무자의 소재파악이 곤란한 경우가 아님에도 관계인에게 채무자의 소재, 연락처 등을 문의하는 행위도 금지되어 있습니다.

〈관련법규〉

① "채권추심법" 제12조제2호 채무자의 소재파악이 곤란한 경우가 아님에도 채무자의 관계인에게 채무자의 소재, 연락처 또는 소재를 알 수 있는 방법 등을 문의하는 행위를 금지(위반시 2천만원 이하의 과태료)

② "채권추심법" 제12조 제5호 엽서에 의한 채무변제 요구 등 채무자 외의 자가 채무사실을 알 수 있게 하는 행위를 금지(위반시 5백만원 이하의 과태료)

① 채권추심자가 가족 등에게 채무사실을 알리겠다고 협박하는 경우에는 "불법이므로 신고하겠다."며 즉시 중단 요청(협박이 지속되는 경우에는 녹취기록 등을 확보하여 지자체에 즉시 신고)을 해야 합니다.

② 가족 등 제3자에게 채무사실을 알린 경우에는 가족 등의 도움을 받아 채권추심자의 제3자 고지 행위 일자·내용 등을 상세히 기록하고 진술자료 등도 확보하여 지자체에 신고합니다.

※ 피해사례6) 채무자 또는 채무자의 가족에게 대위변제를 요구한다면?

채무자 또는 채무자의 가족·친지 등에게 연락하여 대위변제를 강요하거나 유도하는 행위도 금지되어 있습니다.

예) 최근 채무자 또는 채무자의 친·인척 등에게 "햇살론" 등 서민전용 대출 등을 활용하여 채무를 변제토록 강요하거나 대위변제를 유도

〈관련법규〉

① "채권추심법" 제9조 제5호 채무자 또는 관계인에게 금전의 차용이나 그 밖의 이와 유사한 방법으로 채무의 변제자금을 마련할 것을 강요함으로써 공포심이나 불안감을 유발하여 사생활 또는 업무의 평온을 심하게 해치는 행위를 금지(위반시 3년 이하의 징역 또는 3천만원 이하의 벌금)

② "채권추심법" 제9조 제6호 채무자 외의 사람에게 채무자 대신 변제할 것을 반복적으로 요구함으로써 공포심·불안감을

유발하여 사생활 또는 업무의 평온을 심하게 해치는 행위를
금지(위반시 3년 이하의 징역 또는 3천만원 이하의 벌금)

〈대응방법〉

① 채권추심자가 채무미납에 따른 불이익, 도의적 책임 등을
암시하는 방법으로 대위변제를 유도하더라도 절대 응할 필
요가 없습니다.

예) "따님이 평생 취직도 안 되고 빚쟁이로 살도록 내버려 두
실 겁니까" 등으로 부모의 대위변제를 유도

② 지속적으로 대위변제 요구시 녹취 등 증거자료를 확보하여
관할 경찰서에 신고합니다.

**※ 피해사례7) 채권추심자가 압류, 자택실사, 경매 등을 한다고
협박하면?**

① 채권추심자가 압류·경매, 채무불이행정보 등록 등의 조치
를 직접 취할 수 없으며, 이러한 조치로 위협하는 것은 불
법입니다.

② 또한, 채권추심에 관한 민·형사상 법적인 절차가 진행되고
있지 아니함에도 그러한 절차가 진행되고 있다고 거짓으로
표시하는 행위도 불법입니다.

〈관련법규〉

① "채권추심법" 제11조제3호 채권추심에 관한 법률적 권한
이나 지위를 거짓으로 표시하는 행위를 금지(위반시 1천만
원 이하의 과태료)

② "채권추심법" 제11조제4호 채권추심에 관한 민사상 또는

형사상 법적인 절차가 진행되고 있지 아니함에도 그러한
절차가 진행되고 있다고 거짓으로 표시하는 행위를 금지
(위반시 1천만원 이하의 과태료)

〈대응방법〉

① 채권의 압류·경매, 채무불이행정보의 등록행위는 법원의
결정사안이므로 이에 동요할 필요는 없습니다.
② 며칠 연체되었다고 압류가 가능한 것이 아니라 대부계약서
상에 명시된 기한의 이익이 상실된 경우에 한하여 압류가
가능하므로 이 외의 경우에는 이의를 제기할 수 있습니다.
③ 지속적으로 압류 등 의사표시를 포함한 독촉장, 문자메시
지 등으로 괴롭히면 이러한 증거자료를 확보하여 관할 지
자체에 신고합니다.

※ 피해사례8) 오래된 채무에 대해 갑자기 변제를 요구한다면?

① 채권추심자가 압류·경매, 채무불이행정보 등록 등의 조치
를 직접 취할 수 없으며, 이러한 조치로 위협하는 것은 불
법입니다.
② 또한, 채권추심에 관한 민·형사상 법적인 절차가 진행되고
있지 아니함에도 그러한 절차가 진행되고 있다고 거짓으로
표시하는 행위도 불법입니다.

〈관련법규〉

① "채권추심법" 제11조 제3호 채권추심에 관한 법률적 권한
이나 지위를 거짓으로 표시하는 행위를 금지(위반시 1천만

원 이하의 과태료)

② "채권추심법" 제11조 제4호 채권추심에 관한 민사상 또는
형사상 법적인 절차가 진행되고 있지 아니함에도 그러한
절차가 진행되고 있다고 거짓으로 표시하는 행위를 금지
(위반시 1천만원 이하의 과태료)

〈대응방법〉

① 만기가 5년 이상 경과한 채무의 경우 소멸시효 완성 여부,
개인회생 개시결정 여부 등 본인 채무가 추심대상인지를 1
차적으로 확인합니다.

② 소멸시효 완성 등으로 추심대상이 아닌 것으로 확인되면,
추심업체에 추심 중단을 요청하고, 추심이 지속될 경우 관
할 지자체·경찰서에 신고합니다.

※ 피해사례9) 변제 완료한 채무에 대해 채권추심을 한다면?

채무 변제를 완료하였음에도 장기간 경과 후에 동일한 채무
에 대해 추심을 하는 경우에는 다음과 같이 대응합니다.

〈대응방법〉

① 채무변제확인서가 있는 경우 채무변제확인서를 제시하거
나, 통장 거래내역 증빙 등을 통해 채무변제 완료를 입증
합니다.

② 채무상환은 채권자 명의계좌에 입금함으로써 객관적인 증
빙을 확보하고, 채무변제를 완료한 경우 반드시 채권추심
자로부터 채무변제확인서를 교부받아 최소 소멸시효 완성

기간인 5년 이상 보관하는 것이 바람직합니다.

③ 입증 서류가 없는 경우 경찰서 수사의뢰 등을 통해 조치를 취합니다.

【불법채권추심 관련 상담 및 신고 방법은?】

불법채권추심으로 피해를 당했거나 채권추심행위의 적정성 여부 등의 상담을 원할 경우에는 혼자 고민하지 말고, 금융감독원(불법사금융 피해신고센터)과 상담하고, 각 지자체 소관부서 또는 지역 경찰서(지능범죄수사팀)에 적극 신고합니다.

【사금융피해 관련 상담·제보 방법】

① 사금융피해 관련 상담·제보 사금융 피해 관련 상담 : 금융감독원 불법사금융 피해신고센터(1332)

② 인터넷을 통한 상담·제보 : 인터넷 포털에서 "서민금융 1332"검색 > 불법사금융 > 불법사금융 피해신고

* 은행·저축은행·여전사·신용정보회사 등의 불법채권추심 행위는 금융감독원 금융민원센터(1332, www.fcsc.kr)또는 해당 부서에서 처리

③ 관할 지자체 신고 : 대부업체 주소지 관할지자체(시청 또는 구청)

④ 경찰청 상담·신고처 : 업체 주소지 관할 경찰서 수사과 지능범죄수사팀

【불법대출중개수수료】

피해사례 보기

* 본 피해사례는 금감원의 "불법 대출중개수수료 피해신고" 코너에 신고된 건으로 금감원은 이에 대해 신고인이 중개수수료를 반환받도록 조치하는 한편, 중개수수료를 편취한 불법 대부중개업자를 경찰에 통보하였습니다.

※ 피해사례1) 비대면거래

(전남에 거주하는 K씨는 긴급자금이 필요해서 고민하던 중 대출광고 전화를 받고 상담 후 1,000만원 대출을 신청)

① 대출을 받기 위해 신용등급을 올리는 작업을 해야 하는데 작업비로 수수료 19.5%(195만원)를 송금하면 중간에서 작업을 해서 은행에서 대출을 받을 수 있도록 해준다고 하면서, 대신 은행에는 이러한 사실을 절대 알리지 말고 본인이 직접 대출신청을 하도록 요구함.

② 이후 피해자가 은행에 방문하여 직접 대출을 받은 뒤 작업비 195만원을 송금하자 그 뒤 연락이 두절됨

※ 피해사례2) 예치금 명목으로 편취

(전북에 거주하는 P모씨는 결혼자금이 필요하여 OO캐피탈 직원을 사칭하는 상담원으로부터 대출문자를 받고 연락하니 1,500만원이 바로 대출 가능하다며 주민등록사본, 통장을 요구)

① 급전이 필요한 P모씨는 요구 서류를 팩스로 보냈는데, 상담원은 신용등급이 낮아 현재로서는 대출이 어렵다고 하며 대신 대부업체 몇 군데에서 대출을 받게 해 줄 것이니 예

치금으로 대출금의 50%를 요구함.

② 이후 피해자가 대출을 받은 뒤 750만원을 입금하였으나 그 뒤 연락이 두절됨

【불법 대출중개수수료 피해예방요령】

긴급자금이 필요한 경우에는 서민금융1332(s1332.fss.or.kr)의 서민대출안내 코너 또는 한국이지론(1644-1110)을 통해 본인의 소득 및 신용수준 등에 맞는 대출상품을 알아보거나, 각 은행 및 서민금융회사 등에 유선 또는 직접 방문을 통해 대출상품을 상담 받는 것이 불법 대출중개수수료 피해를 예방할 수 있습니다.

대출을 대가로 "금융컨설팅 수수료, 보증보험료, 저금리 대출 전환"등 각종 명목으로 수수료 등을 요구하는 것은 불법이므로 이러한 대출중개업자의 부당한 요구에 응하지 말 것과 대출중개수수료 등을 지급한 경우에는 금융감독원의 "불법 대출 중개 수수료 피해 신고코너" 나 금융협회로 적극 신고하시기 바랍니다.

【대출사기 피해사례】

※ 피해사례1) 저금리대출 알선 미끼

① 피해자는 ㅇㅇ은행을 사칭하여 고금리의 대출을 일정기간 사용하면 저금리의 대출로 전환 가능하다는 전화를 받음.

② 사기범은 피해자에게 ㅇㅇ대부 및 ㅇㅇ저축은행에 대출을 신청하여 총 1,350만원의 대출을 받게 하고 대환대출을 위해 필요하니 지정하는 계좌로 동 금액을 입금하도록 안내

하여 피해자는 동 금액을 송금하였으나 대출이 이루어지지
않고 연락도 두절됨.

① 피해자는 ㅇㅇ저축은행을 사칭하여 저금리 대출이 가능하
다는 전화를 받음.
② 사기범은 대출금 1천만원 승인은 났으나 신용등급이 낮다
며 피해자에게 통장 잔액이 300만원인 것을 증명해야 한
다고 함.
③ 피해자는 본인 통장에 300만원을 입금하였고 사기범은 피해
자와 통화하면서 텔레뱅킹 이체 수단으로 동 금액을 인출함.

① 피해자는 ㅇㅇ캐피탈을 사칭하여 저금리로 1,500만원 대출
이 가능하다는 전화를 받음.
② 사기범은 채무 불이행시에 대비해 공증료 등 법률비용을
납부해야 한다며 공증료 등의 명목으로 금전을 요구하여
피해자는 농협·새마을금고·우체국으로 380만원을 송금하였
으나 이후 연락이 두절됨.

① 피해자는 ㅇㅇ캐피탈 직원을 사칭한 사기범에게 휴대폰으
로 전화를 받음.
② 사기범은 피해자에게 얼마나 대출이 가능한지 알려주겠다
며 주민등록번호를 요구하였고 피해자는 주민등록번호를

불러줌.

③ 사기범은 피해자가 통장거래내역이 부족해서 대출이 안되니 자기들에게 통장과 현금카드를 주면 통장거래내역을 높여서 400만원까지 대출이 가능하다고 함.

④ 피해자는 통장과 현금카드를 개설하고 택배기사를 통해 사기범에게 넘겨줌.

⑤ 사기범은 피해자에게 통장을 받았다고 전화하고 곧 대출이 실행될 것이라고 하였으나 이후 연락이 두절됨.

※ 피해사례5) 스마트폰 악성앱 이용

① 피해자는 ㅇㅇ캐피탈을 사칭한 사기범으로부터 저금리 대출이 가능하다는 전화를 받음.

② 사기범은 본인 인증이 필요하다며 문자로 인터넷 주소를 보냈고 피해자는 해당 주소를 통해 앱을 다운받아 설치한 후, 이름과 주민등록번호를 입력함.

③ 사기범은 피해자에게 대부업체의 기존 대출금을 상환해야 저금리 대출이 가능하다고 하였고, 피해자는 대출금 상환을 위해 S대부의 실제 전화번호로 전화하였으나 해당 전화는 S대부가 아니라 사기범의 사무실로 연결됨.

④ 사기범은 S대부 대출심사팀으로 가장하고 피해자에게 계좌번호를 알려주며 대출금을 상환할 것을 안내하였고 피해자는 동 계좌로 총 1,000만원을 송금함.

【대출사기 피해예방요령】

① 전화 또는 문자메시지를 통한 대출광고에 유의

  전화나 문자메시지를 통한 대출광고는 사기업체의 대출광고일 확률이 높으므로 동 광고에 속지 않도록 유의해야 합니다.

  ※ 특히, 대출여부는 대출당시 고객의 신용등급·채무내역·연체이력 등을 고려하여 금융회사가 결정하는 것이므로 저금리 대환대출을 약속하는 행위는 대출사기일 가능성이 높음.

② 대출실행과 관련한 금전적 요구시 대출사기로 의심

  정상적인 대출업체는 수수료 등 어떠한 명목으로도 대출과 관련해 금전을 요구하지 않으므로 금전 요구시 절대 응하지 말아야 합니다.

③ 문자메시지에 포함된 출처가 불분명한 인터넷주소 클릭 주의.

  스마트폰 보안설정 항목에서 "알 수 없는 앱 설치의 非허용" 및 "앱 설치 전 확인"을 체크하는 등 보안에 유의해야 합니다.

④ 타인에게 개인 신용정보 등을 알려 주지 말 것.

  신분증, 보안카드 번호, 문자메시지 인증번호, 통장사본 등 개인 신용정보를 본인 외 제3자에게 알려 주는 경우 대출거래 또는 자금이체 승인 등에 악용될 소지가 많음에 주의해야 합니다.

* 통장 사본, 휴대폰 등을 대출권유업체에 주는 경우 대포통장이나 대포폰으로 악용될 우려

⑤ 대출관련 수수료 등을 송금한 경우 지급정지 요청

  즉시 경찰청(☎112) 또는 은행 영업점이나 콜센터에 송금계좌에 대한 지급정지를 요청하고 3일 이내에 경찰서가 발급한 사건사고사실확인원을 첨부하여 신고한 은행 영업점에 제출합니다.

⑥ 대출관련 서류를 보낸 경우 개인정보 노출자 사고예방시스

템에 등록

금융감독원 민원센터(☎1332) 또는 금융회사 영업점을 방문하여 '개인정보 노출자 사고예방 시스템'에 등록합니다.
* 본인명의로 신규 금융거래시(통장개설, 대출신청, 인터넷뱅킹 신청, 신용카드 발급 등) 본인확인을 더욱 엄격히 하여 명의도용을 사전 차단

【피싱사기 피해사례】

※ 사례1) "개인정보유출로 보안승급필요"라는 문자메시지 발송에 의한 피싱사기 시도

12.5.25일 사기범은 경기 거주 기모씨(50대)에게 "개인정보유출로 보안승급필요"라는 문자메시지를 발송, 피싱사이트로 유도하여 인터넷 뱅킹과 공인인증서 재발급에 필요한 정보를 입력토록 한 후, 피해자명의의 공인인증서를 재발급 받아 인터넷뱅킹을 통해 피해자 계좌에서 1천2백만원을 사기범 계좌로 이체하여 편취

※ 사례2) 가족 모두의 개인정보를 알고 자녀납치 빙자 피싱사기 시도

12.6.5일 사기범은 경기 거주 이모씨(여, 40대)에게 자녀의 휴대전화번호(발신번호 변작)로 전화를 걸어 자녀의 이름과 학교 등의 정보를 말하면서 납치극 상황을 연출하여 피해자로부터 3백만원을 편취

※ **사례 3)** 피싱사이트로 유도하기 위해 금융감독원과 금융회사를 사칭하여 휴대전화 소지인의 이름과 거래은행 계좌번호가 기재된 문자 메시지를 발송

【텔레뱅킹에 의한 피해 사례】

※ **사례1)** 경기도 수원거주 박모씨(남, 50대초반, 설비업 종사)는 12.8.28일 오전 10시경 금융감독원 직원을 사칭하는 사기범으로부터 "피해자의 계좌에서 180만원이 무단 인출되어, 경찰청과 금융감독원을 통해 조사가 필요하니 주민등록번호와 텔레뱅킹에 필요한 정보(계좌번호, 계좌비밀번호, 보안카드번호 등)를 알려 달라"는 전화를 받고, 텔레뱅킹에 필요한 정보를 사기범에게 알려 주었는데, 사기범은 동 정보를 이용하여 피해자 명의의 텔레뱅킹을 통해 피해자의 W은행 계좌에서 총 11회에 걸쳐 2,765만원을 사기범계좌로 이체하여 편취

※ **사례2)** 전남 목포거주 이모씨(여, 40대중반, 보험설계사)는 12.9.3일 오후 6시경 B은행 직원을 사칭하는 사기범으로부터 전화가 와서 "자동이체일을 변경하려면 어떻게 하느냐"라고 묻자, 사기범이 "자동이체일자를 21일에서 25일로 변경하려면 관련법이 바뀌어 주민등록번호와 텔레뱅킹에 필요한 정보(계좌번호, 계좌비밀번호, 보안카드번호 등)를 알려주어야 한다"라고 해서, 텔레뱅킹에 필요한 정보를 사기범에게 알려 주었는데, 사기범은 동 정보를 이용하여 피해자 명의의 텔레뱅킹을 통해 피해자의 N은행계좌에서 총

4회에 걸쳐 715만원을 사기범계좌로 이체하여 편취

【피싱사이트에 의한 피해사례】

※ 사례1) 경기 거주 김모씨(여, 40대, 회사원)는 12.9.6(목) 오전 09시경 K은행 대표번호로 온 문자메시지 "○○은행입니다. 고객님 개인정보가 유출되었으니 보안승급 바랍니다. http://www.kbmtcard.com"를 수신하고, 해당사이트에 접속하여 계좌번호, 이체비밀번호, 보안카드 35개 일체 등 인터넷 뱅킹과 공인인증서 재발급에 필요한 정보를 입력하였는데, 사기범이 동 정보를 이용하여 12.9.9(일) 03시 30분경 공인인증서를 재발급 받아, 인터넷 뱅킹으로 인출 가능한 한도 전액인 2천7백만원을 8회에 걸쳐 사기범 계좌로 이체하여 편취하였고, 김모씨는 당일 06시경 핸드폰을 확인하면서 공인인증서 재발급 및 출금내역 문자가 수신되어 있어 피싱사기를 인지하고 해당은행 콜센터에 신고하였으나 이미 전액 출금되었음

※ 사례2) 부산 거주 이모씨(여, 30대, 회사원)는 12.9.7(금)08시경 K은행 대표번호로 온 문자메시지 " 개인정보유출로 보안승급필요 http://www.kbvtbank.com"를 수신하고, 해당 사이트에 접속하여 계좌번호, 이체비밀번호, 보안카드 번호 35개 일체 등 인터넷뱅킹과 공인인증서 재발급에 필요한 정보를 입력하였는데, 사기범이 12.9.8(토) 04시 30분경 피해자명의의 공인인증서를 재발급 받아 인터넷뱅킹으로 인출가능한도 전액인 8백만원을 2회에 걸쳐 사기

범 계좌로 이체하였음. 이모씨는 04시 30분경 공인인증서가 재발급되었다는 SMS문자와 출금 내역 SMS문자가 수신되는 소리에 잠이 깨어 문자내용을 확인, 피싱사기를 인지하고 경찰청 112센터를 통해 지급정지 조치하였음

【파밍(Pharming)에 의한 피싱사이트 피해사례】

※ 사례1) 경기도 성남거주 김모씨(여, 40대후반)는 12.11.12일 본인이 사용하는 컴퓨터의 인터넷 즐겨찾기에 등록되어 있는 N은행의 사이트에 접속하였으나 동 은행을 가장한 피싱사이트로 접속이 되었고, 인터넷뱅킹에 필요한 정보를 입력하는 팝업창이 나타나 해당 정보(계좌번호, 계좌비밀번호, 보안카드번호 등)를 입력하였는데, 사기범은 12.11.12일부터 16일까지 5일간 동 정보를 이용하여 피해자 명의의 인터넷뱅킹을 통해 피해자의 N은행 계좌에서 총 5회에 걸쳐 1,039만원을 사기범계좌로 이체하여 편취

※ 사례2) 인천시 거주 유모씨(여, 30대 후반)는 12.11.1일 자녀학원비 이체를 위해 본인이 사용하는 컴퓨터의 인터넷 검색포털사이트에서 "Kx"라는 단어로 검색 후 K은행의 사이트에 접속하였으나 동 은행을 가장한 피싱사이트로 접속이 되었고, 인터넷뱅킹에 필요한 정보를 입력하는 팝업창이 나타나 해당 정보(계좌번호, 계좌비밀번호, 보안카드번호 등)를 입력하였는데, 사기범은 12.11.5일 동 정보를 이용하여 피해자 명의의 인터넷뱅킹을 통해 피해자의 K은행 계좌에서 총 5회에 걸쳐 1,763만원을 사기범 계좌로 이체하여 편취

【피싱사기 피해 예방요령】

1. 금융거래정보 유출 주의

금융감독원·검찰·경찰 등의 공공기관과 금융회사는 어떠한 경우에도 전화나 문자메시지를 통해 개인정보(이름, 주민등록번호 등)와 금융거래정보(계좌번호, 비밀번호, 보안카드번호 등)를 알려달라거나, 특정 인터넷 사이트에 개인정보 및 금융거래정보 등의 입력을 요구하지 않습니다.

2. 보안카드 관리 철저

보안카드 일련번호와 보안카드 코드번호 전체를 알려달라고 하거나 인터넷 사이트에 입력하도록 요구하면 피싱사기이므로 절대로 응하여서는 안 되며, 또한, 타인이 전화나 문자메시지 등으로 보안카드 코드번호 일부를 요구하는 경우도 일절 응대하지 말아야 합니다.

3. 금융회사의 보안서비스 적극 활용

① 전자금융사기 예방서비스에 가입하여 타인에 의한 공인인증서 무단 재발급을 예방하고, 나만의 은행주소, 개인화 이미지(국민), 그래픽인증(우리) 등 금융회사별로 제공하는 보안서비스를 적극 활용
② 전자금융사기 예방서비스 : 각 은행 인터넷 뱅킹 홈페이지에서 가입절차 등을 구체적으로 안내
 (농협은행의 경우 : 개인 인터넷뱅킹 > MY뱅크 > 전자금융사기 예방서비스 > 각 서비스 신청)

③ 나만의 은행주소 : 이용자가 인터넷뱅킹 주소를 직접 만들
고 자신만의 은행주소로 인터넷 뱅킹에 접속
④ 개인화이미지 : 이용자가 직접 이미지, 문자, 색상 등을 지
정하고 금융회사 사이트 접속시 지성한 이미지 등을 확인
⑤ 그래픽인증 : 이용자가 사전에 4개의 숫자 및 영문자 이미
지를 암호로 설정하고 인터넷뱅킹 로그인 단계에서 설정한
이미지 암호키를 입력

4. 출처가 불분명한 파일, 이메일의 다운로드 등 자제

출처가 불분명한 동영상 파일과 이메일 등은 악성코드가 포
함되어 파밍 등에 노출될 가능성이 높으므로 다운로드 자제
등 이용에 각별한 주의가 필요합니다.

5. 금융회사는 보안승급 등을 요구하지 않음

① 금융회사는 문자메시지나 이메일 등으로 보안승급이나 보안
강화 조치를 요구하지 않으므로, 이러한 문자메시지나 이메
일 등을 받은 경우 일절 응대하지 말고 금융회사 등에 확인
② 또한, 인터넷 즐겨찾기나 포털사이트 검색 등을 통하여 금
융회사 홈페이지에 접속하였더라도 보안승급 등을 이유로
금융거래정보 입력을 요구하는 경우는 피싱사기(파밍)이므
로 각별한 주의 요망

6. 피해발생시 112로 즉시 지급정지 요청

만약 피해를 당한 경우 즉시 경찰청 112센터나 금융회사
콜센터에 사기범 계좌의 지급정지를 요청하고, 지급정지된 피

해금액에 대해서는 해당 은행 등을 방문하여 피싱사기 피해금 환급을 신청합니다.

【불법사금융 피해예방을 위한 10가지 요령】

① 법정이자율(등록업체 27.9%, 미등록 및 개인간 거래 25%) 을 초과한 이자는 무효이므로 원금충당 또는 이자반환 등 을 요구하세요!

② 폭행·협박 등을 통해 불법추심을 당하는 경우 휴대전화 녹화·녹음 등 증거나 증인을 확보하고 경찰청(☎112), 해양경 찰청(☎122) 또는 지자체에 신고하세요!

③ 대출상담시 신용등급 상향 조정료, 보증료, 수수료 등의 명목으로 돈을 요구하면 대출사기이므로 상담을 중단하고, 피해발생시 신속하게 경찰청(☎112) 또는 해양경찰청(☎122)에 신고하고 거래금융회사에 지급정지를 요청하세요!

④ 대출시 대출업체가 등록대부업체인지 여부를 확인해 보고 거래하세요! (금융감독원(☎1332) 및 지자체 대부업담당자 에 문의)

⑤ 휴대전화 문자메시지를 통한 대출광고는 불법사금융 업체 이므로 절대 이용하지 마세요!

⑥ 대출중개수수료 요구는 불법이므로 절대 응하지 말고, 이 미 지급한 경우에는 금융감독원(☎1332)에 신고하여 돌려 받으세요!

⑦ 검찰·경찰·금융감독원 등 공공기관이 계좌번호, 비밀번호 등 금융정보를 요구하는 경우 보이스피싱이므로 절대 응하 지 마세요!

⑧ 대출신청 전에 한번더 본인의 소득과 이자부담을 생각하고, 새희망홀씨, 햇살론, 미소금융을 먼저 신청해 보세요!

⑨ 본인의 능력으로 채무상환이 어려운 경우에는 신용회복위원회의 "채무조정제도", 법원의 "개인회생제도" 등을 활용하세요!

⑩ 대출 등 금융거래와 관련하여 애로사항이 있거나, 금융사기 등 피해를 당한 경우 금융감독원(☎1332)과 상담하세요!

【형사처벌 대상 불법 채권추심 행위】

① 채무자 또는 관계인을 폭행·협박·체포 또는 감금하거나 위계나 위력을 사용

② 정당한 사유 없이 반복적으로 또는 야간(밤 9시~아침 8시 사이)에 방문하여 공포심이나 불안감을 유발 정당한 사유가 있는 경우 아침 8시~오후 9시 사이에 채권추심을 위해 방문하는 것 자체는 불법이 아니나, 공포감·불안감을 유발시키는 행위가 있는 경우는 불법추심에 해당

③ 정당한 사유 없이 반복적으로 또는 야간에 말·글·음향·영상 또는 물건을 도달하게 하여 공포심이나 불안감을 유발

④ 채무자 외의 사람(보증인 포함)에게 채무에 관한 거짓 사실 유포

⑤ 금전을 빌려서 또는 그 밖의 이와 유사한 방법으로 채무변제자금을 마련할 것을 강요하여 공포심이나 불안감 유발

⑥ 채무를 변제할 법률상 의무가 없는 사람(가족 등)에게 대신 변제할 것을 반복적으로 요구하여 공포심이나 불안감을 유발

⑦ 채권발생이나 추심과 관련하여 알게 된 채무자 또는 관계

인의 신용정보나 개인정보를 누설하거나 채권추심 목적 이
외로 이용
⑧ 무효이거나 존재하지 않는 채권을 추심하는 의사를 표시
⑨ 법원, 검찰청, 그 밖의 국가기관에 의한 행위로 오인할 수
있는 말·글·음향·영상·물건, 그 밖의 표지를 사용
⇒ 불법 추심에 대하여 객관적인 증거자료를 확보하고 경찰서
(지능범죄수사팀)에 적극 신고하세요!
 - 욕설이나 협박내용은 휴대폰 등에 녹음을 하고, 폭행 등의
위협적인 행동은 동영상으로 촬영
 - 사채업자는 혼자 만나지 말고 친구나 이웃 등 증인이 될
수 있는 사람과 같이 만날 것
 - 금융감독원 불법사금융피해신고센터(국번없이 1332)에서는
대부업체 및 불법사채의 불법추심 관련 상담 및 경찰서
등 수사기관 신고를 도와드리고 있습니다.
 - 다만, 금감원에서 경찰서 등 수사기관에 통보하는 경우에
도 피해자께서 경찰서에 방문하셔서 진술하시고 증거를
제공하는 등 협조가 필요함을 양지하여 주시기 바랍니다.

【행정처분 대상 부당채권 추심 행위】

① 정당한 사유 없이 채무확인서 교부를 거부
　채무확인서 교부에 직접 사용되는 범위에서 비용 청구는 가
능함. 참고로, 한국대부금융협회는 회원사에 대해 직접 사용
되는 비용을 입증할 수 있는 경우를 제외하고는 1만원 이내에
서 수취할 것을 권고하고 있습니다.
② 채권추심을 위임받은 자가 채권추심 전에 다음과 같은 사

항을 포함한 수임사실을 서면(전자문서 포함)으로 통지하
지 않는 행위

* "전자문서"라 함은 정보처리시스템에 의하여 전자적 형태로
작성, 송신·수신 또는 저장된 정보를 말한다(전자거래기본법
제2조 제1호).

1. 채권추심자의 성명·명칭 또는 연락처(채권추심자가 법인인
경우 추심담당자의 성명 및 연락처 포함)

2. 채권자의 성명·명칭, 채무금액, 채무불이행 기간 등 채무에
관한 사항

3. 입금계좌번호, 계좌명 등 입금계좌 관련 사항

* 채무자가 통지가 필요없다고 동의한 경우는 서면통지 하지
않을 수 있으나, 기한의 이익이 상실된 경우 등에는 즉시
통지하여야 함

4. 동일 채권에 대해 2인 이상에게 채권추심을 위임

5. 채무의 존재를 다투는 소송 진행중에 채무불이행자로 등록

* 채무불이행자로 이미 등록된 경우에는 소송이 진행중임을 안
날로부터 30일 이내에 채무불이행자 등록을 삭제해야 함.

6. 채권추심 관련 거짓표시
 - 채권추심에 관한 법률적 권한이나 지위를 거짓으로 표시
 - 민사상·형사상 법적 절차가 진행되고 있지 않음에도 그러
한 절차가 진행되고 있다고 거짓으로 표시
 - 다른 사람이나 단체의 명칭을 무단으로 사용
참고로, 무효이거나 존재하지 않는 채권을 추심하거나, 법
원, 검찰청, 그 밖의 국가기관에 의한 행위로 오인될 수
있는 표지를 사용하는 행위는 형사처벌 사항입니다.

7. 혼인, 장례 등 채무자가 채권추심에 응하기 곤란한 사정을
   이용하여 채무자 또는 관계인에게 채권추심의 의사를 공개
   적으로 표시

8. 채무자의 연락두절 등 소재파악이 곤란한 경우가 아님에도
   채무자의 관계인에게 채무자의 소재, 연락처 또는 소재를
   알 수 있는 방법 등을 문의

9. 정당한 사유 없이 수화자부담전화료 등 통신비용을 채무자
   에게 발생시키는 행위

10. 회생절차, 파산절차 또는 개인회생절차에 따라 전부 또는
    일부 면책되었음을 알면서 법령에서 정한 절차 외에 반복
    적으로 채무변제를 요구

  - 개인회생 또는 파산 신청만으로는 채권추심이 중지되지 않
    습니다. 다만, 개인회생의 경우 법원의 '채권추심금지명령'
    이 있으면 회생인가 결정 이전에도 추심이 중단될 수 있
    습니다.

  - 개인회생·파산제도에 대한 상세한 사항은 대한법률구조공
    단(국번 없이 132)의 개인회생 및 파산 지원센터 홈페이지
    등을 참조하시기 바랍니다.

11. 엽서에 의한 채무변제 요구 등 채무자 외의 자가 채무사
    실을 알 수 있게 하는 행위

12. 채무자 또는 관계인에게 지급할 의무가 없거나 실제로 사
    용된 금액을 초과한 채권추심 비용 청구

13. 대부계약에 따른 채권추심을 하면서 채무자 또는 그의 관
    계인에게 소속과 성명을 밝히지 않는 행위

  ⇒ 불법 추심에 대하여 객관적인 증거자료를 확보하고 도청·

시청·구청 등 지방자치단체에 적극 신고하세요!
- 금융감독원 불법사금융피해신고센터(국번없이 1332)에서는 대부업체 및 불법사채의 부당 추심 관련 상담 및 지자체 통보를 도와 드립니다.
- 다만, 금감원에서 지자체로 위법사항을 통보한 경우에도 필요한 경우 피해자께서 지자체에 진술하거나 증거를 제출하시는 등 협조가 필요함을 양지하여 주시기 바랍니다.

【한국이지론을 통해 불법사금융 피해 등을 예방】

① 한국이지론(www.egloan.co.kr)을 통해 본인의 신용도에 맞는 대출을 찾아서 사용하시면 불법사금융 피해를 예방하실 수 있습니다!
- 한국이지론을 사칭하는 불법업체들이 있으니 유의하시기 바랍니다!
- 채무불이행자, 개인회생·파산자 및 현재 연체중이신 분은 대출안내가 곤란할 수 있음을 양해해 주시기 바랍니다.
② 대출실행을 위한 신용조회를 하더라도 신용등급에는 영향이 없으나, 단기간에 대량으로 조회가 이루어지는 경우 일부금융기관에서 대출사기 방지 등을 위한 심사유의 대상으로 관리하는 경우가 있으니 주의하시기 바랍니다.
③ 신용조회를 위해서는 본인의 동의가 필요하며 본인 동의하에 적법하게 신용조회가 이루어진 경우, 대출이 실행되지 않았다고 하였더라도 조회기록이 사라지지 않습니다.
⇒ 명의 도용 등 본인 동의 없이 신용조회가 이루어졌다면 해당 업체에 신용조회 기록 삭제를 요청하고, 형사처벌 사항

이므로 경찰서에 신고하시기 바랍니다.

【등록대부업체인지 확인 후 거래】

① 대부업자는 영업소를 관할하는 시·도지사에 등록하여야 합
니다. 다만, 서울시 등 대부분의 시·도는 대부업 등록 등
관리업무를 하부지자체(시·군·구청)에 위임하고 있으므로
참고하시기 바랍니다.

② 미등록 대부업은 불법이며, 법정 최고이자율을 초과하는
의 고금리 수취 및 협박·폭행 등 불법추심의 위험이 매우
높습니다. 등록된 대부업체, 상호저축은행, 캐피탈, 금융지
주회사 등을 사칭하는 대출사기를 조심하세요!

⇒ 광고 기재사항을 통해 등록된 구청, 시청, 도청 등 지자체
에 대부업 등록여부를 확인하시고 거래하시기 바랍니다.
[등록대부업체 조회하기]

* 광고 시 필수기재사항 : 명칭 또는 대표자 성명, 대부업등
록번호, 대부이자율(연 환산 이자율 포함) 및 연체이자율,
기타 부대비용, 영업소의 주소와 전화번호(2 이상의 시·도
에서 영업하는 경우 본점의 주소 및 전화번호), 대부업을
등록한 시·도의 명칭 상기 필수기재사항을 모두 기재하지
않거나, 금리 등 주요사항에 대해 허위·과장 광고하는 행위
는 불법이며, 지자체 신고가 필요합니다.

③ 한편, 미등록 대부업자가 대부업 광고를 게재하는 행위는
형사처벌 사항입니다.
금융감독원 불법사금융피해신고센터(국번없이 1332)는 상
담과 수사기관(경찰서) 및 지자체 신고를 도와드립니다.

【계약서를 정확히 작성하고 교부 받을 것】

① 대부계약서의 대부금액, 대부기간, 이자율 등 중요 내용을 반드시 확인하고 정확하게 자필기재한 후, 대부계약서를 교부받으셔서 보관하십시오.

1. 대부업자(영업소 포함) 및 거래상대방의 <u>명칭 또는 성명</u>, 주소 또는 소재지

2. 계약일자

3. <u>대부금액</u>

4. <u>대부이자율</u>(이자율의 세부내역 및 연환산이자율) 및 <u>연체이자율</u>

5. <u>변제기간</u> 및 변제방법

6. 계좌이체로 변제하는 경우 대부업자 명의의 계좌번호

7. 거래에 관한 모든 부대비용

8. 손해배상액 또는 강제집행 내용(관련 약정이 있는 경우)

9. 보증계약을 체결한 경우 그 내용

10. 채무의 조기상환 조건

11. 대부업 등록번호

12. 기한의 이익 상실 관련 내용(관련 약정이 있는 경우)

13. 대부원리금의 변제 순서(관련 약정이 있는 경우)

14. 채무 및 보증채무와 관련된 증명서의 발급비용과 발급기한

＊ 밑줄 글씨는 자필기재 의무사항입니다.

② 실제와 다른 대부계약서를 작성하거나, 백지어음 또는 백지위임장을 제공하여 실제 채무 보다 과도한 채무를 부담한 경우, 대출금 입금내역, 원리금 상환내역 등 관련 증거자료를 확보하여 채무부존재 소송 등을 제기하고, 경찰서

등 관할 수사기관에 고소하실 수 있습니다. 금융감독원 불법사금융피해신고센터(국번 없이 1332)는 상담과 수사기관(경찰서) 및 지자체 신고를 도와드립니다.

* 증거능력이 미비할 경우 패소하거나 무혐의 처리될 수 있으므로 소송 및 고소는 신중을 기하여 결정할 필요가 있습니다.

③ 계약서 및 공정증서는 민사재판이나 형사재판에서 강력한 증거력이 있어 이를 반증하는 것이 상당히 어려우므로 대부계약시 반드시 실제 채무내용과 동일한 대부계약서를 작성하여 교부받아야 하고, 현장 수령시 실제 수령금액에 대한 확인증을 반드시 받는 등 거래에 유의하시기 바랍니다.

【미등록 불법사채업자는 금융감독원 불법사금융피해신고센터 (국번 없이 1332) 또는 경찰서로 신고】

대부업 등록을 하지 않고 대부업을 영위하는 것은 불법이며, 형사처벌 사항입니다. 금융감독원 불법사금융피해신고센터(국번 없이 1332)에서는 미등록 불법사채업자에 대한 수사기관(경찰서 등)에서 신고를 도와 드립니다.

【법정 상한 이자율을 넘는 이자는 내지 마세요】

① 등록대부업체는 최고 연34.9%(월2.9%, 일 약0.095%)까지 이자 및 연체이자를 수취할 수 있으며, 이를 초과하는 이자계약은 무효입니다.

② 등록대부업자에 적용되는 법정 최고 이자율

계약 시점	등록대부업자에 적용되는 법정 최고 이자율

1998.01.13 ~ 2002.10.26	별도 최고 이자율은 없으나 민법에 의해 제한 될 수 있음 (단, 2008.03.22부터 지급되는 이자는 연 49%로 제한)
2002.10.27 ~ 2007.10.03	연 66%(단, 2008.03.22 부터 지급되는 이자는 연 49%로 제한
2007.10.04 ~ 2010.07.2	연 49%
2010.07.21 ~ 2011.06.26	연 44%
2011.06.27 ~ 2014.04.01	연 39%
2014.04.02 ~	연 34.9%

③ 사례금, 수수료, 공제금, 연체이자, 체당금 등 명칭과 관계없이 대부업자가 받는 것은 모두 이자(부대비용 제외)입니다. 다만, 담보권 설정비용 및 신용조회비용은 부대비용으로 이자가 아니며, 채무자가 부담할 수 있습니다. 어음공증비용, 채무자 방문을 위한 교통비, 전당포 업자 등이 담보로 잡은 물품·차량 등에 대한 보관비용 등은 부대비용이 아니며, 이자에 해당됩니다.

④ 대부업자에게 연34.9% 초과하여 이자를 지급한 경우 초과 지급된 이자 상당금액은 원본에 충당되고, 원본에 충당하고 남은 금액이 있으면, 반환 청구할 수 있습니다.

⑤ 대부업자가 선이자를 공제하고 대출금을 지급한 경우, 채무자가 실제로 받은 금액을 원본으로 하여 이자율을 산정합니다.

⑥ 채무자가 대부중개업체에 지급한 대출중개수수료는 이자에 해당하지 않으며, 대부중개업체가 채무자로부터 중개수수료 등 금전·물품을 수취하는 행위는 불법입니다.

⑦ 전체 대부기간 뿐 아니라, 상환주기별로도 각각 법정최고금리 수준을 초과하는 이자를 수취하는 것은 불법입니다.

⑧ 미등록대부업자 또는 일반인은 최고 연30%(월2.5%, 일

0.082%)까지 이자(연체이자 포함)를 수취할 수 있습니다.

⑨ 미등록 대부업자 법정 상한 이자율 상한규제

계약 시점	민사상 효력	형사처벌 기준
1998.01.13~ 2002.10.26	(2007.06.30 이후 이자는 연 30%)	(2008.03.22~2009.01.20 기간중 이자는 연 49%, 2009.01.21 부터는 연 30%)
2002.10.27~ 2007.06.29	연 66% (2007.06.30 이후 이자는 연 30%)	연 66% (2008.03.22~2009.01.20 기간중 이자는 연 49%, 2009.01.21 부터는 연 30%)
2007.06.30~ 2007.10.03	연 30%	연 66% (2008.03.22~2009.01.20 기간중 이자는 연 49%, 2009.01.21 부터는 연 30%)
2007.10.04~ 2009.01.20	연 30%	연 49%
2009.01.21 ~	연 30%	연 30%
2014.7월중(예정)	연 25%	연 25%

【계좌 거래, 영수증 수령 등 상환했다는 증거를 확보하세요】

현금거래를 하고 영수증이나 완납증명서를 받는 등 증빙이 남아있지 않은 경우 악덕 불법사채업자가 지속적으로 상환을 요구하는 사례가 있습니다.

⇒ 채무변제시에는 채권자 명의의 계좌로 송금하거나 영수증, 완납증명서를 받아서 보관하는 등 주의하시기 바랍니다. 채무상환 완료 후 채무자가 서면으로 요구할 경우 채권자 가 보관하는 대출계약서, 보증계약서 및 계약관계서류의 원본을 돌려받을 수도 있습니다.

이 경우, 대부업법 제6조제5항에 의한 대부계약서 보관의무와 관련하여 대부업자는 그 반환요구서와 '계약서 및 계약관계서류의 사본'을 보관하면 됩니다.

【대부업자 연락두절로 변제가 곤란하다면, 법원에 채무금액을 공탁해 두세요】

채권자가 채무변제를 요구하지 않거나 정당한 사유 없이 채무변제를 받지 않는다 하여 자동적으로 변제의무가 소멸되는 것이 아닙니다. 변제기일이 지났음에도 채권자가 변제를 요구하지 않는다는 이유로 채무변제에 소극적일 경우 향후 많은 이자를 부담해야 할 수 있습니다.

⇒ 사채업자의 주소지를 관할하는 법원에 변제하고자 하는 채무금액(이자 및 원금)을 공탁함으로써 사채업자에 대한 채무를 면할 수 있습니다.

【불법 대출중개수수료 주지 마세요】

대부중개업자가 서류처리비, 전산처리비, 교통비 등의 명목으로 중개수수료를 받거나 상조·보험가입 등을 강제하는 행위는 불법입니다.

⇒ 중개수수료 지급요구에 절대 응하시지 마시고, 지급하신 경우 금융감독원 불법사금융피해신고센터(국번 없이 1332) 또는 금융감독원 홈페이지 「불법대출중개수수료 피해 신고」 코너에 신고하시면, 피해구제를 도와드립니다.

【대출사기를 조심하세요(대출사기 유형)】

생활정보지 광고, 불법스팸문자 등을 통해 대부업체, 상호저축은행, 캐피탈, 금융지주회사 등을 사칭하는 사기업체를 조심하세요!

유형 ① 저금리대출 알선 미끼

- 저금리대출로 대환해주겠다며 대부업체 등의 고금리대출을 받게 한 후 대환대출 명목으로 대출금을 입금하게 하여 편취
- 은행 등의 저금리대출을 알선해 주겠다며 일정기간 동안의 예치금 또는 공탁금 등 명목으로 금전을 요구

유형 ② 신용등급 상향 미끼로 보증료 등 요구

- 신용등급이 낮아 대출진행이 어려우므로 보증보험(또는 기금)의 가입이 필요하다며 보증료 납부, 채무이행 담보 명목으로 이자 선납, 신용불량 정보 삭제를 위한 전산비용 등 요구

유형 ③ 공증료 등 법률비용 납부 요구

- 대출실행 후 채무불이행 또는 채권추심 등에 대비한 공증료 등 법률비용 명목으로 금전을 요구

유형 ④ 통장사본, 휴대폰 등 실물 요구

- 대출을 받기 위해서는 통장 또는 휴대폰 개설이 필요하다며 통장사본, 체크카드, 휴대폰 등을 보내달라고 한 후 이를 수령하면 연락을 끊고 대포통장 또는 대포폰으로 사용

유형 ⑤ 스마트폰 악성앱을 이용한 사기

- 정상적인 전화번호를 입력하여도 사기범의 전화로 연결되는 스마트폰 악성앱을 설치토록 하여 금융기관 직원을 가장하

여 대출금 상환, 수수료 요구 등으로 돈을 편취

⇒ 대출관련 수수료 등을 송금한 경우 지급정지 요청

- 즉시 경찰청(☎112) 또는 은행 영업점이나 콜센터에 송금계좌에 대한 지급정지를 요청하고 3일 이내에 경찰서가 발급한 사건사고사실확인원을 첨부하여 신고한 은행 영업점에 제출

⇒ 대출관련 서류를 보낸 경우 개인정보 노출자 사고예방시스템에 등록

- 금융감독원 민원센터(☎1332) 또는 금융회사 영업점을 방문하여 '개인정보 노출자 사고예방 시스템'에 등록

※ 사기를 당한 후에는 피해를 구제받기가 용이하지 않으므로, 사기를 당하지 않도록 불법적인 대출거래는 하지 않는 것이 무엇보다 중요합니다.

제1장
대부업의 개념 등

제1장 대부업의 개념 등

1. 대부업의 정의

① 「대부업」이란 금전의 대부(어음할인·양도담보, 그 밖에 이와 비슷한 방법을 통한 금전의 교부를 포함합니다. 이하 '대부'라 줄여 씁니다)를 업(業)으로 하거나 다음의 어느 하나에 해당하는 자로부터 대부계약에 따른 채권을 양도받아 이를 추심(推尋)하는 것을 업으로 하는 것을 말합니다.

  1) 대부업 등의 등록 및 금융이용자 보호에 관한 법률(이하 '대부업법'이라 한다) 제3조에 따라 대부업의 등록을 한 자

  2) 여신금융기관. 여기서 말하는 「여신금융기관」이란 다른 법령에 따라 인가 또는 허가 등을 받아 대부업을 하는 금융기관(대부업법 제2조 제4호)으로 은행법의 은행, 상호저축은행법의 상호저축은행, 신용협동조합법의 신용협동조합, 여신전문금융업법의 신용카드업자, 시설대여업자, 할부금융업자, 신기술사업금융업자, 보험업법의 보험회사 등이 있습니다.

② 그러나, 대부의 성격 등을 고려해 다음의 어느 하나에 해당하는 경우는 대부업에서 제외됩니다(대부업법 제2조 제1호 단서 및 동법 시행령 제2조).

  1) 사업자가 그 종업원에게 대부하는 경우

  2) 노동조합 및 노동관계조정법에 따라 설립된 노동조합이 그 구성원에게 대부하는 경우

3) 국가 또는 지방자치단체가 대부하는 경우

4) 민법이나 그 밖의 법률에 따라 설립된 비영리법인이 정
   관에서 정한 목적의 범위에서 대부하는 경우

※ 【해설】

　어음할인(割引)이란 은행 등이 어음소지자의 의뢰에 의해 액면금액에서 만기까지의 이자와 비용을 공제하고 매입하는 것을 말합니다.

　양도담보(讓渡擔保)는 채권을 담보하기 위해 채무자나 제3자가 목적물의 소유권을 채권자에게 이전하고, 채무자가 채무를 변제하지 않는 경우에는 채권자가 소유권을 취득하거나 목적물로부터 우선변제를 받지만, 채무자가 채무를 이행하는 경우에는 목적물을 다시 원래의 소유자에게 반환하는 것을 말합니다.

　추심(推尋)이란 채무자에게 채권을 제시해 지급하게 하는 것을 말합니다.

※ 【관련판례】

　대부업법 제2조 제1호 본문은 "대부업이란 금전의 대부(어음할인·양도담보, 그 밖에 이와 비슷한 방법을 통한 금전의 교부를 포함한다)를 업으로 하거나 제3조에 따라 대부업의 등록을 한 자 또는 여신금융기관으로부터 대부계약에 따른 채권을 양도받아 이를 추심하는 것을 업으로 하는 것을 말한다"라고 정하고 있다. 여기서 '업으로' 한다는 것은 같은 행위를 계속하여 반복하는 것을 의미하고, 여기에 해당하는지 여부는 단순히 그에 필요한 인적 또는 물적 시설을 구비하였는지 여부와는 관계없이 금전의 대부 또는 중개의 반복·계속성 여부, 영업성의 유무, 그 행위의 목적이나 규모·횟수·기간·태양 등의 여러 사정을 종합적으로 고려하여 사회통념에 따라 판단하여야 한다(대법원 2012. 3. 29. 선고 2011도1985 판결 등 참조).

2. 대부업자·미등록대부업자·대부중개업자의 정의

① 「대부업자」란 대부업법 제3조에 따라 대부업의 등록을 한 자를 말합니다(제2조 제1호 가목).

② 「미등록대부업자」란 대부업법 제3조에 따른 대부업의 등록 또는 대부업법 제3조의2에 따른 등록갱신을 하지 않고 사실상 대부업을 하는 자를 말합니다(제9조의4). 등록 또는 등록갱신을 하지 않고 대부업을 한 자는 5년 이하의 징역 또는 5천만원 이하의 벌금에 처해집니다(제19조 제1항 제1호).

③ 「대부중개업」이란 대부중개를 업으로 하는 것을 말하고(대부업법 제2조 제2호), 「대부중개업자」란 대부업법 제3조에 따라 대부중개업의 등록을 한 자를 말합니다(제2조 제3호).

● **대부업자와 사채업자는 어떻게 다른가요?**

🈷 신용불량자로 은행에서 대출을 받을 수 없어 광고에 나오는 대부업체를 이용하려 합니다. 사채는 절대 쓰지 말라 했는데, 대부업체와 사채업체는 어떻게 다른가요?

🈷 은행 등의 제도권 금융기관이 아니면서 금전의 대부를 업(業)으로 하는 경우를 사채업이라고 합니다.
사채업자 중 대부업법에 따라 대부업의 등록을 한 자를 '대부업자'라 하고, 등록을 하지 않고 사실상 대부업을 하는 자를 미등록 대부업자(무등록 대부업자)라 합니다. 특히 미등록 대부업자를 통한 대출에서 고리사채나 불법 채권추심행위 등으로 인한 피해가 많이 발생하고 있으므

로 대출받으려는 업체가 등록된 대부업체인지를 확인해
야 합니다.

"대부업자"란 대부업법에 따라 대부업의 등록을 한 자를
말합니다. "미등록 대부업자"란 대부업법에 따른 대부업
의 등록 또는 등록 갱신을 하지 않고 사실상 대부업을
하는 자를 말합니다. 등록 또는 등록 갱신을 하지 않고
대부업을 한 자는 5년 이하의 징역 또는 5천만원 이하의
벌금에 처해집니다.

"대부중개업"이란 대부중개를 업으로 하는 것을 말하고,
"대부중개업자"란 대부업법에 따라 대부중개업의 등록을
한 자를 말합니다.

※ 【관련판례】

대부업법 제2조 제1호 본문은 "대부업이란 금전의 대부 또는 그
중개(어음할인·양도담보 그 밖에 이와 유사한 방법에 의한 금전의
교부 및 금전수수의 중개를 포함하며, 이하 '대부'라 함)를 업으로
행하는 것을 말한다."라고 규정하고 있는바, 여기서 '업으로' 한다는
것은 같은 행위를 계속하여 반복하는 것을 의미한다고 할 것이고,
이에 해당하는지 여부는 단순히 그에 필요한 인적 또는 물적 시설
을 구비하였는지 여부와는 관계없이, 금전의 대부 또는 중개의 반
복·계속성 여부, 영업성의 유무, 그 행위의 목적이나 규모, 횟수, 기
간, 태양 등의 여러 사정을 종합적으로 고려해 사회통념에 따라 판
단해야 할 것이다(대법원 2008.10.23. 선고 2008도7277판결).

● 대부업을 등록한 자가 별도의 등록절차 없이 대부중개업을 영위할 수 있는지요?

문 대부업을 등록한 자가 별도의 등록절차 없이 대부중개업을 영위할 수 있는지요?

답 대부업법은 2009년 1월 21일 개정('09.4.22 시행) 이전에는 대부업 또는 대부중개업을 하려는 자는 영업의 종류와 관계없이 대부업으로만 등록하도록 하였으나 개정 이후에는 직접 금전을 대부하는 자는 대부업을, 대부중개업을 하려는 자는 대부중개업을 별도 등록하도록 하였습니다. 다만, 대부업과 대부중개업을 모두 영위하려는 자는 등록신청서상의 등록신청사업부분에 대부업·대부중개업을 모두 체크해서 신청할 수 있습니다.

● 당사가 직접 추심하지 않고 신용정보회사에게 추심을 위탁하는 경우에도 대부업에 해당하는지요?

문 대부업법에 의하면 여신금융기관으로부터 대부채권을 양도 받아 추심하는 것을 업으로 하는 것을 대부업으로 규정하고 있는 바, 당사가 직접 추심하지 않고 신용정보회사에게 추심을 위탁하는 경우에도 대부업에 해당하는지요?

답 대부업법에서는 대부업자 또는 여신금융기관으로부터 대부계약에 따른 채권을 양도받아 이를 추심하는 것을 업으로 하는 것도 대부업으로 규정하고 있습니다.
　귀하가 질의하신 바와 같이 채권을 양도받은 자가 신용

정보업자 등에 대한 위임을 통해 추심하는 것을 업(계속
적, 반복적, 영리목적)으로 하는 경우에는 채권행사로 인
한 법률적 이익은 여전히 남아 있는 점 등을 감안할 때,
본인이 직접 추심을 하는 자와 마찬가지로 대부업에 해
당합니다.

● **대부업에서 등록 면제대상인 여신금융기관의 범위는 어떻게 규
정되어 있나요?**

문 대부업 등록의 제외 대상인 여신금융기관의 범위는 ①
대부업 법률상 등록 제외 대상인 여신금융기관에 보험사
(생명보험사)도 포함되는지 여부, ② 만일, 포함되지 않
을 때 보험사와 제휴관계를 맺은 회사가 보험사를 대리
하여 대출업을 행할 경우 대부업 등록은 누가 하여야 하
는지 여부(보험사가 해야 하는 것인지, 아니면 대리제휴
사가 해야 하는 것인지), ③ 여신금융기관과 제휴관계를
맺어 대출업을 대행하고 있는 회사는 별도로 대부업을
등록할 필요가 없는 것인지요?

답 보험사(생명보험사)는 대부업법상 등록 제외 대상인 여
신금융기관에 포함되며. 특정 보험사와 업무위탁계약을
통해 대출모집업무를 위탁받은 대출모집인이 해당 보험
사에 대해 대출중개행위를 하는 경우에는 대부업 등록
의무가 없습니다.

● 유동화전문유한회사도 대부업법에 의한 여신금융기관에 해당하는지요?

문 1) 자산유동화법에 의한 유동화전문유한회사도 대부업법 제2조 제4항에 의한 여신금융기관에 해당하는지요?

2) 대부업법에 의하면 여신금융기관으로부터 대부채권을 양도받아 추심하는 것을 업으로 하는 것을 대부업으로 규정하고 있는 바, 당사가 직접 추심하지 않고 신용정보회사에게 추심을 위탁하는 경우에도 대부업에 해당하는지요?

답 1) 대부업법에서는 대부업이란 금전의 대부를 업(業)으로 하거나 대부업자 또는 여신금융기관으로부터 대부계약에 따른 채권을 양도받아 이를 추심하는 것을 업으로 하는 것으로 규정하고 있습니다. 또한 "여신금융기관"은 다른 법령에 따라 인가 또는 허가 등을 받아 대부업을 하는 금융기관으로 규정하고 있습니다(제2조, 제3조).

귀하께서 질문하신 바와 같이, 자산유동화에 관한 법률에 따라 '자산유동화계획'을 금융위원회에 등록하였고 당해 유동화전문회사의 사업내용이 대부업에 해당하는 경우로서, 당해 유동화전문회사와 관련하여 금융감독당국에 소정의 자산유동화계획의 등록 및 공시 등이 이루어진 경우에는 유동화전문회사는 사실상 여신금융기관 등의 대부채권의 처리를 위한 도관체의 역할을 하므로 대부업법상 여신금융기관에 해당합니다.

따라서 귀하께서 자산유동화에 관한 법률에 따라 자산유동화계획을 등록한 유동화전문회사의 대부채권을 매입하여 추심하는 경우에는 대부업에 해당하여 등록의무가 발생합니다.

2) 대부업법에서는 대부업자 또는 여신금융기관으로부터 대부계약에 따른 채권을 양도받아 이를 추심하는 것을 업으로 하는 것도 대부업으로 규정하고 있습니다.

귀하께서 질문하신 바와 같이 채권을 양도받은 자가 신용정보업자 등에 대한 위임을 통해 추심하는 것을 업(계속적, 반복적, 영리목적)으로 하는 경우에는 채권행사로 인한 법률적 이익은 여전히 남아 있는 점 등을 감안할 때, 본인이 직접 추심을 하는 자와 마찬가지로 대부업에 해당합니다.

● **대부업이란 무엇이며 허가나 등록을 받아야 하는지요?**

문 제가 거래하는 금융회사가 인가를 받은 대부업체인지 궁금합니다. 대부업이란 무엇이며 허가나 등록을 받아야 하는지요?

답 대부업이란 금전의 대부 또는 그 중개를 업으로 행하는 업종을 말합니다(대부업법 제2조). 중개는 어음할인·양도담보 그 밖에 이와 유사한 방법에 의한 금전의 교부 및 금전수수의 중개를 포함하는 실질적 개념입니다. "업"에 대한 일반적인 정의는 없으나, 영리를 목적으로 특정행위를 반복하는 경우 이를 "업"으로 지칭하고 있습니다. 다만, 대부업에서 제외되는 범위는 대부업법 시행령 제2조에 의거 다음과 같음을 알려드립니다.

① 사업자가 종업원에게 대부하는 경우

② 노동조합이 구성원에 대부하는 경우

③ 국가 또는 지방자치단체가 대부하는 경우

④ 민법, 그 밖의 법률의 규정에 따라 설립된 비영리법인이
   정관으로 정한 목적의 범위 안에서 대부하는 경우

아울러 대부업법에 의거하여 대부업자는 각 시, 도에 영업소별로 대부업자의 등록이 의무화되어 있습니다.

대부업법 제2조 제1호 본문은 "대부업이란 금전의 대부(어음할인·양도담보, 그 밖에 이와 비슷한 방법을 통한 금전의 교부를 포함한다. 이하 '대부'라 한다)를 업으로 하거나 제3조에 따라 대부업의 등록을 한 자(이하 '대부업자'라 한다) 또는 여신금융기관으로부터 대부계약에 따른 채권을 양도받아 이를 추심하는 것을 업으로 하는 것을 말한다"라고 정하고 있다. 여기서 '업으로' 한다는 것은 같은 행위를 계속하여 반복하는 것을 의미하고, 여기에 해당하는지 여부는 단순히 그에 필요한 인적 또는 물적 시설을 구비하였는지 여부와는 관계없이 금전의 대부 또는 중개의 반복·계속성 여부, 영업성의 유무, 그 행위의 목적이나 규모·횟수·기간·태양 등의 여러 사정을 종합적으로 고려하여 사회통념에 따라 판단하여야 한다(대법원 2012. 07. 12. 선고 2012도4390 판결).

● **대부업의 영업수익 비율이 50% 미만인 경우에 해당되어 "대부"라는 문자를 사용하지 않고 신규등록할 수 있는지요?**

직전 사업년도 이전에 설립된 법인으로 타 업종을 영위하던 법인이 대부업을 등록하여 영업하고자 하는 경우, 대부업의 영업수익 비율이 50% 미만인 경우에 해당되어 "대

부”라는 문자를 사용하지 않고 신규등록 할 수 있는지요?

답 대부업법 제5조의2 및 동법 시행령 제3조의2는 대부업
자(대부중개업을 겸영하는 대부업자를 포함한다) 또는
대부중개업자는 그 상호 중에 “대부” 또는 “대부중개”라
는 문자를 사용하도록 하고, 직전 사업년도 말 손익계산
서를 기준으로 총 영업수익 중 대부업에서 생기는 영업
수익의 비율이 100분의 50미만인 경우에는 “대부” 또는
“대부중개”라는 문자를 사용하지 않을 수 있도록 하고
있습니다.
따라서, 직전 사업년도 이전에 설립된 법인으로서, 타 업
종을 영위하여 영업수익이 발생하였음이 직전 사업년도
말 손익계산서 등을 통해 확인되었다면, 상호에 “대부”라
는 문자를 사용할 필요가 없을 것으로 판단됩니다. 다만,
추후 대부업으로 인한 영업수익의 비율이 총영업수익의
50% 이상 되는 경우에는 상호에 “대부”라는 문자를 사
용하셔야 하며 상호를 변경등록 하셔야 할 것입니다.

● **직원상조회의 회원간 대출시 대부업을 등록해야 하는지요?**

문 제 사업장에는 상조회라는 직원들 간의 친목단체가 있습니다. 이 상조회는 회원들의 애·경사 및 전출·퇴직시 경조금 및 전별금 지급과 회원들이 납입한 회비로 회원 상호 간에 대출을 하고 있습니다.

대출한도는 1인당 500만원 한도로, 기간은 3년이내, 이율은 고정으로 3%를 받고 있습니다. 대출총액도 회원들이 납부한 납부회비의 총액을 넘지 않고 이자 수익은 년말에 회원납부액에 비례하여 회원들에게 지급하고 있습니다. 이와 같이 상조회를 운영 중에 있는데 그 중 대출업무 관련해서 대부업 신고를 해야 하는지요?

답 대부업법에서는 "금전의 대부(어음할인, 양도담보, 그 밖에 이와 비슷한 방법을 통한 금전의 교부를 포함한다)를 업으로 행하는 자는 시·도지사에게 대부업 등록을 하도록 규정(제2조, 제3조)되어 있습니다. 따라서 금전의 대부를 업으로 행하는 경우에는 대부업 등록 대상에 해당되며, 이 경우 '업'에 해당한다는 것은 판례 등에서 계속적, 반복적으로 영리 목적의 사업을 영위하는 것으로 판단하고 있습니다.

따라서 귀하께서 질의하신 바와 같이 직원 상조회를 운영함에 회원 상호간의 부조를 위한 것으로서, 영리를 목적으로 운영하지 않고(비영리, 회칙 등에 비영리를 명시하고 이를 준수하는 등), 불특정다수를 대상으로 대출 행위를 하지 아니한다면 대부업의 등록 대상으로 보기는

어려운 것으로 판단됩니다. 다만, 동 대부행위가 실질적
으로 불특정다수를 대상으로 하는 등, 영리 목적으로 계
속적, 반복적으로 이루어지는 것인 경우에는 대부업 등
록 의무가 발생합니다.

3. 대부계약의 체결 절차 및 주의사항

① 대부계약을 체결하기 전에 본인의 신용등급조회를 통해 자
신의 신용도에 맞는 대출기관을 찾아보아야 합니다. '서민
맞춤대출서비스(한국이지론)'를 이용해 신용조회 후 자신에
게 맞는 대출기관을 찾아보거나 은행의 '저신용자 전용대
출상품'을 이용하는 것도 좋습니다.
② 은행 등의 제도권 금융기관을 이용하여 돈을 빌릴 수 없는
경우에는 대부업체에서 돈을 빌릴 수 있고, 이자의 지급이
어렵거나 대부금을 정상적으로 상환하기 어려울 경우에는
연체이자를 감면하거나 상환기간을 연장해 주는 '채무조
정'을 이용할 수 있으며, 더 이상 변제능력이 없는 경우에
는 각급 지방법원에 '개인회생' 또는 '개인파산·면책'신청
을 할 수 있습니다.
③ 대부업법에도 불구하고 시·도지사에게 등록하지 않고 대부
업을 하는 업체가 있는데, 이들 미등록대부업체(무등록대
부업체)를 이용하면 부당한 피해를 입을 수 있으므로 이용
에 깊은 주의를 기울여야 합니다.

● **대부계약서에 실제 대출금액보다 많은 금액을 적을 것을 요구
하는데 어떻게 대처해야 하나요?**

🈯 대부업자로부터 2백만원을 대출받았으나 계약서에는 4
백만원을 대출받는 것으로 적고 백지어음과 백지위임장
작성을 요구합니다. 원금을 상환하지 못할 경우 소요될
비용을 고려한 것이므로 전혀 문제될 것이 없다고 하는
데 믿어도 되나요?

🈭 대부업자가 실제와 다른 계약서 및 백지어음 등의 작성
을 요구하는 것은 이자율 제한 규정을 회피하면서 부당
한 채무변제를 요구하기 위한 것이므로 대부업자의 말을
믿어서는 안 되며, 실제 채무내용과 같은 대부계약서를
작성해 교부받아야 합니다.

대부업자가 대부업체 이용자와 대부계약을 체결하는 경
우에는 대부업체 이용자가 본인임을 확인하고, 대부금액,
대부이자율, 변제기간 등이 적힌 대부계약서를 거래상대
방인 이용자에게 교부해야 합니다.

대부업자는 대부계약을 체결하는 경우에는 대부업체 이
용자가 본인임을 확인하고 다음의 사항이 적힌 대부계약
서를 대부업체 이용자에게 교부해야 합니다. 이를 위반
하여 계약서를 교부하지 않은 자 또는 기재사항의 전부
또는 일부가 적혀 있지 않은 계약서를 교부하거나 거짓
으로 적어 계약서를 교부한 자는 1천만원 이하의 과태료
를 부과 받습니다.

① 대부업자(영업소 포함) 및 거래상대방의 명칭 또는 성명
및 주소 또는 소재지

② 계약일자

③ 대부금액

④ 최고이자율(연 100분의 34.9, 율을 월 또는 일 기준으로
   적용하는 경우에는 연 100분의 34.9를 단리로 환산)

⑤ 대부이자율

⑥ 변제기간 및 변제방법

⑦ 변제방법이 계좌이체 방식인 경우에는 그 계좌번호

⑧ 해당 거래에 관한 모든 부대비용

⑨ 손해배상액 또는 강제집행에 관한 약정이 있는 경우에는
   그 내용

⑩ 보증계약을 체결한 경우에는 그 내용

⑪ 채무의 조기상환 조건

⑫ 대부업 또는 대부중개업 등록번호

⑬ 연체이자율

⑭ 기한의 이익 상실에 관한 약정이 있는 경우에는 그 내용

⑮ 대부원리금의 변제 순서에 관한 약정이 있는 경우에는
   그 내용

4. 신용등급조회 후 대출상품 확인

4-1. 대출상품 확인

① 대부계약을 체결하기 전에 본인의 신용등급조회를 통해 자
   신의 신용도에 맞는 대출기관을 찾아보아야 합니다. '한눈
   에'서비스(한국이지론)'의 신용정보 조회로 은행 및 대부업
   체 등 여러 금융회사의 대출상품을 안내받을 수 있고, 소

득이 적거나 신용이 낮아 은행에서 대출 받기 어려운 분들
에게 연 6~12% 대의 은행대출을 받을 수 있도록 돕는 '서
민특화대출' 대출상품의 신청대상이 되는지를 먼저 확인하
는 것이 좋습니다.

올바른 돈 빌리기 방법은 돈이 필요할 경우 은행 등 제도권 금융
회사를 이용하고, 은행 대출이 안 될 경우에도 생활정보지 등의 대
부광고에 의존하지 않고 금융감독원이 운영하는 '서민금융 1332'에
서 서민대출안내를 활용해 자신의 신용도에 맞는 금융회사나 등록
된 대부업체를 이용해야 합니다. 대부업체를 이용하더라도 대부업
등록여부를 확인해야 합니다.

4-2. 전환대출 신용보증프로그램

대부업체의 채무를 정상적으로 상환(償還) 중인 자는 제도권
금융기관의 저금리 대출로 전환할 수 있도록 지원하는 국민행
복기금의 전환대출 신용보증프로그램을 이용할 수 있습니다.

4-3. 신용등급의 조회

① 서민금융이용자의 개인신용관리에 대한 중요성을 인식시키고,
항상 신용관리를 할 수 있도록 크레딧뱅크(CREDiTBank), 마
이크레딧(mycredit), 올크레딧(KCB)이 참여하는 "금융감독원
과 함께 하는 신용지킴이" 캠페인을 시행하고 있습니다.

② 나의 신용등급조회는 누구나 각 신용정보회사별로 회원가
입 후 연3회 무료로 신용정보 조회가 가능하고, 카드발급
사실, 대출/현금서비스 이용현황, 연체정보 등을 안내받을

수 있습니다.

③ 신용조회는'금융감독원 서민금융 1332 무료신용조회' 등을
통해 확인할 수 있습니다.

④ 돈이 필요할 경우 은행 등 제도권 금융회사를 이용하고,
은행 대출이 안 될 경우에도 생활정보지 등의 대부광고에
의존하지 않으며 '한국이지론의 맞춤대출' 또는 '금융감독
원 서민금융 119 서비스의 새희망홀씨' 등을 활용해 자신
의 신용도에 맞는 금융회사나 등록된 대부업체를 이용하
는 것이 좋습니다.

4-4. '대출'프로그램의 이용

4-4-1. '대출중개사이트'의 이용

① '서민맞춤대출안내서비스'(운영회사 한국이지론)는 정부의
서민금융활성화 정책에 따라 설립한 대출중개전문사이트
로, 한국이지론에 회원가입 후 한 번의 본인 신용정보 조
회로 은행 및 대부업체 등 여러 금융회사의 대출상품을
안내받을 수 있습니다.

② 대출상품을 안내받더라도 자동적으로 대출이 이루어지지
않고, 안내받은 금융회사의 대출심사를 통과해야 실제 대
출이 이루어집니다. 대출안내를 받는 것만으로는 신용정보
조회기록이 남지 않고, 대출신청을 하게 되면 신용조회기
록이 남습니다.

③ 신용정보 조회를 통한 대출상품에 관한 자세한 사항은 '한
국이지론 맞춤대출소개'에서 확인할 수 있습니다.

4-4-2. 은행의 '저신용자 전용대출상품'의 이용

저축은행이나 캐피탈 등 제2금융권 또는 대부업체의 고금리 대출을 이용하는 저신용자나 금융소외자들에게 연 10% 대의 은행대출을 받아 금융비용 부담을 줄일 수 있도록 돕는 '희망홀씨 나누기'캠페인이 시행되고 있습니다. 따라서 저신용자도 이러한 대출상품의 신청대상이 되는지를 먼저 확인하는 것이 좋습니다.

5. 대부업체의 이용

5-1. 신용등급조회

돈을 빌리기 전에는 본인의 신용등급조회를 통해 자신의 신용도에 맞는 금융회사를 선택합니다.

5-2. 최고이자율

대부업자가 개인에게 대부를 하는 경우 그 이자율은 연 34.9%를 초과할 수 없고(대부업법 제8조 제1항 및 동법 시행령 제5조 제2항), 미등록대부업자는 연 25%를 초과할 수 없습니다(동법 제11조 제1항, 이자제한법 제2조 제1항 및 이자제한법 제2조 제1항의 최고이자율에 관한 규정).

5-3. 불법 채권추심 금지

대부계약에 따른 채권을 추심(일반적으로 '빚 독촉'이라고도 함)할 때 폭행·협박·체포 또는 감금을 하거나 위계(僞計) 또는 위력(威力)을 사용하거나 공포심과 불안감을 일으켜 사생활

또는 업무의 평온을 해치는 등 불법채권추심행위를 하는 자는
징역 또는 벌금에 처해지거나 과태료를 부과 받습니다.

5-4. 대부조건의 확인 및 대부업체의 선정

5-4-1. 대부조건 확인

대부업체를 이용하려는 경우에는 게시된 대부조건을 확인해
야 합니다. 대부업자는 대부업 등록번호 등을 영업소마다 게시
해야 하므로(대부업법 제9조 제1항 및 동법 시행령 제6조 제1
항), 게시된 대부이자율, 이자계산방법, 변제방법, 연체이자율
및 대부업 등록번호 등을 확인하고 대부업체를 선정합니다.

5-4-2. 대부업체의 선정

미등록대부업은 위법이므로(대부업법 제19조 제1항 제1호),
각 시·도의 홈페이지 또는 '금융감독원 서민금융 1332 서비
스'의 등록대부업체조회에서 등록대부업체인지를 확인합니다.

5-5. 대부계약 및 보증계약의 체결

5-5-1. 대부계약의 체결

대부계약을 체결하는 경우에는 대부업자는 대부업체 이용자
에게 대부계약서의 기재사항을 모두 설명해야 하고(대부업법
제6조 제2항), 대부업체 이용자가 대부계약서에 자필로 대부
금액, 대부이자율, 변제기간 및 연체이자율을 적게 해야 합니
다(동법 제6조의2 제1항 및 동법 시행령 제4조의2 제1항).

5-5-2. 보증계약의 체결

대부계약과 관련해 보증계약을 체결하는 경우에는 대부업자는 보증인이 자필로 보증기간, 피보증채무의 금액, 보증의 범위 및 연체이자율을 적게 하고(대부업법 제6조의2 제2항 및 동법시행령 제4조의2 제1항), 보증인에게 보증계약서와 대부계약서 사본을 교부해야 합니다(동법 제6조 제3항).

5-6. 이자의 지급

5-6-1. 이자의 최고한도

대부업자가 개인에게 대부를 하는 경우 그 이자율은 연 34.9%(율을 월 또는 일 기준으로 적용하는 경우에는 연 100분의 34.9를 단리로 환산)를 초과할 수 없고(대부업법 제8조 제1항, 동법 시행령 제5조 제2항 및 제3항), 미등록대부업자는 연 25%를 초과할 수 없습니다(동법 제11조 제1항, 이자제한법 제2조 제1항 및 이자제한법 제2조 제1항의 최고이자율에 관한 규정).

5-6-2. 이자율 산정

이자율을 산정할 때 사례금, 할인금, 수수료, 공제금, 연체이자, 체당금(替當金) 등 그 명칭이 무엇이든 대부와 관련해 대부업자 또는 미등록대부업자가 받는 것은 모두 이자로 보므로(대부업법 제8조 제2항 본문 및 제11조 제1항), 취급수수료나 선이자를 제외한 원금을 기준으로 이자율을 산정합니다. 다만, 담보권 설정비용 및 신용조회비용(신용정보의 이용 및 보호에 관한 법률 제4조 제1항 제1호의 업무를 허가받은 자에게 거래상대방의 신용을 조회하는 경우만 해당)은 이자로 보지 않습니다.

여기서 말하는 체당금(替當金)이란 나중에 상환받기로 하고 대신 지급하는 금전을 말합니다.

5-6-3. 이자율 제한 위반

① 대부업자 또는 미등록대부업자가 이자율 제한을 위반하여 대부계약을 체결한 경우 이자율을 초과하는 부분에 대한 이자계약은 무효이므로(대부업법 제8조제3항 및 제11조제1항), 초과 지급된 이자 상당금액은 원본에 충당되고, 원본에 충당되고 남은 금액이 있으면 그 반환을 청구할 수 있습니다(동법 제8조 제4항 및 제11조 제1항).

② 법정 최고이자율을 초과해 무효로 되는 이자부분에 대해 변제를 강요받는 경우에는 채무부존재확인소송, 부당이득반환청구소송 및 청구이의의 소 등을 제기할 수 있으며, 대한법률구조공단을 통해 이러한 소송을 지원받을 수 있습니다.

5-6-4. 중개수수료

대부중개업자 및 대출모집인과 미등록대부중개업자는 중개수수료(수수료, 사례금, 착수금 등 그 명칭이 무엇이든 대부중개와 관련하여 받는 대가)를 대부업체 이용자로부터 받아서는 안 됩니다(대부업법 제11조의2 제2항).

'대출모집인'이란 여신금융기관과 위탁계약 등을 맺고 대부중개업을 하는 자(그 대부중개업을 하는 자가 법인인 경우 그

법인과 직접 위탁계약 등을 맺고 대부를 받으려는 자를 모집
하는 개인을 포함함)를 말합니다(동법 제3조 제1항 단서).

6. 대부금의 상환

6-1. 대부금의 중도상환

　대부업체 이용자는 약정한 상환기일이 도래하기 전이라도
원금의 전부 또는 일부를 상환할 수 있지만, 대부계약 체결
시 채무자와 기한 전의 임의 변제로 대부업자가 받을 손해에
대해 미리 약정한 경우에는 중도상환수수료 등을 부담합니다
[민법 제468조 및 대부거래 표준약관(공정거래위원회 표준약
관 제10036호, 2015. 3. 27. 발령·시행) 제13조].

6-2. 채무조정, 개인회생 및 파산·면책 신청

① 이자의 지급이 어렵거나 대부금을 정상적으로 상환하기 어려
　울 경우에는 연체이자를 감면하거나 상환기간을 연장해 주는
　채무조정프로그램[서민금융나들목(www.hopenet.or.kr)]을 이
　용할 수 있고, 고금리사채를 이용하여 더 이상 변제능력이 없
　을 경우에는 개인회생 및 파산·면책 신청을 할 수 있습니다.
② 대한법률구조공단(www.klac.or.kr)은 과도한 부채로 파산
　지경에 이른 채무자의 재기(再起)와 갱생(更生)을 돕기 위
　해 금융소외계층의 개인회생 및 파산·면책사건 및 고리사
　채 피해자에 대해 무료로 법적인 지원을 하고 있습니다.

● 대출을 받기 위해서는 수수료를 먼저 입금하라고 요구하는 데 어떻게 해야 하나요?

문 대출을 받기 위해서는 수수료를 먼저 입금하라고 요구하는 경우 어떻게 해야 하나요?

답 대출을 신청하는 과정에서 먼저 수수료를 요구하는 행위는 보통의 경우에 발생하지 않습니다. 따라서 대출신청 과정에서 먼저 수수료 등을 요구하는 경우에는 대부업자의 대부업 등록여부, 영업소의 위치 등을 정확하게 확인하시고 신중을 기하시기 바랍니다.

● 대부업체와 거래시 유의할 사항과 영업방법에 대한 규제사항은 무엇인지요?

문 대부업체와 금융거래시 유의할 사항과 대부업체에게 영업방법에 대한 규제사항은 무엇인지요?

답 대부업자가 거래상대방(보증인 포함)과 대부계약을 체결할 경우(보증계약 포함)에는 계약서 교부가 의무화되어 있습니다.
대부업자가 대부계약을 체결한 경우 계약서, 대부계약대장, 채무자와의 일자별 원리금 및 부대비용의 수수내역 및 담보관련 서류 등 거래상대방(보증인 포함)으로부터 제출받은 서류(채무변제 후 서류의 반환을 서면으로 요구하여 반환한 경우 반환요구서)를 계약체결일로부터 2년간 보관하여야 합니다. 아울러 대부업자는 대부이자율,

이자계산방법, 변제방법, 대부업 등록번호, 연체이자율, 대부계약과 관련한 부대비용의 내용 등 중요사항을 영업소마다 일반인이 알 수 있도록 게시하고, 대부계약 체결시 거래상대방에게 그 내용을 설명해야 합니다.

● **실제 채무내용과 다른 계약서의 작성을 요구할 경우 어떻게 대응해야 하나요?**

問 급전이 필요하여 생활정보지를 보고 대부업자로부터 100만원을 월 25%의 이자를 주기로 하고 대출받았으나, 계약서에는 200백만원을 대출받는 것으로 기재하고 백지어음과 백지위임장 작성을 요구합니다. 채무자가 원금을 상환하지 못할 경우 소요될 비용을 고려한 것이므로 향후 전혀 문제될 것이 없다고 말하는데 믿어도 되나요?

答 대부업자가 실제와 다른 계약서 및 백지어음 등의 작성을 요구하는 것은 대부업법상 이자율 제한을 회피하면서 향후 부당한 채무변제를 요구하기 위한 것임을 유념하여야 합니다. 따라서 대부계약시 반드시 실제 채무내용과 동일한 대부계약서를 작성하여 교부받아야 하고, 현장수령시 실제 수령금액에 대한 확인증을 반드시 받아 두어야 합니다.
백지위임장 및 백지어음은 공증인의 공정증서 작성을 위해 채권자가 요구하는 것으로 백지어음에 실제 빌린 돈보다 많은 금액을 기재할 가능성 있습니다.
계약서 및 공정증서는 민사재판이나 형사재판에서 강력

한 증거력이 있어 이를 반증하는 것이 상당히 어렵고, 특히 공정증서는 금전의 지급과 관련하여 법원의 판결과 같은 법률적 효력을 가져 재판절차 없이 채권자가 바로 강제집행을 신청할 수 있음을 유의하셔야 합니다.

7. 대부업체 이용자 관련 법제

① 대부업체 이용자와 관련된 법령은 대부업법, 이자제한법 및 채권의 공정한 추심에 관한 법률 등이 있습니다.
대부업법은 대부업 또는 대부중개업의 등록·제한, 대부업 자와의 대부계약의 체결절차 등에 관해 규정하면서, 대부 업자의 최고이자율은 연 100분의 34.9를 초과할 수 없도 록 제한하고 있습니다. 미등록대부업자와 대부계약을 체 결하는 경우 최고이자율은 이자제한법을 준용해 연 100분 의 25를 초과할 수 없도록 제한하고 있습니다.

② 고리사채업자 및 불법 대부업자들의 과도한 추심행위를 방 지하기 위해 채권의 공정한 추심에 관한 법률에서는 대부 업자 또는 미등록대부업자를 불문하고 이들로부터 채권을 양도 또는 재양도받아 추심하는 채권추심자가 사용해서는 안 되는 불법적 채권추심행위를 구체적으로 나열하고 있 고, 그 밖에 채권추심자의 채무확인서 발급 의무 및 손해 배상책임 등에 대해 규정하고 있습니다.

7-1. 대부업법

7-1-1. 내용

 대부업 또는 대부중개업의 등록 및 감독에 필요한 사항을 정하고, 대부업자와 여신금융기관의 불법적 채권추심행위 및 이자율 등을 규제함으로써 대부업의 건전한 발전을 도모하는 한편, 금융이용자 보호를 위하여, 대부업 또는 대부중개업의 등록·제한, 대부계약의 체결, 대부업자의 이자율의 제한 및 불법적 채권추심행위의 금지 등에 관해 규정하고 있습니다.

7-1-2. 대부업 또는 대부중개업의 등록

 대부업 또는 대부중개업을 하려는 자의 시·도 등록(제3조) 및 상호(商號)에 "대부"사용(제5조의2)을 규정하고 있습니다. 다만, 2009년 4월 22일 이전에 종전의 규정에 따라 대부업의 등록을 한 자는 그 등록의 유효기간 만료일까지 종전의 상호를 사용할 수 있습니다(부칙 제6조).

7-1-3. 대부계약의 체결

① 대부계약을 체결하는 경우 계약서의 기재사항, 대부업자의 설명의무 및 중요 사항에 관한 거래상대방의 자필 기재에 관해 규정하고 있습니다(제6조 및 제6조의2).
② 대부거래 표준약관(공정거래위원회 표준약관 제10036호, 2015. 3. 27. 발령·시행) 및 대부보증 표준약관(공정거래위원회 표준약관 제10061호, 2014. 9. 19. 발령·시행)은 대부업자와 채무자 또는 보증인간의 대부거래에 관한 계약서 필수기재사항, 비용의 부담, 계약서의 교부 등을 정

하고 있습니다.

7-1-4. 이자율의 제한

대부업자의 이자율 제한(제8조), 미등록대부업자의 이자율 제한(제11조 제1항) 및 대부중개업자의 중개수수료 금지(제11조의2 제2항)를 규정하고 있습니다.

7-2. 이자제한법

① 일반적인 금전거래에서 준수해야 하는 이자의 최고한도, 이자의 사전공제 및 간주이자(看做利子) 등에 관해 규정하고 있습니다.

② 금전대차에 관한 계약상의 최고이자율은 연 25% 입니다(제2조 제1항 및 이자제한법 제2조 제1항의 최고이자율에 관한 규정).

③ 이자율을 산정할 때 할인금, 수수료, 공제금 등도 금전거래와 관련하여 받는 경우에는 이자로 보는데 이를 "간주이자"라고 합니다.

④ 미등록대부업자가 대부를 하는 경우 그 이자율에 관하여는 대부업법에 따라 이자제한법 제2조 제1항이 준용되어 연 25%의 이자율을 적용하게 됩니다(대부업법 제11조 제1항).

7-3. 채권의 공정한 추심에 관한 법률

7-3-1. 적용대상

① 이 법의 적용 대상이 되는 "채권추심자"는 대부업자나 채권추심업자와 같은 전문적인 업자들뿐만 아니라 금전을 대

여한 일반채권자를 포함하고, 이들을 위해 고용·위임·도급 등에 따라 채권추심을 하는 자도 포함합니다(제2조 제1호).
② "채권추심"이란 채무자에 대한 소재파악 및 재산조사, 채권에 대한 변제 요구, 채무자로부터 변제 수령 등 채권의 만족을 얻기 위한 일체의 행위를 말합니다(제2조 제4호).

7-3-2. 다른 법률과의 관계

채권추심에 관해 다른 법률에 특별한 규정이 있는 경우를 제외하고는 이 법에서 정하는 바에 따릅니다(제4조).

7-3-3. 채무자 보호를 위한 채권추심자의 의무

① 채권추심자(대부업자, 대부중개업자, 미등록대부업자 등)는 채무자로부터 채무를 증명할 수 있는 서류의 교부를 요청받은 때에는 정당한 사유가 없는 한 따라야 합니다(제5조).
② 채권추심자(경제적 이익을 대가로 받고 채권을 추심하는 자 등)는 채권추심을 위임받은 경우에는 채권추심에 착수하기 전까지 채권추심자에 관한 사항 등을 채무자에게 통지해야 하고(제6조 제1항 본문), 동일한 채권에 대해 동시에 2인 이상의 자에게 채권추심을 위임해서는 안 됩니다(제7조).
③ 채권추심자는 채무의 존재를 다투는 소송이 진행 중인 경우에는 채무자를 채무불이행자로 등록해서는 안 되고(제8조), 채권발생이나 채권추심과 관련해 알게 된 채무자 또는 관계인의 신용정보나 개인정보를 누설하거나 채권추심의 목적 외로 이용해서는 안 됩니다(제10조 제1항).

7-3-4. 불법 채권추심행위의 금지

① 채권추심과 관련하여 폭행, 협박, 위계(僞計) 또는 위력(威力)의 행사, 공포심이나 불안감을 유발해 사생활 또는 업무의 평온을 심하게 해치는 방문·전화, 거짓 표시 또는 불공정한 행위를 금지하고(제9조, 제11조 및 제12조), 이를 위반한 자는 징역 또는 벌금에 처해지거나 과태료를 부과받습니다(제15조 및 제17조, 시행령 제4조 제1항 및 별표).

② "위계(僞計)"란 상대방의 부지(不知)나 착오(錯誤)를 이용해 목적을 달성하는 것을 말하고, "위력(威力)"이란 상대방의 의사를 억압할 수 있는 힘을 말합니다.

7-3-5. 손해배상책임

① 채권추심자가 이 법을 위반하여 채무자 또는 관계인에게 손해를 입힌 경우에는 그 손해를 배상해야 합니다(제14조 본문).

② "관계인"이란 채무자와 동거하거나 생계를 같이 하는 자, 채무자의 친족, 채무자가 근무하는 장소에 함께 근무하는 자를 말합니다(제2조 제3호).

제2장

대부업체의 선택

제2장 대부업체의 선택

1. 등록된 대부업체의 이용

1-1. 등록대부업체의 확인

① 대부업 또는 대부중개업을 하려는 자(여신금융기관은 제외)는 영업소별로 해당 영업소를 관할하는 시·도지사에게 등록해야 합니다.

② 등록된 대부업체에 관하여는 등록신청인·출자자 및 임원·사용인의 주소 사항을 제외하고는 등록부의 열람을 통해 확인할 수 있습니다.

③ 등록된 대부업체인지는 각 시·도 또는 금융감독원의 '서민금융 1332 홈페이지(s1332.fss.or.kr)' 등을 통해 확인할 수 있습니다.

1-2. 대부업자 등의 등록

1-2-1. 대부업자 또는 대부중개업자의 등록

① 대부업 또는 대부중개업(이하 '대부업 등'이라 줄여 씁니다)을 하려는 자(여신금융기관은 제외)는 영업소별로 해당 영업소를 관할하는 특별시장·광역시장·특별자치시장·도지사 또는 특별자치도지사(이하 '시·도지사'라 줄여 씁니다)에게 등록해야 합니다(대부업법 제3조 제1항 본문). 다만, 여신금융기관과 위탁계약 등을 맺고 대부중개업을 하는 자(그 대부중개업을 하는 자가 법인인 경우 그 법인과 직

접 위탁계약 등을 맺고 대부를 받으려는 자를 모집하는
개인을 포함합니다)는 해당 위탁계약 범위에서는 등록하지
않아도 됩니다(동법 제3조 제1항 단서).

② 이를 위반하여 등록을 하지 않고 대부업 등을 하거나 속임
수나 그 밖의 부정한 방법으로 등록을 한 자는 5년 이하
의 징역 또는 5천만원 이하의 벌금에 처해집니다(동법 제
19조 제1항 제1호 및 제2호).

③ 위의 규정에도 불구하고 대부업 등을 하려는 자(여신금융
기관은 제외)로서 다음 중 어느 하나에 해당하는 자는 금
융위원회에 등록해야 합니다. 다만, 대출모집인은 해당 위
탁계약 범위에서는 등록하지 않습니다(동법 제3조 제2항).

  1) 둘 이상의 특별시 · 광역시 · 특별자치시 · 도 · 특별자
     치도(이하 "시·도"라 합니다)에서 영업소를 설치하려는 자

  2) 대부채권매입추심을 업으로 하려는 자

  3) 독점규제 및 공정거래에 관한 법률 제14조에 따라 지정
     된 상호출자제한기업집단에 속하는 자

  4) 최대주주가 여신금융기관인 자

  5) 법인으로서 자산규모 100억원을 초과하는 범위에서 대통
     령령으로 정하는 기준에 해당하는 자

  6) 그 밖에 위 1)부터 5)까지의 규정에 준하는 등 대부업법
     시행령으로 정하는 자

1-2-2. 대표자, 임원, 업무총괄사용인의 자격

다음 중 어느 하나에 해당하는 사람은 시·도지사에 등록된
대부업자 등의 대표자, 임원 또는 업무총괄 사용인이 될 수

없습니다(대부업법 제4조 제1항 본문). 다만, 업무총괄 사용인의 경우에는 아래 1)부터 6)까지의 어느 하나에 해당하는 경우로 한정합니다(동법 제4조 제1항 단서).
1) 미성년자·피성년후견인 또는 피한정후견인
2) 파산선고를 받고 복권되지 않은 사람
3) 금고 이상의 실형을 선고받고 그 집행이 끝나거나(집행이 끝난 것으로 보는 경우를 포함) 면제된 날부터 5년이 지나지 않은 사람
4) 금고 이상의 형의 집행유예를 선고받고 그 유예기간 중에 있는 사람
5) 금고 이상의 형의 선고유예를 받고 그 유예기간 중에 있는 사람
6) 다음의 어느 하나에 해당하는 규정을 위반하여 벌금형을 선고받고 5년이 지나지 않은 사람
㉮ 대부업법
㉯ 형법 제257조 제1항, 제260조 제1항, 제276조 제1항, 제283조 제1항, 제319조, 제350조 또는 제366조(각각 채권추심과 관련된 경우만 해당)
㉰ 폭력행위 등 처벌에 관한 법률(채권추심과 관련된 경우만 해당)
㉱ 신용정보의 이용 및 보호에 관한 법률 제50조 제1항부터 제3항까지의 규정
㉲ 채권의 공정한 추심에 관한 법률의 규정
7) 대부업법에 따라 폐업한 날부터 1년이 지나지 않은 자(둘이상의 영업소를 설치한 경우에는 등록된 영업소 전

부를 폐업한 경우를 말함)

8) 대부업법에 따라 등록취소 처분을 받은 후 5년이 지나지 않은 자 또는 폐업하지 않았다면 등록취소 처분을 받았을 상당한 사유가 있는 경우 폐업 후 5년이 지나지 않은 자(등록 취소 처분을 받은 자 또는 등록취소 처분을 받았을 상당한 사유가 있는 자가 법인인 경우에는 그 취소사유 또는 등록 취소 처분을 받았을 상당한 사유의 발생에 직접 책임이 있는 임원을 포함)

1-2-3. 등록 신청

등록 신청을 하려는 자는 다음의 사항을 적은 신청서를 시·도지사 또는 금융위원회(이하 "시·도지사 등"이라 함)에게 제출해야 합니다(대부업법 제3조 제3항).

1) 명칭 또는 성명과 주소

2) 등록신청인이 법인인 경우에는 출자자(발행주식 총수 또는 출자총액의 100분의 1 이하를 소유하는 자는 제외)의 명칭 또는 성명, 주소와 그 지분율 및 임원의 성명과 주소

3) 등록신청인이 영업소의 업무를 총괄하는 사용인(이하 '업무총괄 사용인'이라 함)을 두는 경우에는 업무총괄 사용인의 성명과 주소

4) 영업소의 명칭 및 소재지(둘 이상의 영업소를 설치하는 경우 영업소 각각의 명칭 및 소재지 포함)

5) 경영하려는 대부업 등의 구체적 내용 및 방법

6) 표시 또는 광고에 사용되는 전화번호(홈페이지가 있으면 그 주소 포함)

7) 자기자본(법인이 아닌 경우에는 순자산액)

8) 보증금, 보험 또는 공제

<table>
<tr><td colspan="4">대부업·대부중개업 등록신청서 (□ 법인 / □ 개인)</td><td>처리기간
14일</td></tr>
<tr><td rowspan="13">신청영업소</td><td>① 명칭(상호)</td><td></td><td>② 본점 여부</td><td>□ 본점 □ 지점</td></tr>
<tr><td>③ 법인등록번호</td><td colspan="3"></td></tr>
<tr><td>④ 대표자 성명</td><td></td><td>⑤대표자 주민등록번호</td><td></td></tr>
<tr><td>⑥ 소재지</td><td colspan="3"></td></tr>
<tr><td>⑦ 홈페이지 주소</td><td colspan="3"></td></tr>
<tr><td>⑧전화번호(영업소)</td><td></td><td>⑨전화번호(휴대전화)</td><td></td></tr>
<tr><td>⑩광고용 전화번호</td><td colspan="3"></td></tr>
<tr><td>⑪ 대표자 주소</td><td colspan="3"></td></tr>
<tr><td>⑫업무총괄 사용인 성명</td><td colspan="3"></td></tr>
<tr><td>⑬업무총괄 사용인 주소</td><td colspan="3"></td></tr>
<tr><td>⑭ 등록신청사업</td><td colspan="3">□ 대부업　　　□ 대부중개업</td></tr>
<tr><td rowspan="13">본점</td><td>⑮ 명칭(상호)</td><td></td><td>⑯대부업·대부중개업 등록번호</td><td></td></tr>
<tr><td>⑰ 사업자등록번호</td><td></td><td>⑱ 법인등록번호</td><td></td></tr>
<tr><td>⑲ 대표자 성명</td><td></td><td>⑳ 대표자 주민등록번호</td><td></td></tr>
<tr><td>㉑ 소재지</td><td colspan="3"></td></tr>
<tr><td>㉒ 홈페이지 주소</td><td colspan="3"></td></tr>
<tr><td>㉓전화번호(영업소)</td><td></td><td>㉔ 전화번호(휴대전화)</td><td></td></tr>
<tr><td>㉕광고용 전화번호</td><td colspan="3"></td></tr>
<tr><td>㉖ 대표자 주소</td><td colspan="3"></td></tr>
<tr><td>㉗ 사업내용</td><td colspan="3">□ 대부업　　□ 대부중개업</td></tr>
<tr><td colspan="5">「대부업 등의 등록 및 금융이용자 보호에 관한 법률」 제3조제2항에 따라 위와 같이 신청합니다.

년　　　　월　　　　일

신청인(대표자)　　　　　　　㊞</td></tr>
</table>

귀하

주) 개인은 인감도장, 법인은 법인인감도장으로 날인하여 주십시오.

	신청인 제출서류	담당공무원 확인사항	수수료
구 비 서 류	1. 대부업.대부중개업 교육이수증 사본 1부 2. 영업소의 소재지 증명 서류(등기부등본 또는 임대차 등의 계약서 사본에 한정한다) 1부 3. 가족관계등록부 기본증명서 1부(대표자, 법인의 경우 임원) 4. 대표자인감증명서 1부(법인은 법인인감증명서) 5. 대리인 신청 위임장 1부(대리등록 신청시)	개인인 경우 주민등록등본, 법인인 경우 법인등기부등본의 내용을 담당공무원이 확인	10만원

본인은 이 건 업무처리와 관련하여 「전자정부법」 제21조제1항에 따른 행정정보의 공동이용을 통하여 담당공무원이 위의 담당공무원 확인사항을 확인하는 것에 동의합니다.

신청인(대표자)   ㉑

※ 대표자 및 임원이 「대부업 등의 등록 및 금융이용자 보호에 관한 법률」 제4조 각 호의 어느 하나에 해당하는 경우에는 등록이 제한되며 수수료는 반환되지 아니하므로 주의하시기 바랍니다.

210mm×297mm(일반용지 60g/㎡)

㉘ 영업소 현황
  가. 같은 특별시·광역시·도 내의 영업소

영업소명(본점 및 신청영업소 포함)					
연번	명칭(상호)	대부업·대부 중개업 등록번호	소재지	전화번호	임직원 수
1					
2					
3					
4					
5					

  나. 같은 특별시·광역시·도 외의 영업소

영업소명(본점 포함)					
연번	명칭(상호)	대부업·대부 중개업 등록번호	소재지	전화번호	임직원 수
1					
2					
3					
4					
5					

※ 칸이 부족하면 별지를 사용하여 기재

㉙ 주요 출자자 및 임원 현황(법인만 작성)
  가. 주요 출자자(1% 이상 출자자) 현황

연번	명칭·성명	주소	지분율(%)
1			
2			
3			
4			
5			

나. 임원(감사 포함) 현황

연번	직책	성명	주민등록번호	주소
1				
2				
3				
4				
5				

※ 칸이 부족하면 별지를 사용하여 기재

(신청서 작성 관련)

1. ①란의 상호에는 대부업자(대부중개업을 겸영하는 대부업자를 포함한다)는 그 상호 중에 "대부"라는 문자를 사용하여야 하며 대부중개업만을 하는 대부중개업자는 그 상호 중에 "대부중개"라는 문자를 사용하여야 한다. 다만, 대부업 또는 대부중개업(이하 "대부업등"이라 한다) 이외의 다른 영업을 겸영하는 대부업자등은 직전 사업연도말 손익계산서를 기준으로 대부업과 대부중개업에서 발생한 영업수익이 50% 미만인 경우에는 그 상호 중에 "대부" 또는 "대부중개의 문자를 사용하지 아니할 수 있다.

2. ⑧, ⑨, ⑩, ㉓, ㉔, ㉕란의 전화번호 등록시 법인의 경우에는 법인 또는 대표자 명의, 개인의 경우에는 대표자 명의로 등록하는 것을 원칙으로 한다. 휴대전화 등록시에는 이동통신사명을 추가로 기재한다(대부업등을 신규등록·등록갱신하거나 휴대전화 번호를 새로 등록하는 경우).

3. ⑩, ㉕란의 광고용 전화번호는 영업소 전화번호, 휴대전화 등 광고에 이용하려는 전화번호를 기재하며 3개 이내에서 등록한다. 다만 시.도지사가 부득이한 사유를 인정하는 경우는 전화번호를 추가할 수 있다.

(구비서류)

1. 대부업.대부중개업 교육이수증 사본 1부 : 등록신청일 전 6개월 이내의 교육 이수증이어야 한다, 교육 이수처는 '대부업 및 대부중개업협회'(한국대부금융협회) 이다.

2. 영업소의 소재지 증명서류(등기부등본 또는 임대차 등의 계약서 사본에 한정한다) 1부 : 영업소는 고정사업장 요건을 갖추어야 하며, 이는 건축물대장에 기재된 건물(「건축법」 제2조제2항제15호에 따른 숙박시설은 제외한다)에 대하여 소유, 임차 또는 사용대차 등의 방법으로 3개월 이상의 사용권을 확보한 장소를 말한다. 이 경우 영업소 소재지 증명서류는 사용권을 확보하는 계약자가 법인의 경우에는 법인 명의로, 개인 대부업자는 대표자 명의로 하여 작성된 것이어야 한다.

● 대부업법상 등록 대상인 신청인의 주소가 주민등록상의 주소를
의미하는지요?

문 대부업법상 등록 대상인 신청인의 주소가 주민등록상의
주소를 의미하는지요?

답 대부업법 제3조 제2항 제1호는 등록신청인의 주소를 등
록하도록 하고 있고, 동 주소는 주민등록지 상의 주소를
의미하는 것으로 보이므로 대부업자의 주민등록지 상의
주소가 변경된 경우 관할 시도지사에게 변경등록을 해야
합니다.

1-2-4. 등록증 교부

등록신청을 받은 시·도지사 등은 신청인이 등록 제한 사유
에 해당하는 경우 외에는 일정한 사항을 확인한 후 등록부에
대부업법 제3조 제2항에 규정된 사항과 등록일자·등록번호를
적고 지체 없이 신청인에게 등록증을 교부해야 합니다(제3조
제4항).

※ 【관련판례】

대부업법 제3조 제1항, 제2항, 제19조 제1항 제1호와 대부업법이
대부업·대부중개업의 등록 및 감독에 필요한 사항을 정하고 대부업
자와 여신금융기관의 불법적 채권추심행위 및 이자율 등을 규제함
으로써 대부업의 건전한 발전을 도모하는 한편 금융이용자를 보호
하고 국민의 경제생활 안정에 이바지함을 목적으로 한다는 점(제1
조)에 비추어 보면, 대부업법 제3조에 따라 대부업 등록을 한 법인
이 아무런 실체가 없는 법인으로서 실제로는 법인의 명의가 이용된

1-2-5. 대부업자 등에 대한 경과조치

2010년 4월 26일 당시 개정 전의 법령에 따라 대부업 등록
을 한 자는 그 등록의 유효기간 만료일까지 개정법에 따라 대
부업 등록을 한 것으로 봅니다(대부업법 부칙 제4조).

1-3. 대부업에 대한 확인

1-3-1. 대부업 등록부의 열람

① 시·도지사 등은 대부업 등록부를 일반인이 열람할 수 있도
   록 해야 합니다(대부업법 제3조 제5항 본문). 따라서 대부
   업체를 이용하려는 사람은 등록부를 열람할 수 있습니다.

② 등록부 중 개인에 관한 사항으로서 공개될 경우 개인의 사생
   활을 침해할 우려가 있는 것으로 다음의 사항은 제외됩니다
   (동법 제3조 제5항 단서 및 동법 시행령 제2조의3 제4항).

   1) 등록신청인의 주소

   2) 출자자 및 임원의 주소

   3) 사용인의 주소

③ 대부업체 등록현황은 각 시·도의 홈페이지 또는 '금융감독
   원 서민금융 1332 -각종조회/등록대부업체조회'를 통해서
   확인할 수 있습니다.

1-3-2. 영업실태 등의 확인

대부업체를 이용하려는 사람은 대부업자 또는 대부중개업자의 현황 및 영업실태 조사결과 등을 관보 또는 인터넷 홈페이지 등에서 확인할 수 있습니다(대부업법 제16조 제3항).

1-3-3. 위반행위 등의 확인

대부업체를 이용하려는 사람은 시·도 또는 금융위원회의 인터넷 홈페이지에서 대부업자·대부중개업자 및 여신금융기관의 행정처분 사실 또는 시정명령 사실을 확인할 수 있습니다(대부업법 시행령 제9조의3 제2항).

● 미등록대부업체를 이용하면 어떤 피해가 있나요?

문 미등록대부업체를 이용하면 어떤가요?

답 미등록대부업체는 돈을 빌리려는 사람들에게 쉽게 접근하는 반면, 영업소 등이 등록되어 있지 않고 대부조건 및 이자율 등을 지키지 않는 경우가 많아 피해를 입기 쉽습니다. 등록 또는 등록갱신을 하지 않고 대부업을 하는 자는 5년 이하의 징역 또는 5천만원 이하의 벌금에 처해집니다(대부업법 제19조 제1항 제1호). 따라서 대부업체를 이용하는 경우에는 등록대부업체인지 확인하는 것이 좋고 각 시·도의 홈페이지에서 대부업체의 등록현황을 확인할 수 있습니다.

● 이자율이 가장 낮은 대부업체를 발견했는데, 이 업체를 믿고 이용해도 괜찮을까요?

[문] 돈을 빌리려고 인터넷을 검색하던 중 이자율이 가장 낮은 대부업체를 발견했는데, 최저이자율과 상담전화번호만 있고 등록번호와 주소를 찾을 수 없었습니다. 이 업체를 믿고 이용해도 괜찮을까요?

[답] 필수 기재사항이 기재되어 있지 않은 광고의 경우 무등록 대부업체가 아닌지를 먼저 의심해야 하며, 관할 시·도에 문의하여 정상 등록 여부를 확인함이 좋습니다.

대부업자가 대부조건 등에 관해 표시 또는 광고를 하는 경우에는 다음의 사항을 포함해야 합니다. 이를 위반한 자는 1천만원 이하의 과태료를 부과 받습니다.

① 명칭 또는 대표자 성명
② 대부업 등록번호
③ 대부이자율(연 이자율로 환산한 것 포함) 및 연체이자율
④ 이자 외에 추가비용이 있는 경우 그 내용
⑤ 영업소의 주소와 등록된 표시 또는 광고에 사용되는 전화번호
⑥ 현재 등록되어 있는 시·도 또는 금융위원회의 명칭과 등록정보를 확인할 수 있는 시·도 등의 전화번호
⑦ 과도한 차입의 위험성을 알리는 경고문구

대부업자는 광고를 하는 경우에는 일반인이 대부조건 등의 사항을 쉽게 알 수 있도록 다음의 방식에 따라 광고의 문안과 표기를 해야 합니다. 이를 위반한 자는 500만

원 이하의 과태료를 부과 받습니다.

① 대부업자의 상호 글자는 상표의 글자보다 크게 하고, 쉽게 알아볼 수 있도록 할 것

② 등록번호, 전화번호, 대부이자율 및 대부계약과 관련된 부대비용, 과도한 차입의 위험성을 알리는 경고문구 및 "중개수수료를 요구하거나 받는 것은 불법"이라는 문구는 상호의 글자와 글자 크기를 같거나 크게 하고, 그 밖의 광고사항과 쉽게 구별할 수 있도록 할 것

③ 대부업자 등의 광고 표시기준을 준수할 것

● **생활정보지에서 광고를 보고 업체에 문의하였더니 대출은 가능하지만 10%의 작업비를 미리 입금하라고 합니다. 괜찮을까요?**

문 신용불량자로 돈이 필요한데, 생활정보지에 "은행권 당일 대출 가능"이라는 광고를 보고 업체에 문의하였더니 대출은 가능하지만 10%의 작업비를 미리 입금하라고 합니다. 괜찮을까요?

답 시·도 홈페이지에서 등록 대부업자인지를 확인해 보세요. 최근 경기침체 등으로 무등록 대부업자의 불법적인 사금융행위가 증가하고 있습니다.

이들은 관할 시·도에 대부업 등록을 하지 않고 기존 대부업 등록업체의 등록번호를 도용하는 등의 방법으로 등록업자를 가장하여 생활정보지에 대부광고를 게재하여, '신불자·연체자 환영', '무직자 대출', '무조건 100% 가능' 등 허위 과장광고를 일삼으며, 이러한 광고를 믿고 대출

상담을 신청한 소비자에게 급전대출을 미끼로 중개수수료를 수취하거나 휴대전화 및 은행거래 통장 등을 양도받아 이를 타인에게 불법적으로 재양도하고 있습니다.

그러므로 시·도의 홈페이지에서 대부업체 등록현황 등을 통해 해당 업체가 등록 대부업체인지 반드시 확인하고, 허위·불법광고에 현혹되지 않도록 주의하시기 바랍니다.

대부업 또는 대부중개업을 하려는 자(여신금융기관은 제외)는 영업소별로 해당 영업소를 관할하는 특별시장·광역시장·특별자치시장·도지사 또는 특별자치도지사에게 등록해야 합니다. 등록을 하지 않고 대부업 또는 대부중개업을 하거나 속임수나 그 밖의 부정한 방법으로 등록을 한 자는 5년 이하의 징역 또는 5천만원 이하의 벌금에 처해집니다.

시·도지사 등은 등록부를 일반인이 열람할 수 있도록 해야 하므로, 대부업체를 이용하려는 사람은 각 시·도 홈페이지에서 등록부를 열람하여 해당 업체가 등록 대부업체인지 반드시 확인하고, 허위·불법광고에 현혹되지 않도록 주의해야 합니다.

● **무등록 대부업체 등의 불법 광고 등에 대해 어떻게 대응해야 하는지요?**

【문】 무등록 대부업체 등의 불법 광고 등에 대해 어떻게 대응해야 하는지요?

【답】 대부업법에 따라 대부업을 영위하고자 하는 자는 영업소

별로 해당 영업소를 관할하는 특별시장·광역시장·도지사에게 대부업 등록을 하여야 하며, 등록된 대부업체에 대한 관리·감독 권한은 각 시장 및 도지사가 보유하고 있습니다.

한편 시·도에 등록하지 않은 업체가 대부광고행위를 하는 경우에는 대부업법을 위반하는 행위로서 형사처벌(5년이하의 징역 5천만원이하의 벌금) 대상이 되므로, 광고업체의 인식정보(전화번호, 업체명 등) 및 광고내용 등을 증빙으로 갖추어 수사기관에 신고하실 수 있음을 알려드립니다.

또한, 대부업법 개정으로 법상이자 상한이 연 70%에서 연 60%로 인하(동법 시행령상 이자상한은 연 49% 유지)되면서, 2008년 3월 22일 이후 발생하는 모든 대부업 대출이자는 연 49%를 초과할 수 없게 됩니다.

2007년 12월 21일 대부업법 개정으로 동년 10월 4일 이전에 체결된 대부계약에 대해서도 2008년 3월 22일 이후 발생하는 대부이자는 연 49%를 넘을 수 없습니다.

또한 정보통신망이용촉진및정보보호등에관한법률에 의하여 정보의 안전한 유통과 정보보호에 필요한 시책을 효율적으로 추진하기 위하여 '한국인터넷진흥원'을 설립하고, 특히 수신자의 동의 없이 광고성 정보를 전송하는 행위를 차단하고자 '불법스팸대응센터'(일반전화 1336, 핸드폰 02-1336번)를 운영하고 있음을 알려드리오니, 스팸과 관련된 귀하의 민원에 대해서는 동 센터로 신고하시기 바랍니다.

2. 대부업체의 상호

① 대부업자(대부중개업을 겸영하는 대부업자 포함)는 그 상호 중에 "대부"라는 문자를 사용해야 하고, 대부중개업만을 하는 대부중개업자는 그 상호 중에 "대부중개"라는 문자를 사용해야 합니다. 다만, 2009년 4월 22일 이전에 종전의 규정에 따라 대부업의 등록을 한 자는 그 등록의 유효기간 만료일까지 종전의 상호를 사용할 수 있습니다.
② 대부업자 또는 대부중개업자는 타인에게 자기의 명의로 대부업 또는 대부중개업을 하게 하거나 그 등록증을 대여해서는 안 됩니다.

2-1. 대부업 등의 상호

2-1-1. 대부업 또는 대부중개업의 상호(商號)의 사용

① 대부업자(대부중개업을 겸영하는 대부업자 포함)는 그 상호 중에 "대부"라는 문자를 사용해야 합니다(대부업법 제5조의2 제1항).
② 이를 위반하여 상호 중에 "대부"라는 문자를 사용하지 않은 자는 1차 위반 시 200만원, 2차 위반 시 500만원, 3차 위반 시 1천만원의 과태료를 부과받습니다(동법 제21조 제1항 제2호, 동법 시행령 제12조 및 별표3 제2호 사목).
③ 위반행위의 횟수에 따른 과태료 부과기준은 위반사항에 대하여 과태료 부과처분을 한 날부터 1년 이내에 다시 동일한 위반사항을 적발한 경우에 적용됩니다(동법 시행령 별표3 제1호 가목, 이하 위반행위의 횟수에 따라 과태료 부

과기준을 정한 때에는 이와 같음).

과태료의 부과기준

1. **일반 기준**
   가. 위반행위의 횟수에 따른 과태료 부과기준은 위반사항에 대하여 과태료 부과처분을 한 날부터 3년 이내에 다시 동일한 위반사항을 적발한 경우에 적용한다.
   나. 시·도지사는 위반행위의 동기, 내용 및 그 횟수 등을 고려하여 과태료 부과금액의 2분의 1의 범위에서 그 금액을 가중하거나 감경할 수 있다. 이 경우 과태료의 총액은 법 제21조제1항 및 제2항에 따른 금액을 초과할 수 없다.

2. **개별 기준**

(단위: 만원)

위반행위	해당 조문	과태료 부과기준		
		1회	2회	3회이상
가. 법 제3조제7항을 위반하여 분실신고를 하지 아니한 자	법 제21조제2항 제1호	20	100	200
나. 법 제3조의3제1항 또는 제2항을 위반하여 등록증을 반납하지 아니한 자	법 제21조제2항 제2호	50	250	500
다. 삭제 <2013.6.11>				
라. 법 제5조제1항을 위반하여 법 제3조제3항제1호부터 제3호까지의 변경사항을 변경등록하지 아니한 자	법 제21조제1항 제1호	20	100	200
마. 법 제5조제1항을 위반하여 법 제3조제3항제4호부터 제	법 제21조제1항	50	250	500

8호까지의 규정 중 변경사항을 변경등록하지 아니한 자	제1호			
바. 법 제5조제2항을 위반하여 폐업신고를 하지 아니한 자	법 제21조제1항제1호	50	250	500
사. 법 제5조의2제1항 또는 제2항을 위반하여 상호 중에 "대부" 또는 "대부중개"라는 문자를 사용하지 아니한 자	법 제21조제1항제2호	200	500	1,000
아. 법 제6조제1항 또는 제3항을 위반하여 계약서를 교부하지 아니한 자 또는 같은 조 제1항 각 호 또는 같은 조 제3항 각 호에서 정한 내용 중 전부 또는 일부가 적혀 있지 아니한 계약서를 교부하거나 같은 조 제1항 각 호 또는 같은 조 제3항 각 호에서 정한 내용 중 전부 또는 일부를 거짓으로 적어 계약서를 교부한 자	법 제21조제1항제3호	200	500	1,000
자. 법 제6조제2항 또는 제4항을 위반하여 설명을 하지 아니한 자	법 제21조제1항제4호	50	250	500
차. 법 제6조제5항을 위반하여 계약서와 계약관계서류의 보관의무를 이행하지 아니한 자	법 제21조제2항제4호	50	250	500
카. 법 제6조제6항을 위반하여 정당한 사유 없이 계약서 및 계약관계서류의 열람을	법 제21조제2항제5호	50	250	500

거부하거나 관련 증명서의 발급을 거부한 자				
타. 법 제6조의2를 위반하여 거래상대방 또는 보증인이 같은 조 제1항 각 호의 사항 또는 같은 조 제2항 각 호의 사항을 자필로 기재하게 하지 아니한 자	법 제21조제1항 제5호	200	500	1,000
파. 법 제7조제1항을 위반하여 거래상대방으로부터 소득·재산 및 부채상황에 관한 증명서류를 제출받지 아니한 자	법 제21조제1항 제6호	50	250	500
하. 법 제7조의2를 위반하여 제3자에게 담보제공 여부를 확인하지 않은 자	법 제21조제1항 제6호의2	50	250	500
거. 법 제9조제1항을 위반하여 중요 사항을 게시하지 아니한 자	법 제21조제1항 제7호	50	250	500
너. 법 제9조제2항 또는 제3항을 위반하여 광고를 한 자	법 제21조제1항 제8호	200	500	1,000
더. 법 제9조제4항을 위반하여 광고의 문안과 표기에 관한 의무를 이행하지 아니한 자	법 제21조제2항 제6호	50	250	500
러. 법 제9조제5항을 위반하여 광고를 한 경우	법 제21조제1항 제8호	500	1,000	1,500
머. 법 제9조의3제1항 각 호의 행위를 한 자	법 제21조제1항 제9호	200	500	1,000

버. 법 제9조의5제1항 또는 제2항을 위반하여 종업원을 고용하거나 업무를 위임하거나 대리하게 한 자	법 제21조제1항 제10호	50	250	500
서. 법 제10조제2항을 위반하여 보고 또는 공시를 하지 않은 경우	법 제21조제2항 제7호	50	250	500
어. 법 제10조의2를 위반하여 소속과 성명을 밝히지 아니한 자	법 제21조제2항 제8호	20	100	200
저. 법 제12조제2항 및 제3항에 따른 검사에 불응하거나 검사를 방해한 자	법 제21조제1항 제11호	500	1,000	1,500
처. 법 제12조제1항 또는 제5항에 따른 보고 또는 자료의 제출을 거부하거나 거짓으로 보고 또는 자료를 제출한 자	법 제21조제2항 제9호	50	250	500
커. 법 제12조제9항을 위반하여 보고서를 제출하지 아니하거나, 거짓으로 작성하거나, 기재하여야 할 사항의 전부 또는 일부를 기재하지 아니하고 제출한 자	법 제21조제1항 제12호	200	500	1,000
터. 법 제18조의2제5항에 따른 대부업 및 대부중개업 협회 또는 이와 비슷한 명칭을 사용한 자	법 제21조제2항 제10호	50	250	500

④ 대부중개업만을 하는 대부중개업자는 그 상호 중에 "대부중개"라는 문자를 사용해야 합니다(동법 제5조의2 제2항).

이를 위반하여 상호 중에 "대부중개"라는 문자를 사용하지 않은 자는 1차 위반 시 200만원, 2차 위반 시 500만원, 3차 위반 시 1천만원의 과태료를 부과 받습니다(동법 제21조 제1항 제2호, 동법 시행령 제12조 및 별표3 제2호 사목). 다만, 2009년 4월 22일 이전에 종전의 규정에 따라 대부업의 등록을 한 자는 그 등록의 유효기간 만료일까지 종전의 상호를 사용할 수 있습니다[동법(법률 제9344호,2009.1.21.공포, 2009.4.22. 시행) 부칙 제6조].

⑤ 대부업 등 외의 다른 영업을 겸영하는 대부업자 등으로서 총 영업수익 중 대부업 등에서 생기는 영업수익의 비율이 100분의 50 미만인 경우에는 그 상호 중에 "대부" 및 "대부중개"라는 문자를 사용하지 않을 수 있습니다(동법 제5조의2 제3항 및 동법 시행령 제3조의2 제1항).

⑥ 상호 중에 "대부" 또는 "대부중개"라는 문자를 사용하지 않은 대부업자 등이 대부업 등과 관련해 광고 등의 영업행위를 할 때에는 상호와 함께 "대부" 또는 "대부중개"라는 글자를 쉽게 알아볼 수 있도록 적어야 합니다(동법 시행령 제3조의2 제2항).

⑦ 영업수익의 비율은 직전 사업연도 말 손익계산서를 기준으로 하여 대부업 등에서는 이자수익, 대부업 등 외의 영업에서는 매출액으로 계산합니다. 이 경우 유가증권에 대한 투자 및 금융회사에의 예치금 등 금융상품의 운용에 따른 수익은 영업수익의 비율 계산에서 제외합니다(동법 시행령 제3조의2 제3항).

⑧ 대부업자 등이 아닌 자는 그 상호 중에 대부, 대부중개 또

는 이와 유사한 상호를 사용하지 못합니다(동법 제5조의2 제4항). 이를 위반하여 그 상호 중에 대부, 대부중개 또는 이와 유사한 상호를 사용한 자는 3년 이하의 징역 또는 3천만원 이하의 벌금에 처해집니다(동법 제19조 제2항 제1호).

2-2. 명의대여 등의 금지

① 대부업자 등은 타인에게 자기의 명의로 대부업 등을 하게 하거나 그 등록증을 대여해서는 안 됩니다(대부업법 제5조의2 제5항). 이를 위반하여 타인에게 자기의 명의로 대부업 등을 하게 하거나 등록증을 대여한 자는 3년 이하의 징역 또는 3천만원 이하의 벌금에 처해집니다(동법 제19조 제2항 제2호).

● **대부업자의 대출모집인이 대부업자의 명칭이 기재된 명함을 사용한 경우 명의대여 금지 위반인지요?**

문 대부업자의 대출모집인이 대부업자의 명칭이 기재된 명함을 사용한 경우 명의대여 금지 위반인지요?

답 대출모집인이 이미 대부업 등록을 한 상태에서 단순히 대부중개를 위해 대부업자의 명칭을 활용한 것이라면 당해 대부업자는 대부업법 제5조의2를 위반한 것은 아닙니다. 다만, 대출모집인이 대부업 등록을 하지 않고 대부업자의 명칭을 활용해 대부를 중개하도록 한 경우에는 대부업법 제5조의2에서 금지한 명의대여에 해당될 수 있을 것입니다.

한 지자체에 대부업 등록을 하고 등록을 하지 않은 다른 지역에서 영업을 하는 것에 대한 제한은 현재 대부업법 상 없습니다. 다만, 실질적인 영업점(사무실을 임대해 상주, 전화개통, 직원고용 등)이 해당 영업지역에 있음에도 불구하고 등록하지 않은 상태로 대부업을 영위하는 것은 대부업법 위반입니다.

● **상호를 보고 등록대부업체인지 확인할 수 있나요?**

문 상호를 보고 등록대부업체인지 확인할 수 있나요?

답 대부업자(대부중개업을 겸영하는 대부업자 포함)는 그 상호 중에 "대부"라는 문자를 사용해야 하지만(대부업법 제5조의2 제1항), 2009년 4월 22일 이전에 종전의 규정에 따라 대부업의 등록을 한 자는 그 등록의 유효기간 만료일까지 종전의 상호를 사용할 수 있습니다[동법(법률 제9344호, 2009.1. 21. 공포, 2009.4.22. 시행) 부칙 제6조]. 따라서 상호에 "대부"라는 문자를 사용하면 등록대부업체일 가능성이 있지만 유사금융업체('OO캐피탈', 'OO크레디트') 또는 폐업했거나 등록 유효기간이 지난 대부업체의 상호를 그대로 사용할 경우에는 상호만으로 등록대부업체인지 알 수는 없습니다.

3. 대부조건의 확인

3-1. 신용정보 및 대부조건의 확인

① 대부업자는 대부업체 이용자의 소득·재산·부채상황에 관한 증명서류를 제출받아 객관적인 변제능력을 초과하는 대부계약을 체결해서는 안 되고, 증명서류를 거래상대방의 소득·재산 및 부채상황을 파악하기 위한 용도 외의 목적으로 사용해서는 안 됩니다.

② 영업소를 방문하여 대부업체를 이용하려는 자는 대부업자가 영업소마다 대부이자율, 이자계산방법, 변제방법, 대부업 등록번호 등을 알 수 있도록 게시해야 하므로 대부업체를 이용하기 전에 게시된 대부조건을 확인할 수 있습니다.

③ 표시 또는 광고를 보고 대부업체를 이용하려는 경우에는 대부업자가 대부업 등록번호, 이자율 등을 포함한 표시 또는 광고를 해야 하므로, 대부업체를 이용하기 전에 표시된 대부조건을 확인할 수 있습니다.

● **제 명의의 통장을 만들어 주면 이자를 저렴하게 해준다고 하는데 그 통장을 대부업체에 맡겨도 괜찮을까요?**

문 돈을 빌리려고 하는데 제 명의의 통장을 만들어 주면 이자를 저렴하게 해준다고 하네요. 그 통장을 대부업체에 맡겨도 괜찮을까요?

답 통장은 대부업체에 맡기지 않는 것이 좋습니다.

대부업체 이용자가 본인 명의의 통장을 개설해 대부업체에 맡긴 뒤 이자 등을 무통장 입금하면 이자를 저렴하게 해 준다고 유혹하는 경우가 종종 있습니다.

그러나 이러한 경우에는 후에 대부업체로부터 고금리 피해 등을 입어 이를 수사기관에 신고해도 대출원금, 채무변제사실 및 이자지급내역 등을 확인하기가 어렵고 통장을 이용한 추가적인 범죄발생 가능성도 있습니다. 따라서 통장을 대부업체에 맡기지 않는 것이 좋으며, 그 밖에 대부조건 등을 꼼꼼히 따져 대출을 진행하는 것이 바람직합니다.

대부업자는 다음의 사항을 일반인이 알 수 있도록 영업소마다 게시해야 합니다. 이를 위반한 자는 500만원 이하의 과태료를 부과 받습니다.

① 대부이자율
② 이자계산방법
③ 변제방법
④ 연체이자율
⑤ 대부업 등록번호
⑥ 대부계약과 관련한 부대비용의 내용

3-2. 신용정보의 제출

3-2-1. 증명서류의 제출

대부업자는 대부계약을 체결하려는 경우에는 미리 대부업체 이용자로부터 그 소득·재산 및 부채상황에 관한 것으로서 다음의 증명서류를 제출받아 그 대부업체 이용자의 소득·재산

및 부채상황을 파악해야 합니다. 다만, 해당 대부업자가 대부
계약을 체결하려는 대부업체 이용자에게 이미 대부한 금액의
잔액과 새로 대부계약을 체결하려는 금액의 합계가 300만원
이하인 경우에는 그렇지 않습니다(대부업법 제7조 제1항 및
동법 시행령 제4조의3).

① 대부업체 이용자가 개인인 경우

　1) 소득세법 제143조에 따른 근로소득 원천징수영수증, 소
　　 득세법 제144조에 따른 사업소득 원천징수영수증, 소득
　　 금액증명원, 급여통장 사본, 연금증서 중 어느 하나의 소
　　 득증명서류

　2) 대부업법 제6조 제6항 전단에 따른 증명서로서 부채 잔
　　 액증명서. 다만, 신용조회로 부채상황을 알 수 있으면 신
　　 용조회로 대신합니다.

　3) 부동산 등기권리증, 부동산 임대차계약서 등 재산상 권
　　 리관계를 증명할 수 있는 서류(담보대출인 경우만 해당)

　4) 그 밖에 소득, 재산 및 부채상황을 파악할 수 있는 서류

② 대부업체 이용자가 법인인 경우

　1) 감사보고서(주식회사의 외부감사에 관한 법률 제2조에
　　 따른 외부감사의 대상인 법인만 해당)

　2) 부가가치세법 시행령 제11조 제5항에 따른 사업자등록
　　 증, 지방세 세목별 과세증명서 및 지방세 납세증명서

　3) 대부업법 제6조 제6항 전단에 따른 증명서로서 부채 잔
　　 액증명서. 다만, 신용조회로 부채상황을 알 수 있으면 신
　　 용조회로 대신합니다.

　4) 부동산 등기권리증, 부동산 임대차계약서 등 재산상 권

리관계를 증명할 수 있는 서류(담보대출인 경우만 해당)
5) 그 밖에 소득, 재산 및 부채상황을 파악할 수 있는 서류

● **급여명세서 등이 대부업법에서 규정된 소득 증명서류로 인정되는지요?**

문 급여명세서, 카드매출 입금 통장내역, 카드매출 전표, 부가가치세과세표준증명서가 고객이 주부인 경우 배우자의 위와 같은 소득서류 등이 소득 증명서류로 인정되는지요?

답 대부업법 시행령 제4조의3 제1항 제1호 라목의 "그 밖에 소득, 재산 및 부채상황을 파악할 수 있는 서류"로는 정기적으로 연금, 카드매출금 등 일정 소득금액이 입금되는 통장사본(소득 관련 증명서류에 해당)이나 국가기관 또는 공공기관에서 발급한 것으로서 소득, 부채, 재산 관련 상황을 객관적으로 증명할 수 있는 서류가 이에 해당하며, 개인이 발급한 서류는 동 목상의 증명서류로 인정하기 어려울 것으로 사료됩니다(대부업 관리·감독 지침 '소득, 부채, 재산의 증빙서류' 나. 참고).
한편, 소득·부채·재산 관련 증빙서류는 원칙적으로 거래상대방 본인의 명의로 하여야 하나, 전업주부의 경우 배우자의 소득 증빙서류로 의제할 경우에는 대부업자는 대출이 실행되기 이전에 배우자의 동의 여부를 배우자에게 미리 확인하고 대출금액과 대출이자율, 상환방식 등에 대해 설명하여야 함을 안내하여 드립니다(대부업 관리·감독 지침'소득, 부채, 재산의 증빙서류' 다. 참고).

3-2-2. 과잉 대부계약의 금지

① 대부업자는 대부업체 이용자의 소득·재산·부채상황·신용 및 변제계획 등을 고려해 객관적인 변제능력을 초과하는 대부계약을 체결해서는 안 됩니다(대부업법 제7조 제2항).

② 대부거래 표준약관(공정거래위원회 표준약관 제10036호, 2015.3.27. 발령·시행)은 대부업자와 채무자 사이의 대부거래에 관한 계약서 필수기재사항, 비용의 부담, 계약서의 교부, 채권양도, 기한 전의 임의상환 및 신용정보 등을 정하고 있습니다.

3-2-3. 신용정보의 이용

대부업자는 증명 서류를 거래상대방의 소득·재산 및 부채상황을 파악하기 위한 용도 외의 목적으로 사용해서는 안 됩니다(대부업법 제7조 제3항).

3-3. 대부조건의 확인

3-3-1. 대부조건의 게시

① 대부업자는 다음의 사항을 일반인이 알 수 있도록 영업소마다 게시해야 합니다(대부업법 제9조 제1항 및 동법 시행령 제6조 제1항). 이를 위반하여 중요 사항을 게시하지 않은 자는 1차 위반 시 50만원, 2차 위반 시 250만원, 3차 위반 시 500만원의 과태료를 부과 받습니다(동법 제21조 제1항 제7호, 동법 시행령 제12조 및 별표3 제2호 거목).

② 위반행위의 횟수에 따른 과태료 부과기준은 위반사항에 대하여 과태료 부과처분을 한 날부터 1년 이내에 다시 동일

한 위반사항을 적발한 경우에 적용됩니다(동법 시행령 별
표3 제1호 가목, 이하 위반행위의 횟수에 따라 과태료 부
과기준을 정한 때에는 이와 같음).
1) 대부이자율
2) 이자계산방법
3) 변제방법
4) 연체이자율
5) 대부업 등록번호
6) 대부계약과 관련한 부대비용의 내용

3-3-2. 대부조건의 표시 또는 광고

① 대부업자가 대부조건 등에 관해 표시 또는 광고(표시·광고
의 공정화에 관한 법률에 따른 표시 또는 광고를 말합니
다. 이하 '광고'라 줄여 씁니다)를 하는 경우에는 다음의
사항을 포함해야 합니다(대부업법 제9조 제2항 및 동법
시행령 제6조 제2항). 이를 위반하여 광고를 한 자는 1차
위반 시 200만원, 2차 위반 시 500만원, 3차 위반 시 1천
만원의 과태료를 부과 받습니다(동법 제21조 제1항 제8호,
동법 시행령 제12조 및 별표3 제2호 너목).
1) 명칭 또는 대표자 성명
2) 대부업 등록번호
3) 대부이자율(연 이자율로 환산한 것 포함) 및 연체이자율
4) 이자 외에 추가비용이 있는 경우 그 내용
5) 영업소의 주소와 등록된 표시 또는 광고에 사용되는 전
   화번호(둘 이상의 특별시·광역시·특별자치시·도 또는 특

별자치도(이하 "시·도"라 함)에 영업소를 설치한 대부업자
인 경우에는 본점의 주소와 광고에 사용되는 전화번호)
6) 현재 등록되어 있는 시·도 또는 금융위원회(이하 "시·도
등" 이라 함)의 명칭과 등록정보를 확인할 수 있는 시·도
등의 전화번호
7) 과도한 차입의 위험성을 알리는 경고문구
② 대부업자는 광고를 하는 경우에는 일반인이 위의 사항을
쉽게 알 수 있도록 다음의 방식에 따라 광고의 문안과 표
기를 해야 합니다(대부업법 제9조 제4항 및 동법 시행령
제6조의2). 이를 위반하여 광고의 문안과 표기에 관한 의
무를 이행하지 않은 자는 1차 위반 시 50만원, 2차 위반
시 250만원, 3차 위반 시 500만원의 과태료를 부과 받습
니다(동법 제21조 제2항 제6호, 동법 시행령 제12조 및
별표3 제2호 더목).
1) 대부업자의 상호의 글자는 상표의 글자보다 크게 하고,
쉽게 알아볼 수 있도록 할 것
2) 등록번호, 전화번호, 대부이자율, 대부계약과 관련된 부
대비용, 과도한 차입의 위험성을 알리는 경고문구 및 "중
개수수료를 요구하거나 받는 것은 불법"이라는 문구는
상호의 글자와 글자 크기를 같거나 크게 하고, 그 밖의
광고사항과 쉽게 구별할 수 있도록 할 것
3) 대부업자 등의 광고 표시기준을 준수할 것
③ 대부업자 등은 다음에 해당하는 시간에는 방송을 이용한
광고를 해서는 안 됩니다(대부업법 제9조 제5항). 이를 위
반하여 광고를 한 자는 1차 위반 시 200만원, 2차 위반

시 500만원, 3차 위반 시 1천만원의 과태료를 부과 받게 됩니다(동법 제21조 제1항 제8호, 동법 시행령 제12조 및 별표3 제2호 너목).
  1) 평일 : 오전 7시부터 오전 9시까지 및 오후 1시부터 오후 10시까지
  2) 토요일과 공휴일 : 오전 7시부터 오후 10시까지

● **거래하고자 하는 대부업체 대부계약의 대부조건을 미리 알고 싶습니다. 어떻게 알 수 있나요?**

🈂 거래하고자 하는 대부업체 대부계약의 대부조건을 미리 알고 싶습니다. 어떻게 알 수 있나요?

🈺 대부업자는 대부이자율, 이자계산방법, 변제방법, 대부업 등록번호, 연체이자율, 대부계약과 관련한 부대비용의 내용 등을 영업소마다 일반인이 알 수 있도록 게시하여야 하며, 대부계약의 체결시 거래상대방에게 그 내용을 설명하여야 합니다. 당사자가 체결하는 대부계약의 구체적인 내용은 계약서에 기재되어 있으니 계약서를 꼼꼼하게 살펴보셔야 합니다.

● **A보드광고가 중계를 통해 간접 노출될 것으로 예상되는데, 상표만을 노출하는 것이 가능한지요?**

🈂 대부업의 경우 대부업법에 의해서 광고표현의 규제가 되고 있는 것으로 알고 있습니다. 그래서 A보드에 회사의 대출 상표(전화번호 제외)만을 표기하고자 합니다. A보

드광고가 중계를 통해 간접 노출될 것으로 예상되는데,
상표만을 노출하는 것이 가능한지요?

귀하께서는 스포츠 경기장에 광고물을 게시하는데 있어서 게시물에 상표(전화번호 제외)만을 표기하는 것이 가능한지에 대하여 질문하셨습니다.

대부업법에 제9조 및 동법 시행령 제6조의2의 규정 등에서는 대부업자가 대부조건 등에 관하여 표시 또는 광고를 하는 경우에는 금융소비자가 피해를 보지 않도록 대부업자의 명칭 또는 대표자 성명, 대부업 등록번호, 대부이자율(연 이자율로 환산한 것을 포함한다) 및 연체이자율, 이자 외에 추가비용이 있는 경우 그 내용 등을 포함하도록 하도록 정하고 있습니다. 또한 대부업자 등의 상호의 글자는 상표의 글자보다 크게 하고, 쉽게 알아볼 수 있도록 하고 있으며 등록번호, 전화번호, 대부이자율 및 대부계약과 관련된 부대비용은 상호의 글자와 글자 크기를 같게 하고 그 밖의 광고사항과 쉽게 구별할 수 있도록 하고 규정하고 있습니다.

상표법 제2조에서는 상표를 "상품을 생산·가공·증명 또는 판매하는 것을 업으로 하는 자가 자기의 업무에 관련된 상품을 타인의 상품과 식별되도록 하기 위하여 사용하는 기호·문자 등 또는 그 밖에 시각적으로 인식할 수 있는 것"으로 정의하고 있습니다.

귀하께서 질의하신 바와 같이 스포츠 경기장에 게시물을 통하여 상표를 광고한다면, 이는 대부상품의 판매 및 대

출 영업을 위하여 상표를 통하여 광고를 하는 것이므로,
금융소비자가 대부업체의 상호, 등록번호, 대부이자율, 영
업소의 주소 및 전화번호 등을 식별할 수 있도록 "대부업
법 제9조 내지 제9조의3, 동법 시행령 6조의 내지 제6조
의2의 요건"을 충족하여 광고하셔야 함을 알려드립니다.

제3장

대부계약의 체결

제3장 대부계약의 체결

1. 대부계약서의 작성 등

① 대부계약은 기본적으로 개인 간의 금전거래로서 당사자 사이의 계약이 우선하므로 대부계약을 체결할 때 자세히 살펴보아야 합니다.

② 대부업자는 대부업체 이용자와 대부계약을 체결하는 경우, 대부업체 이용자가 본인임을 확인하고 대부금액, 대부이자율, 변제기간 등이 적힌 대부계약서를 거래상대방에게 교부해야 합니다.

③ 대부업자는 대부업체 이용자에게 계약서의 기재사항을 모두 설명한 후 대부금액, 대부이자율, 변제기간 및 연체이자율과 같은 중요사항을 대부업체 이용자가 자필로 적게 해야 합니다.

④ 대부업체와 대부업체 이용자는 공정거래위원회가 제공하는 대부거래 표준계약서를 참고하여 계약서를 작성할 수 있습니다.

1-1. 대부계약서의 작성

1-1-1. 대부계약서의 기재사항

① 대부업자는 대부계약을 체결하는 경우에는 대부업체 이용자가 본인임을 확인하고 다음의 사항이 적힌 대부계약서를 대부업체 이용자에게 교부해야 합니다(대부업법 제6조 제1항 및 동법시행령 제4조 제1항). 이를 위반하여 계약서

를 교부하지 않은 자 또는 기재사항의 전부 또는 일부가 적혀 있지 않은 계약서를 교부하거나 거짓으로 적어 계약서를 교부한 자는 1차 위반 시 200만원, 2차 위반 시 500만원, 3차 위반 시 1천만원의 과태료를 부과 받습니다(동법 제21조 제1항 제3호, 동법 시행령 제12조 및 별표3 제2호 아목).

1) 대부업자(영업소 포함) 및 거래상대방의 명칭 또는 성명 및 주소 또는 소재지

2) 계약일자

3) 대부금액

4) 최고이자율(연 100분의 34.9, 율을 월 또는 일 기준으로 적용하는 경우에는 연 100분의 34.9를 단리로 환산 : 대부업법 시행령 제5조)

5) 대부이자율(대부업법 제8조 제2항에 따른 이자율의 세부내역 및 연 이자율로 환산한 것 포함)

6) 변제기간 및 변제방법

7) 변제방법이 계좌이체 방식인 경우에는 그 계좌번호

8) 해당 거래에 관한 모든 부대비용

9) 손해배상액 또는 강제집행에 관한 약정이 있는 경우에는 그 내용

10) 보증계약을 체결한 경우에는 그 내용

11) 채무의 조기상환 조건

12) 대부업 또는 대부중개업 등록번호

13) 기한의 이익 상실에 관한 약정이 있는 경우에는 그 내용(여기서 "기한의 이익"이란 채무의 이행기한이 도래하

지 않음으로써 그 동안 당사자가 받는 이익을 말합니다)

14) 대부원리금의 변제 순서에 관한 약정이 있는 경우에는 그 내용

15) 채무 및 보증채무와 관련된 증명서의 발급비용과 발급 기한

② 위반행위의 횟수에 따른 과태료 부과기준은 위반사항에 대하여 과태료 부과처분을 한 날부터 1년 이내에 다시 동일한 위반사항을 적발한 경우에 적용됩니다(동법 시행령 별표2 제1호 가목, 이하 위반행위의 횟수에 따라 과태료 부과기준을 정한 때에는 이와 같음).

● **실제 대부금액은 기재하지 않은 대부계약서의 경우 대부업법을 위반한 것이 아닌지요?**

문 대부업체가 자체대부계약서 약관에 의해 대출최고한도금액만을 정해 놓고 실제대부금액은 기재하지 않은 대부계약서의 경우에 대부업법을 위반한 것이 아닌지요?

답 대부업법 제6조 제1항에 의하면 대부업자가 대부계약을 체결하는 때에는 대부금액 등이 기재된 계약서를 거래상대방에게 교부하여야 한다고 규정하고 있으나, 대출최고한도를 초과하지 않은 범위 내에서 반복적으로 대출을 받을 수 있는 상품(일명:리볼빙방식)은 그 특성상 대출시마다 계약을 하기 어려운 점이 있어 이 경우에 한해 자체 대부계약서 약관에 따라 대출최고한도만을 기재한 대부계약서는 법에 위반된다고 볼 수 없을 것입니다.

● **대부업체 이용자의 통장을 이용한 불법 대부행위 피해 사례**

🈷 돈을 빌리려고 하는데 제 명의의 통장을 만들어 주면 이자를 저렴하게 해준다고 하네요. 그 통장을 대부업체에 맡겨도 괜찮을까요?

🈭 대부업체 이용자가 본인 명의의 통장을 개설해 대부업체에 맡긴 뒤 이자 등을 무통장 입금하면 고금리 피해를 수사기관에 신고하더라도 대출원금, 채무변제사실 및 이자지급내역 등을 확인하기가 어렵고 통장을 이용한 추가적인 범죄발생 가능성도 있습니다. 따라서 통장을 대부업체에 맡기지 않아야 합니다.

● **채무이행각서를 대부계약서로 인정할 수 있는지요?**

🈷 대부계약서를 작성하지 않고 법무사에서 부동산에 대한 채무이행각서를 작성하였는데 그 채무이행각서를 대부계약서로 인정할 수 있는지요?

🈭 현행 대부업법에서는 대부계약 체결시 다음의 사항들을 기재 할 것을 규정하고 있습니다.

<대부업법 제6조>

1) 대부업자 및 거래상대방의 명칭 또는 성명 및 주소,

2) 계약일자,

3) 대부금액,

4) 대부이자율(연 이자율로 환산한 것을 포함한다),

5) 변제기간 및 변제방법,

6)대부금을 변제받을 계좌번호를 정한 경우에는 그 계좌
번호,

7)당해 거래에 관한 일체의 부대비용,

8)손해배상액 또는 강제집행에 관한 약정이 있는 경우에
는 그 내용,

9)보증계약을 체결한 경우에는 그 내용,

10)채무의 조기상환 조건,

11)그 밖에 대부업자의 거래상대방 보호를 위하여 필요한
사항으로서 대통령령이 정하는 사항.

<대부업법 시행령 제4조>

1)대부업 등록번호,

2)연체이자율,

3)기한의 이익 상실에 관한 약정이 있는 경우에는 그 내용,

4)대부 원리금의 변제순서에 관한 약정이 있는 경우에는
그 내용.

따라서 대부계약서로 인정할 수 있는 지의 여부는 부동산
에 대한 채무이행각서에 위의 사항들이 기재되었는지를 확
인해 보면 됩니다.

1-1-2. 설명의무

대부업자는 대부계약을 체결하는 경우에는 거래상대방에게
대부계약서의 기재사항을 모두 설명해야 합니다(대부업법 제6
조 제2항). 이를 위반하여 설명을 하지 않은 자는 1차 위반
시 50만원, 2차 위반 시 250만원, 3차 위반 시 500만원의 과

태료를 부과 받습니다(동법 제21조 제1항 제4호, 동법 시행령
제12조 및 별표3 제2호 자목).

1-2. 중요 사항의 자필 기재

① 대부업자는 그의 거래상대방과 대부계약을 체결하는 경우
에는 다음의 사항을 그 거래상대방이 자필로 적게 해야
합니다(대부업법 제6조의2 제1항 및 동법 시행령 제4조의
2 제1항). 이를 위반하여 거래상대방이 대부계약서의 중요
기재사항을 자필로 적게 하지 않은 자는 1차 위반 시 200
만원, 2차 위반 시 500만원, 3차 위반 시 1천만원의 과태
료를 부과받습니다(동법 제21조 제1항 제5호, 동법 시행령
제12조 및 별표3 제2호 타목).
  1) 대부금액
  2) 대부이자율
  3) 변제기간
  4) 연체이자율
② 대부계약을 체결할 때 다음 중 어느 하나에 해당하는 경우
에는 거래상대방이 자필로 적은 것으로 봅니다(동법 제6조
의2 제3항 및 동법 시행령 제4조의2 제2항).
  1) 공인인증서를 이용해 거래상대방이 본인인지 여부를 확
    인하고, 인터넷을 이용해 위의 자필 기재사항을 거래상
    대방이 직접 입력한 경우
  2) 유무선 통신을 이용해 거래상대방이 본인인지 여부와 위
    의 자필 기재사항에 대한 질문 또는 설명에 대한 거래상
    대방의 답변 또는 확인내용이 녹음된 음성 녹음을 확인

하는 경우

3) 위의 음성 녹음 내용을 다음의 방법 중 거래상대방이 요
청하는 방법으로 확인하는 경우(이 경우 대부업자는 보
증인에게 서면확인서를 요청할 수 있음을 대부계약 체결
전에 알려야 합니다.)

㉮ 전화

㉯ 인터넷 홈페이지

㉰ 서면확인서

● **대부업체 이용자가 자필로 적지 않은 대부계약서는 어떻게 되
나요?**

🈵 대부계약을 체결할 때 대부금액이나 대부이자율을 대부
업자가 직접 적은 경우 어떻게 되나요?

🈯 대부업자는 대부금액, 대부이자율, 변제기간 및 연체이자
율을 대부업체 이용자가 자필로 적게 해야 하고(대부업법
제6조의2 제1항 및 동법 시행령 제4조의2), 이를 위반하
면 과태료를 부과 받습니다(동법 제21조 제1항 제5호).

1-3. 대부계약서 예시

대부거래 계약서는 공정거래위원회에서 제공하는 표준약관
을 사용할 수 있습니다.

대부거래표준약관

표준약관 제10036호
(2015. 03. 27. 개정)

제1조(목적) 이 약관은 대부업자와 채무자간의 대부거래에 있어서 권리와 의무를 명확히 하고 공정하며 건전한 금전소비대차를 하는 것을 목적으로 한다.

제2조 (적용범위) 이 약관은 대부업자와 채무자 사이의 가계 또는 기업의 자금대부 또는 그 중개 및 어음할인 등의 금전의 대부와 관련된 대부업자와 채무자 사이의 모든 거래에 적용된다.

제3조(용어의 정의) 이 약관에서 사용하는 용어의 정의는 다음과 같다

1. "대부업"이라 함은 금전의 대부 또는 그 중개, 금전의 대부와 관련한 어음의 할인 및 이와 유사한 방법에 의한 금전의 교부와 관련된 사항을 그 업으로 행하는 사업을 말한다.
2. "대부업자"라 함은 관할관청에 등록여부를 불문하고 대부업을 영위하는 개인 및 법인으로 한다.
3. "채무자"라 함은 대부계약의 체결로 인하여 대부업자에 대하여 채무를 부담하는 자를 말한다.
4. "보증인"이라 함은 채무자가 채무를 이행하지 않는 경우에 그 채무를 대신 이행할 종(從)된 채무를 부담하는 자를 말한다.

제4조 (실명거래) ① 대부업자와 채무자 사이의 거래는 실명으로 한다.

② 대부업자는 채무자가 본인임을 확인할 의무가 있다.

③ 대부업자와 채무자 사이의 계약은 채무자 본인이 직접 체결하는 것을 원칙으로 하되, 채무자의 대리인과 계약을 체결하는 경우에는 채무자가 발급받은 인감증명서를 첨부한 위임장에 의하여야 한다.

제5조(약관의 명시.설명.교부) ① 대부업자는 이 약관을 영업장에 비치하고, 채무자는 영업시간 중 언제든지 이를 열람하거나 그 교

부를 청구할 수 있다.

② 대부업자는 계약체결 전에 이 약관 제7조를 포함한 중요내용을 채무자가 이해할 수 있도록 설명하고 약관을 교부한다.

제6조(계약의 성립) 대부업자가 약관의 내용을 설명하고 채무자가 본 계약서에 의하여 이의 적용을 동의한 경우 계약은 성립한다.

제7조(계약서 필수기재사항) 대부거래 표준계약서에는 다음의 사항을 반드시 기재한다.

1. 대부업자(그 영업소를 포함한다)의 성명 또는 상호, 주소, 전화번호, 생년월일(성별) 또는 사업자등록번호
2. 대부업 등록번호
3. 채무자의 성명 또는 상호, 주소, 전화번호, 생년월일(성별) 또는 사업자등록번호
4. 계약일자
5. 대부금액
6. 이자율(이자율의 세부내역 및 연이자율로 환산한 것을 포함)
7. 연체이자율
8. 변제기간 및 변제방법
9. 대부금을 변제받을 은행계좌번호
10. 채무의 조기상환조건
11. 부대비용이 있는 경우 그 내용 및 금액
12. 보증인이 있는 경우 보증인의 성명 또는 상호, 주소, 생년월일(성별) 또는 사업자등록번호, 보증의 내용

제8조(이자율 등의 제한) ① 대부업자는 관계법령이 정하는 이자율(연체이자율 포함)의 범위 내에서 계약을 체결하기로 한다.

② 제1항의 규정에 의한 이자율을 산정함에 있어 사례금, 할인금, 수수료, 공제금, 연체이자, 체당금, 그밖에 그 명칭에 불구하고 대부와 관련하여 대부업자가 받는 것은 이를 이자로 본다. 다만 당해 거래의 계약체결과 변제에 관한 부대비용으로서 관련 법령이 정한 사항은 그러하지 아니하다.

③ 대부업자가 제1항의 규정에 의하지 않은 대부계약을 체결한
  경우 제1항에 따른 이자율을 초과하는 부분에 대한 이자계약은
  무효로 한다.

④ 채무자가 대부업자에게 제1항에 따른 이자율을 초과하는
  이자를 지급한 경우 그 초과 지급된 이자 상당금액은 원본에
  충당되고, 원본에 충당되고 남은 금액이 있으면 그 반환을
  청구할 수 있다.

⑤ 대부업자가 선이자를 사전에 공제하는 경우에는 그 공제액을
  제외하고 채무자가 실제로 받은 금액을 원본으로 하여 제1항에
  따른 이자율을 산정한다.

제9조 (비용의 부담) ① 다음 각 호의 비용은 채무자가 부담한다.

1. 채무자·보증인에 대한 대부업자의 채권·담보권 등의 권리의
   행사·보전(해지 포함)에 관한 비용
2. 채무이행 지체에 따른 독촉 및 통지비용
3. 채무 및 보증채무와 관련된 증명서의 발급 비용

② 대부업자나 대부업자가 지정하는 자가 제1항 각 호의 업무를
  처리하고 그 비용을 채무자에게 청구하는 경우에는 실비를
  초과할 수 없으며 소요비용이 최소화되도록 하여야 한다.

③ 제1항에 의한 비용을 대부업자가 대신 지급한 경우에는,
  대부업자는 이를 즉시 채무자에게 통지하여 채무자가 이를
  곧 변제하도록 하고 만일 채무자가 그러하지 아니하는 경우
  에는 대부업자가 대신 지급한 금액에 대하여, 대신 지급한
  날부터 다 갚는 날까지의 날짜수 만큼, 상법 제54조(상사
  법정이율)에 의한 연 6푼의 범위 내에서 약정금리로, 1년을
  365일로 보고 1일 단위로 계산한 금액을 더하여 갚기로 한다.

④ 대부업자는 대부계약 약정 시 채무자가 사전에 알 수 있도록,
  약정이자 외에 담보대출에 소요되는 부대비용의 항목과
  금액을 알려주어야 한다.

제10조(계약서의 교부 등) ① 계약내용을 명확히 하기 위하여
계약서는 2부를 작성하여 대부업자와 채무자가 각각 보관하는

것으로 한다.

② 상환 완료 후 채무자는 대부계약서 및 계약관계서류의 반환을 서면으로 요구할 수 있고, 이의 반환 요청이 있는 경우 대부업자는 대부계약서 및 계약관계서류를 즉시 반환하기로 한다.

③ 인터넷을 통해 전자적인 형태로 대부거래 약정을 체결하는 경우 대부업자는 지체없이 계약서를 전자우편 등으로 채무자에게 송부하고, 계약기간 동안 홈페이지에서 당해 계약사항의 열람, 인쇄가 가능하도록 조치하여야 한다. 다만, 채무자의 요청이 있는 경우에는 계약서를 서면으로 교부한다.

제11조(담보의 제공) 채무자 또는 보증인의 신용악화, 제공한 담보의 가치감소의 사유가 발생하여 대부업자가 채권보전상 필요하다고 인정되는 경우에는 채무자는 대부업자의 청구에 의하여 대부업자가 인정하는 담보를 제공하거나 보증인을 세우기로 한다. 다만, 담보의 제공이나 보증인을 세울 때에는 반드시 채권보전의 범위 내이어야 한다.

제12조(기한의 이익의 상실) ① 채무자에게 다음 각 호의 사유가 발생한 경우에는 대부업자로부터의 독촉·통지 등이 없어도, 채무자는 기한의 이익을 상실한다.

1. 채무자가 제공한 담보재산에 대하여 압류명령이나 체납처분 압류통지가 발송된 때 또는 기타의 방법에 의한 강제집행개시나 체납처분 착수가 있는 때

2. 채무불이행자명부 등재 신청이 있는 때

3. 어음교환소의 거래정지처분이 있을 때

4. 도피 또는 기타의 사유로 금융기관에서 채무자에 대한 지급을 정지한 것으로 인정된 때

5. 파산신청이 있는 때

② 채무자에게 다음 각 호의 사유가 발생한 경우에는 기한의 이익을 상실한다. 다만, 대부업자는 기한의 이익상실일 7영업일전까지 다음 각 호의 채무이행지체사실과 이에 따라 기한의 이익이 상실된다는 사실을 채무자에게 통지하여야

하며, 기한의 이익상실일 7영업일전까지 통지하지 않은 경우에는 채무자는 실제통지가 도달한 날부터 7영업일이 경과한 날에 기한의 이익을 상실한다.

1. 이자를 지급하여야 할 때부터 2개월간 지체한 때
2. 분할상환금 또는 분할상환원리금의 지급을 2회 이상 연속하여 지체하고 그 금액이 대출금의 10분의1을 초과하는 경우
③ 채무자에 관하여 다음 각 호에서 정한 사유중 하나라도 발생하여 대부업자의 채권보전에 현저한 위험이 예상될 경우, 대부업자는 서면으로 당해 위험 및 신용의 회복 등을 독촉하고, 그 통지의 도달일부터 10영업일 이상으로 대부업자가 정한 기간이 경과하면, 채무자는 대부업자에 대한 당해 채무의 기한의 이익을 상실하여 곧 이를 갚아야 할 의무를 진다.

1. 채무자와 그의 보증인이 대출금을 수령한 후 당초 제출하기로 약속한 대부계약에 필요한 중요서류(대출계약서, 보증계약서 등)를 30일 이내에 제출하지 않을 때
2. 채무자가 채무의 상환을 거부하는 의사를 명시적으로 표시할 때
3. 채무자 및 보증인이 계약서의 주요한 내용을 허위로 기재하거나 제출한 증빙서류가 위변조된 것으로 확인된 때
④ 제1항 내지 제3항에 의하여 채무자가 대부업자에 대한 채무의 기한의 이익을 상실한 경우라도, 대부업자의 명시적 의사표시가 있거나, 대부업자가 분할상환금·이자·지연배상금을 받는 등 정상적인 거래의 계속이 있는 때에는, 그 채무 또는 대부업자가 지정하는 채무의 기한의 이익은 그 때부터 부활되는 것으로 본다.

제13조(기한전의 임의 상환 등) 채무자는 약정한 상환기일이 도래하기전이라도 미리 아무런 부담 없이 원금의 전부 또는 일부를 상환할 수 있다. 그러나 대부계약 체결 시 채무자와 기한전의 임의 변제로 대부업자가 받을 손해에 대하여 미리 약정한 경우에 한하여 수수료 등을 채무자가 부담한다.

제14조(채무의 변제 등의 충당) ① 채무자의 채무변제 시 채무

전액을 소멸시키기에 부족한 때에는 비용, 이자, 원금의 순서로
충당하기로 한다. 그러나 대부업자는 채무자에게 불리하지 않은
범위내에서 충당순서를 달리할 수 있으나 채무자에게 이러한 사
실을 서면으로 통지하여야 한다.

② 변제될 채무가 수개인 경우로서 채무전액이 변제되지 않을
　　경우 강제집행 또는 담보권 실행경매에 의한 회수금에 대하
　　여는 민법 기타 법률이 정하는 바에 따른다.

③ 변제될 채무가 수개인 경우로서 제2항에 해당되지 않는
　　임의의 상환금으로 채무자의 채무전액을 없애기에 부족한
　　때에는 채무자가 지정하는 순서에 따라 변제에 충당하기로
　　한다. 이 경우, 채무자가 지정하는 순서에 따를 경우, 대부
　　업자의 채권보전에 지장이 생길 염려가 있는 때에는 대부업자는
　　지체 없이 이의를 표시하고, 물적 담보나 보증의 유무,
　　그 경중이나 처분의 난이, 변제기의 장단 등을 고려하여
　　대부업자가 변제에 충당할 채무를 바꾸어 지정할 수 있으나
　　채무자에게 이러한 사실을 서면으로 통지하여야 한다.

④ 대부업자가 변제충당순서를 제3항에 따라 민법 기타 법률이
　　정하는바와 달리할 경우에는 대부업자의 채권보전에 지장이
　　없는 범위 내에서 채무자와 담보제공자 및 보증인의 정당한
　　이익을 고려하여야 한다.

제15조(영수증 등 서면교부) 대부업자는 채무자로부터 이자, 원금
등을 수령한 경우에는 영수증 및 대출 잔액 확인서를 서면 또는
전자우편 등으로 교부하여야 한다.

제16조(통지사항 및 효력) ① 채무자는 주소, 전화번호, 근무처
가 변경된(휴.퇴직 또는 해고되거나 전.폐업한 경우포함)경우
서면으로 대부업자에게 곧 통지하여야 한다.

② 채무자가 제1항에 의한 통지를 게을리 하여 대부업자가
　　발송한 서면통지 또는 기타서류가 채무자에게 연착하거나
　　도달되지 않은 때에는 보통의 우송기간이 경과한 때에 도달한
　　것으로 본다. 이 경우 상계통지나 기한전의 채무변제 청구 등

중요한 의사표시는 반드시 배달증명부 내용증명에 의하여야 하며, 배달증명부 내용증명이 아닌 경우에는 도달한 것으로 보지 않고 다만 추정한다.

③ 대부업자는 주소 및 전화번호가 변경된 경우 이를 채무자에게 서면으로 통지하여야 한다.

제17조(채권양도) 대부업자는 본 계약서상의 채권을 제3자에게 양도할 수는 있으나, 채권양도에 관하여는 반드시 사전에 채무자 및 보증인에게 동의를 얻어야 한다.

제18조(신용정보) ① 채무자가 제공한 신용정보(성명, 생년월일, 주소 등 본인의 특정정보 및 차입내용, 상환사항, 연체 등의 객관적 정보)는 이 계약에 의한 법적인 권리행사를 위해서만 이용할 수 있다.

② 채무자 및 보증인은 그 주소지의 확인을 위하여 대부업자의 채권보전 등의 목적에 따라 개인별 주민등록표의 열람을 승낙하기로 한다.

③ 대부업자는 채무자 본인과 보증인에 대하여만 개인정보를 요구할 수 있다.

제19조(이행장소·준거법) ① 채무의 이행장소는 다른 약정이 없는 한 거래 영업점으로 하고, 송금방법은 대부업자의 은행계좌에 입금하는 것을 원칙으로 한다. 다만, 부실채권의 관리 등 상당한 사유로 채권관리업무를 대부업자의 본점·지역본부 또는 다른 영업점으로 이관한 경우에는, 이관 받은 본점·지역본부 또는 다른 영업점을 그 이행장소로 한다.

② 채무자가 내국인이 아닌 경우라도, 이 약관에 의한 대부거래에 관하여 적용될 법률은 국내법을 적용한다.

제20조(불법적 채권추심 행위의 금지) ① 대부업자(대부업자로부터 대부계약에 따른 채권을 양도 받거나 채권의 추심을 위탁받은 자를 포함한다)는 대부거래 계약에 따른 채권을 추심함에 있어서 다음 각호의 방법을 사용하지 않기로 한다.

1. 채무자 또는 관계인을 폭행·협박·체포 또는 감금하거나 그에게 위계나 위력을 사용하는 행위
2. 정당한 사유 없이 반복적으로 또는 야간(오후 9시 이후부터 다음날 오전 8시까지를 말한다)에 채무자나 관계인을 방문함으로써 공포심이나 불안감을 유발하여 사생활 또는 업무의 평온을 심하게 해치는 행위
3. 정당한 사유 없이 반복적으로 또는 야간에 전화하는 등 말·글·음향·영상 또는 물건을 채무자나 관계인에게 도달하게 함으로써 공포심이나 불안감을 유발하여 사생활 또는 업무의 평온을 심하게 해치는 행위
4. 채무자 외의 사람(보증인을 포함한다)에게 채무에 관한 거짓 사실을 알리는 행위
5. 채무자 또는 관계인에게 금전의 차용이나 그 밖의 이와 유사한 방법으로 채무의 변제자금을 마련할 것을 강요함으로써 공포심이나 불안감을 유발하여 사생활 또는 업무의 평온을 심하게 해치는 행위
6. 채무를 변제할 법률상 의무가 없는 채무자 외의 사람에게 채무자를 대신하여 채무를 변제할 것을 반복적으로 요구함으로써 공포심이나 불안감을 유발하여 사생활 또는 업무의 평온을 심하게 해치는 행위
7. 엽서에 의한 채무변제요구 등 채무자 외의 자가 채무사실을 알 수 있게 하는 행위
8. 채무자의 연락두절 등 소재파악이 곤란한 경우가 아님에도 채무자의 관계인에게 채무자의 소재, 연락처 또는 소재를 알 수 있는 방법 등을 문의하는 행위
② 대부업자는 기타 「채권의 공정한 추심에 관한 법률」에서 채권추심과 관련하여 금지하고 있는 행위를 하여서는 아니 된다.

제21조(약관의 변경) ① 대부업자가 이 약관을 변경하고자 할 경우, 채무자에게 불리한 내용이 될 때에는 서면통지의 방법으로 이를 알리고, 채무자에게 불리한 내용이 아닌 경우에는 거래영

업점에 게시함으로써 이를 알려야 한다. 그러나 서면통지나 게시의 경우에는 반드시 제2항의 뜻을 명시하여야 한다.

② 통지가 도달한 때 또는 게시한 때부터 1개월 이내에 채무자의 서면에 의한 이의가 대부업자에게 도달하지 않은 때에는, 약관의 변경을 승인한 것으로 본다.

제22조(규정의 준용) 이 약관에서 정하지 아니한 사항에 관하여는 「대부업 등의 등록 및 금융이용자 보호에 관한 법률」 및 동법 시행령 등 관계 법령에 따른다.

제23조(관할법원의 합의) 이 약관에 의한 대부거래 계약에 관하여 대부업자와 채무자 사이에 소송의 필요가 생긴 때에는 법이 정하는 관할법원과 아울러 대부업자의 거래영업점 소재지 지방법원을 관할법원으로 하기로 한다. 다만, 채무자의 책임 있는 사유로 부실채권이 발생되어 그 채권의 관리를 위하여 대부업자가 본점·지역본부 또는 다른 영업점으로 그 채권관리업무를 이관한 경우에는 법이 정하는 관할법원과 아울러 이관 받은 본점·지역본부 또는 다른 영업점 소재지 지방법원을 관할법원으로 하기로 한다.

대부거래 표준계약서

본인 등은 아래의 대부거래 계약에 대하여 별첨 대부거래 표준약관을 승낙하고 성실히 이행하겠습니다.

(굵은 선 부분은 채무자가 자필로 기재합니다)

<table>
<tr><td rowspan="4">대부업자</td><td>상호또는성명</td><td colspan="2"></td><td>㉝</td><td>TEL</td><td></td></tr>
<tr><td>사업자등록번호</td><td colspan="5" style="text-align:center">-</td></tr>
<tr><td>대부업등록번호</td><td colspan="5"></td></tr>
<tr><td>주　　소</td><td colspan="5"></td></tr>
<tr><td rowspan="3">채 무 자</td><td>성　　명</td><td colspan="2"></td><td>㉝</td><td>TEL</td><td></td></tr>
<tr><td>생년월일(성별)</td><td colspan="5"></td></tr>
<tr><td>주　　소</td><td colspan="5"></td></tr>
<tr><td rowspan="7">보증인</td><td>성　　명</td><td colspan="2"></td><td>㉝</td><td>TEL</td><td></td></tr>
<tr><td>생년월일(성별)</td><td colspan="5"></td></tr>
<tr><td>주　　소</td><td colspan="5"></td></tr>
<tr><td rowspan="4">보증채무내용</td><td colspan="2">계약일자</td><td colspan="3"></td></tr>
<tr><td colspan="2">보증기간</td><td colspan="3"></td></tr>
<tr><td colspan="2">보증채무최고금액</td><td colspan="3"></td></tr>
<tr><td colspan="2">연대보증여부</td><td colspan="3"></td></tr>
</table>

<table>
<tr><td colspan="2">대 부 금 액
(채무자가 실제 수령한 금액)</td><td colspan="5">금　　　　　　　　　　원정(₩　　　　　　　　　　　　　)</td></tr>
<tr><td colspan="2" rowspan="2">이　　자　　율</td><td>월이율</td><td>%</td><td rowspan="2">연체이율</td><td>월이율</td><td>%</td></tr>
<tr><td>연이율</td><td>%</td><td>연이율</td><td>%</td></tr>
<tr><td colspan="7">※ 현행 대부업 등의 등록 및 금융이용자 보호에 관한 법률에 따른 최고이자율은
연__________%입니다.</td></tr>
<tr><td colspan="2">계약일자(대부일자)</td><td colspan="5"></td></tr>
<tr><td colspan="2">대부기간 만료일</td><td colspan="5"></td></tr>
<tr><td colspan="2">분 할 상 환 일</td><td colspan="5">.　　.</td></tr>
<tr><td colspan="2">이자율의 세부내역</td><td colspan="5"></td></tr>
<tr><td colspan="2">은행계좌번호</td><td colspan="5"></td></tr>
<tr><td colspan="2">변 제 방 법</td><td colspan="5">1. 대출금의 상환 및 이자의 지급은 은행송금(채권자 입금계좌)등 당사자가 약정한 방법에 의한다.
2. 대출금의 상환 및 이자의 지급은 비용, 이자, 원금순으로 충당한다.</td></tr>
<tr><td colspan="2">조기상환조건
(중도상환수수료율)</td><td colspan="5"></td></tr>
<tr><td colspan="2">부대비용의 내용 및 금액
(자세하게 기재할것)</td><td colspan="5"></td></tr>
<tr><td colspan="2">채무 및 보증채무 증명서
발급비용</td><td colspan="2"></td><td colspan="2">채무 및 보증채무
증명서 발급기한</td><td></td></tr>
</table>

- 계 약 내 용 -

※ 채무자는 다음 사항을 읽고 본인의 의사를 사실에 근거하여 자필로 기재하여 주십시오.　　　　(기재예시 : 1. 수령함, 2. 들었음 3. 들었음)

1. 위 계약서 및 대부거래표준약관을 확실히 수령하였습니까?	
2. 위 계약서 및 대부거래표준약관의 중요한 내용에 대하여 설명을 들었습니까?	
3. 중개수수료를 채무자로부터 받는 것이 불법이라는 설명을 들었습니까?	

● **실제 채무내용과 다른 계약서 작성 요구하여 피해를 본 사례**

문 생활정보지를 보고 대부업자로부터 200만원을 대출받았으나, 계약서에는 400만원을 대출받는 것으로 적고 백지어음과 백지위임장 작성을 요구합니다. 원금을 상환하지 못할 경우 소요될 비용을 고려한 것이므로 전혀 문제될 것이 없다고 하는데 믿어도 되나요?

답 대부업자가 대부업체 이용자와 대부계약을 체결하는 경우에는 대부업체 이용자가 본인임을 확인하고 대부금액, 대부이자율, 변제기간 등이 적힌 대부계약서를 거래상대방에게 교부해야 합니다(대부업법 제6조 제1항 및 동법 시행령 제4조 제1항).

대부업자가 실제와 다른 계약서 및 백지어음 등의 작성을 요구하는 것은 이자율 제한 규정을 회피하면서 부당한 채무변제를 요구하기 위한 것이므로 대부업자의 말을 믿어서는 안 되며, 실제 채무내용과 같은 대부계약서를 작성해 교부받아야 합니다.

대부업자가 대부업체 이용자와 대부계약을 체결하는 경우에는 대부업체 이용자가 본인임을 확인하고, 대부금액, 대부이자율, 변제기간 등이 적힌 대부계약서를 거래상대방인 이용자에게 교부해야 합니다.

2. 대부보증계약

① 대부업자가 대부계약과 관련해 보증인과 보증계약을 체결하는 경우에는 보증기간, 피보증채무의 범위 등을 적은 보증계약서 및 그 보증의 대상이 되는 대부계약서 사본을 보증인에게 교부해야 합니다.
② 대부업자는 보증계약을 체결하는 경우 보증인에게 계약서의 기재사항을 모두 설명해야 하고, 중요사항을 보증인이 자필로 적게 해야 합니다.

2-1. 보증계약서의 작성

2-1-1. 보증계약의 체결

① 대부업자는 대부계약과 관련해 보증계약을 체결하는 경우에 다음의 사항이 적힌 보증계약서 및 그 보증의 대상이 되는 대부계약의 계약서 사본을 보증인에게 교부해야 합니다(대부업법 제6조 제3항 및 동법 시행령 제4조 제1항). 이를 위반하여 계약서를 교부하지 않은 자 또는 기재사항의 전부 또는 일부가 적혀 있지 않은 계약서를 교부하거나 거짓으로 적어 계약서를 교부한 자는 1차 위반 시 200만원, 2차 위반 시 500만원, 3차 위반 시 1천만원의 과태

료를 부과 받습니다(동법 제21조 제1항 제3호, 동법 시행령 제12조 및 별표3 제2호 아목).

1) 대부업자(그 영업소 포함)·주채무자 및 보증인의 명칭 또는 성명 및 주소 또는 소재지
2) 계약일자
3) 보증기간
4) 피보증채무의 금액
5) 보증의 범위
6) 보증인이 주채무자와 연대하여 채무를 부담하는 경우에는 그 내용
7) 대부업 등록번호
8) 기한의 이익 상실에 관한 약정이 있는 경우에는 그 내용(여기서 "기한의 이익"이란 채무의 이행기한이 도래하지 않음으로써 그 동안 당사자가 받는 이익을 말합니다.)
9) 대부원리금의 변제 순서에 관한 약정이 있는 경우에는 그 내용
10) 채무 및 보증채무와 관련된 증명서의 발급비용과 발급기한

② 위반행위의 횟수에 따른 과태료 부과기준은 위반사항에 대하여 과태료 부과처분을 한 날부터 1년 이내에 다시 동일한 위반사항을 적발한 경우에 적용됩니다(동법 시행령 별표3 제1호 가목, 이하 위반행위의 횟수에 따라 과태료 부과기준을 정한 때에는 이와 같음).

● **보증계약서에 기재하는 사항은 무엇입니까?**

문 보증계약서에 기재하는 사항들을 대부업법에서는 어떻게
규정하고 있나요?

답 대부업법 제6조 제3항 내지 제5항에서는 보증계약시 계
약서 기재사항, 설명의무, 계약서 보관의무 등을 규정하
고 있으나, 피보증채무의 금액을 최고한도 방식으로 할
수 있는지에 대하여는 직접 규정하고 있지 않으므로 민
법상 허용여부 등을 감안하되, 대부업법상 채무자 및 보
증인에 대한 설명의무, 계약서 보관의무 등을 성실히 이
행할 사항임을 안내합니다.
또한 보증의 범위는 귀하의 사례와 같이 "원금, 통상이
자, 연체이자" 등 추상적 표현보다는 보증인 보호를 위하
여 구체적인 금액과 적용 이자율, 발생 가능한 손실 범
위 등을 보증인이 충분히 알 수 있도록 구체적으로 기재
하여야 합니다.

2-2-2. 설명의무

대부업자는 대부계약과 관련해 보증계약을 체결하는 경우에
는 보증인에게 위의 사항을 모두 설명해야 합니다(대부업법
제6조 제4항). 이를 위반하여 설명을 하지 않은 자는 1차 위
반 시 50만원, 2차 위반 시 250만원, 3차 위반 시 500만원의
과태료를 부과 받습니다(동법 제21조 제1항 제4호, 동법 시행
령 제12조 및 별표3 제2호 자목).

2-2-3. 중요 사항의 자필 기재

① 대부업자는 대부계약과 관련해 보증계약을 체결하는 경우에는 다음의 사항을 그 보증인이 자필로 적게 해야 합니다(대부업 법 제6조의2 제2항 및 동법 시행령 제4조의2 제1항).

   1) 보증기간
   2) 피보증채무의 금액
   3) 보증의 범위
   4) 연체이자율

② 대부계약과 관련된 보증계약을 체결할 때 다음 중 어느 하나에 해당하는 경우에는 보증인이 자필로 적은 것으로 봅니다(동법 제6조의2 제3항 및 동법 시행령 제4조의2 제2항). 이를 위반하여 보증인이 보증계약서의 중요기재사항을 자필로 적게 하지 않은 자는 1차 위반 시 200만원, 2차 위반 시 500만원, 3차 위반 시 1천만원의 과태료를 부과 받습니다(동법 제21조 제1항 제5호, 동법 시행령 제12조 및 별표3 제2호 타목).

   1) 공인인증서를 이용해 보증인이 본인인지 여부를 확인하고, 인터넷을 이용해 위의 자필 기재사항을 보증인이 직접 입력한 경우
   2) 유무선 통신을 이용해 보증인이 본인인지 여부와 위의 자필 기재사항에 대한 질문 또는 설명에 대한 보증인의 답변 또는 확인내용이 녹음된 음성 녹음을 확인하는 경우
   3) 위의 음성 녹음 내용을 다음의 방법 중 보증인이 요청하는 방법으로 확인하는 경우(이 경우 대부업자는 보증인

에게 서면확인서를 요청할 수 있음을 대부계약 체결 전
에 알려야 합니다)
㉮ 전화
㉯ 인터넷 홈페이지
㉰ 서면확인서

● **갱신 또는 연장계약서에 자필기재를 받기가 곤란하므로 만기가
지난 대출계약에 대하여 갱신·연장 없이 인하된 이자율을 적용
하는 것이 가능한지요?**

문 연 27.9%로 인하된 대부업 법정최고금리(2016년 3월 3
일 시행)는 신규계약 및 기존 계약의 갱신·연장의 경우
에 적용하게 되어 있으나, 채무자가 격지간에 있고 미수
이자가 과다하여 현실적으로 갱신 또는 연장 계약서에
자필기재를 받기가 곤란하므로 만기가 지난 대출계약에
대하여 갱신·연장 없이 인하된 이자율을 적용하는 것이
가능한지요?

답 개정된 대부업법 제8조 및 동법 부칙 제5조제2항은 대
부업자의 법정최고금리를 기존 연 34.9%에서 연 27.9%
로 인하하였고 동법 부칙 제4조는 인하된 법정최고금리
는 2016년 3월 3일 이후 대부계약을 체결 또는 갱신하
거나 연장하는 경우에 적용하는 것으로 규정하고 있습니
다. 이러한 법정최고금리는 대부업자가 받을 수 있는 금
리의 상한을 정한 것이므로 대부업자가 대부이용자와 명
시적·묵시적 합의 하에 만기 도래여부와 관계없이 기존 계
약에 대하여 인하된 이자율을 적용하는 것도 가능합니다.

2-2. 대부보증계약서 예시

대부보증 계약서는 공정거래위원회에서 제공하는 표준약관을 사용할 수 있습니다.

대부보증 표준약관

표준약관 제10061호
(2014. 9. 19. 개정)

대부업자는 채무자·보증인에게 이 약정서상의 중요한 내용을 설명하여야 하며, 대부거래계약서와 이 약정서를 교부하여야 합니다.

★ 보증은 재산상 손실을 가져올 수도 있는 중요한 법률행위이므로 보증서의 내용을 잘 읽은 후 신중한 판단을 하시기 바랍니다.
★ 특히, 연대보증은 본 계약서 제1조에서 약정한 "보증채무의 내용과 부담범위" 내에서 채무자와 동일한 내용의 채무를 부담하는 행위입니다.(별지 "연대보증인이 꼭 알아두어야 할 사항"참조)

년   월   일

대부업자 상호 또는 성명
　　　　 대부업 등록번호
　　　　 주   소
　　　　 전화번호
보증인 또는 연대보증인   성   명   (인)
　　　　 생년월일(성별)
　　　　 주   소
　　　　 전화번호

보증인(채무자와 연대하여 보증채무를 부담하기로 한 경우에는 연대보증인을 말한다. 이하 같다)은 채무자가 ○○대부업자(이하 "대

부업자"라 한다)에 대한 제1조에서 정하는 채무를 이행하지 아니
하는 경우에 그 채무를 이행하며(연대보증인은 제1조에서 정하는
채무에 대하여 채무자와 연대하여 보증채무를 지며), 보증채무의 이
행에 관하여도 대부거래 표준약관 및 채무자가 대부업자에 제출한
다음 제1조에 표시된 피보증채무 거래약정서의 각 조항이 적용
됨을 승인하고, 이 보증서 각 조항을 확인한다.

제1조(보증채무의 내용과 부담범위)

① 보증인은 아래의 피보증채무에 대하여 보증채무를 부담한다.

채 무 자	성　　　명 : 주　　　소 :		
거 래 약 정	년　월　일자　　　　약정서		
채 무 금 액	금　　　　　　　　　　　　　　원		
상 환 기 일	년　　　　월　　　　일		
이 자 율	연　　　　　　%		
지 연 배 상 금	상환기일에 지급하지 아니한때 또는 기한의 이익을 상실한 때에는 지급하여야 할 금액에 대하여 곧 연(　　　)%의 율로 1년을 365일로 보고 1일단위로 계산한 지체일수에 해당하는 지연배상금을 지급한다.		

② 보증인은 자신이 부담하는 보증채무의 내용을 아래란에 자
필로 기재한다. 이 경우 채무자와 연대하여 채무를 부담하는
경우에는 특약사항란에 연대보증임을 기재한다.

보증기간	년 월 일부터 년 월 일까지	
피보증채무금액	금	원
보증의범위 (보증채무최고금액)	금	원
연체이자율		
특약사항		

제2조(계약서의 교부) ① 대부업자는 보증계약을 체결한 경우에는 보증계약서 및 대부계약서 사본을 보증인에게 교부하여야 한다. ② 상환 완료 후 보증인은 보증계약서 및 계약관계서류의 반환을 서면으로 요구할 수 있고, 이의 반환 요청이 있는 경우 대부업자는 보증계약서 및 계약관계서류를 즉시 반환하기로 한다.

제3조(상 계) 보증인은 채무자의 대부업자에 대한 채권에 의한 상계로서 대부업자에게 대항할 수 있다.

제4조(보증인의 최고, 검색의 항변) 대부업자가 보증인에게 채무의 이행을 청구한 때에는 보증인은 채무자의 변제자력이 있는 사실 및 그 집행이 용이할 것을 증명하여 먼저 채무자에게 청구할 것과 그 재산에 대하여 집행할 것을 항변할 수 있다. 그러나 보증인이 채무자와 연대하여 채무를 부담하기로 한 때에는 그러하지 아니하다.

제5조(담보 등의 변경·해지·해제) 보증인이 동의를 한때나, 동등한 가치 이상의 담보대체, 동등한 자력 이상의 보증인 교체 또는 일부 변제액에 비례한 담보나 보증의 해지·해제 등 보증인이 대위변제할 경우의 구상실현에 불리한 영향이 없는 경우에는 대부업자는 다른 담보나 보증을 변경 또는 해지·해제할 수 있다.

제6조(기한이익상실의 보증인에 대한 통지)

① 대부거래 표준약관 제12조 제1항 각 호에 의하여 기한의 이익이 상실되는 경우 대부업자는 제3호의 경우에는 기한의 이익 상실사유가 발생한 날로부터, 제1호.제2호.제4호.제5호의 경우에는 기한의 이익 상실사유를 대부업자가 인지한 날로부터 각 15영업일 이내에 보증인에게 서면, 전화, 전자우편(E-Mail), 단문메시지서비스(SMS) 등을 통하여 통지하여야 한다. 이 경우 도달에 대한 입증책임은 대부업자가 부담한다.

② 대부거래 표준약관 제12조 제2항 및 제3항에 의하여 기한이익이 상실되는 경우에는 기한의 이익을 상실한 날로부터 15영업일 이내에 보증인에게 서면으로 그 내용을 통지하여야 한다.

제7조(대부업자의 통지의무 등) ① 대부업자는 채무자가 원본, 이자 그 밖의 채무를 3개월 이상 이행하지 아니하는 경우 또는 채무자가 이행기에 이행할 수 없음을 미리 안 경우에는 지체없이 보증인에게 그 사실을 알려야 한다.

② 대부업자는 보증인의 청구가 있으면 주채무의 내용 및 그 이행여부를 보증인에게 알려야 한다.

제8조(서류의 열람요구 등) 보증인은 대부업자에게 대부계약서. 보증계약서 및 이와 관련된 서류의 열람, 피보증채무에 대한 다른 보증이나 담보에 관한 정보, 채무 및 보증채무와 관련된 증명서의 발급을 요구할 수 있다. 이 경우 대부업자는 정당한 사유없이 이를 거부하여서는 아니된다.

제9조(영수증 등의 교부) 대부업자는 보증인으로부터 이자, 원금 등을 수령한 경우에는 영수증 및 대출잔액 확인서를 서면 또는 전자우편 등으로 교부하여야 한다.

제10조(통지사항) ① 보증인은 주소, 전화번호, 근무처가 변경된

(휴.퇴직 또는 전.폐업한 경우 포함) 경우에는 서면으로 대부업
자에게 통지하여야 한다.

② 대부업자는 주소 및 전화번호가 변경된 경우 이를 보증인
에게 서면으로 통지하여야 한다.

제11조(불법적 채권추심행위의 금지)

① 대부업자(대부업자로부터 대부계약에 따른 채권을 양도 받
거나 채권의 추심을 위탁받은 자를 포함한다)는 대부거래 계
약에 따른 채권을 추심함에 있어서 다음 각 호의 방법을 사
용하지 않기로 한다.

1. 보증인 또는 관계인을 폭행.협박.체포 또는 감금하거나 그에
   게 위계나 위력을 사용하는 행위

2. 정당한 사유없이 반복적으로 또는 야간(오후 9시 이후부터
   다음날 오전 8시까지를 말한다)에 보증인이나 관계인을 방
   문함으로써 공포심이나 불안감을 유발하여 사생활 또는 업
   무의 평온을 심하게 해치는 행위

3. 정당한 사유없이 반복적으로 또는 야간에 전화하는 등 말.
   글.음향.영상 또는 물건을 보증인이나 관계인에게 도달하게
   함으로써 공포심이나 불안감을 유발하여 사생활 또는 업무
   의 평온을 심하게 해치는 행위

4. 보증인 또는 보증인 외의 사람에게 채무에 관한 거짓 사실을
   알리는 행위

5. 보증인 또는 관계인에게 금전의 차용이나 그 밖의 이와 유사
   한 방법으로 채무의 변제자금을 마련할 것을 강요함으로써
   공포심이나 불안감을 유발하여 사생활 또는 업무의 평온을
   심하게 해치는 행위

6. 채무를 변제할 법률상 의무가 없는 보증인 외의 사람에게
   보증인을 대신하여 채무를 변제할 것을 반복적으로 요구

함으로써 공포심이나 불안감을 유발하여 사생활 또는 업무
의 평온을 심하게 해치는 행위

7. 엽서에 의한 채무변제요구 등 보증인 외의 자가 채무사실
을 알 수 있게 하는 행위

8. 보증인의 연락두절 등 소재파악이 곤란한 경우가 아님에도
보증인의 관계인에게 보증인의 소재, 연락처 또는 소재를
알 수 있는 방법 등을 문의하는 행위

② 대부업자는 기타 「채권의 공정한 추심에 관한 법률」에서 채
권추심과 관련하여 금지하고 있는 행위를 하여서는 아니 된다.

제12조(관할법원의 합의) 이 약관에 의한 보증계약에 관하여 대
부업자와 보증인 사이에 소송의 필요가 생긴 때에는 법이 정
하는 관할법원과 아울러 대부업자의 거래영업점 소재지 지방
법원을 관할법원으로 하기로 한다. 다만, 채무자의 책임있는
사유로 부실채권이 발생되어 그 채권의 관리를 위하여 대부
업자가 본점, 지역본부 또는 다른 영업점으로 그 채권관리업
무를 이관한 경우에는 법이 정하는 관할법원과 아울러 이관
받은 본점, 지역본부 또는 다른 영업점 소재지 지방법원을 관
할법원으로 하기로 한다.

〈별지〉

연대보증인이 꼭 알아두어야 할 사항

연대보증이란

- 연대보증은 본 계약서 제1조에서 약정한 "보증채무의 내용과
부담범위"내에서 채무자와 동일한 내용의 채무를 부담하는 행
위입니다.
- 따라서 연대보증인은 채무자가 채무를 갚지 않을 경우 이를

대신 갚아야 하므로 그만큼 재산상의 손실을 가져올 수 있는 위험을 부담하게 됩니다.
- 한편, 연대보증은 보통의 보증과 달리 최고·검색의 항변권 및 분별의 이익이 없습니다.

* 용 어 해 설

최고의 항변권이란 채권자가 보증인에게 채무의 이행을 청구한 경우에 보증인은 먼저 주채무자가 자력이 있다는 사실 및 그 집행이 용이하다는 것을 증명하여 먼저 주채무자에게 청구할 것을 항변할 수 있는 권리로서 보통보증에서만 인정되는 권리 입니다.
검색의 항변권이란 채권자가 보증인에게 채무의 이행을 청구한 경우에 보증인은 주채무자에게 변제자력이 있다는 사실 및 집행이 용이함을 증명하여 먼저 주채무자에게 집행하라고 그 청구권을 거절할 수 있는 권리로서 보통보증에서만 인정되는 권리 입니다.
분별의 이익이란 보통의 공동보증에 있어서 각 보증인이 채무에 대하여 보증인의 수에 따라 균등비율로 분할하여 그 책임을 분담하는 이익을 말하나, 연대보증에서는 인정되지 않습니다.

● **본인도 모르게 보증인이 된 경우 보증책임이 있나요?**

문 제 아들이 자신의 신용상태로는 대출이 어렵다는 이유로 저 모르게 인감증명서를 훔쳐서 저를 보증인으로 세우고 사채업자로부터 대출을 받았습니다. 사채업자가 저에게 보증책임을 묻고 있는데 어떻게 해야 하나요?

답 본인이 보증에 대한 대리권을 수여하지 않은 경우 보증의사가 없었음을 입증해 보증책임을 면할 수 있으며, 동의 없이 인감증명을 훔쳐 보증을 세운 아들은 사문서 위조 등(형법 제231조)으로 채권자로부터 고소될 수 있습니다. 아들의 처벌을 막기 위해 무권대리행위를 추인(追認)(민법 제133조)해 보증사실에 동의할 수밖에 없다는 점을 악용해 이를 부추기거나 방조(幇助)하는 사례가 있습니다. 채무자의 무권대리행위가 채권자의 사기나 강박에 의한 경우 취소(민법 제110조) 될 수는 있으나, 이를 입증하기는 어려우므로 인감증명서 등 대리권을 나타내는 서류에 대한 관리를 철저히 해야 합니다.
무권대리행위의 추인이란 대리권 없는 자의 무권대리행위를 본인이 후에 인정하여 처음부터 소급하여 대리권이 있었던 것과 같은 효과를 발생시키게 합니다.

● **인터넷상으로 대부계약과 관련한 보증계약을 체결할 수 있나요?**

문 인터넷상으로 대부계약과 관련한 보증계약을 체결할 수 있는지요?

대부업법 제6조의2 제2항 및 제3항에서는 대부업자가 대부계약과 관련하여 보증계약을 체결하는 경우 중요한 사항을 자필로 기재하도록 하고 있는데, 전자서명법 제2조 제8호에 따른 공인인증서를 이용하여 상기사항을 직접 입력할 경우에도 중요한 사항을 자필로 기재한 것으로 간주됩니다.

위 조항의 취지는 보증계약의 중요사항을 보증채무자가 직접 기재하도록 함으로써 금융이용자 보호하기 위해 대부업자에게 부과된 준수의무이고, 위반시 대부업법 제21조에 따라 과태료가 부과될 수 있습니다.

위 조항은 대부업자의 업무방식에 대해서 부과된 준수의무이므로, 보증인보호법 등 다른 법에 의해서 요구되는 보증계약의 성립 요건에는 영향을 미치는 사항이 아닙니다.

3. 계약관련 증명서의 발급

① 대부업자는 대부계약을 체결하거나 보증계약을 체결한 경우에는 그 계약서와 계약 관계 서류를 대부계약 또는 보증계약을 체결한 날부터 채무변제일 이후 2년이 되는 날까지 보관해야 합니다.

② 대부계약 또는 그와 관련된 보증계약을 체결한 자는 대부업자에게 그 계약서와 계약 관계 서류의 열람을 요구하거나 채무 및 보증채무와 관련된 증명서의 발급을 요구할 수 있습니다. 이 경우 대부업자는 정당한 사유 없이 거부해서는 안 됩니다.

3-1. 계약 관계 서류의 보관

① 대부업자는 대부계약을 체결하거나 보증계약을 체결한 경우에는 다음의 서류를 대부계약 또는 보증계약을 체결한 날부터 채무변제일 이후 2년이 되는 날까지 보관해야 합니다(대부업법 제6조 제5항 및 동법 시행령 제4조 제2항).

1) 계약서

2) 대부계약대장

3) 채무자와 날짜별로 원리금 및 부대비용을 주고 받은 내역

4) 담보 관련 서류 등 거래상대방(보증인 포함)이 대부계약 또는 그와 관련된 보증계약의 체결과 관련해 제출한 서류(채무자가 채무를 변제하고 관련 서류의 반환을 서면으로 요구해 반환한 경우에는 그 반환요구서)

② 계약서와 계약 관계 서류의 보관의무를 이행하지 않은 자는 1차 위반 시 50만원, 2차 위반 시 250만원, 3차 위반 시 500만원의 과태료를 부과 받습니다(동법 제21조 제2항 제4호, 동법 시행령 제12조 및 별표2 제2호 차목).

③ 위반행위의 횟수에 따른 과태료 부과기준은 위반사항에 대하여 과태료 부과처분을 한 날부터 1년 이내에 다시 동일한 위반사항을 적발한 경우에 적용됩니다(동법 시행령 별표3 제1호 가목, 이하 위반행위의 횟수에 따라 과태료 부과기준을 정한 때에는 이와 같음).

3-2. 계약 관계 서류의 열람 및 발급

① 대부계약 또는 그와 관련된 보증계약을 체결한 자 또는 그 대리인은 대부업자에게 그 계약서와 계약 관계 서류의 열

람을 요구하거나 채무 및 보증채무와 관련된 증명서의 발급을 요구할 수 있습니다. 이 경우 대부업자는 정당한 사유 없이 이를 거부해서는 안 됩니다(대부업법 제6조 제6항).
② 정당한 사유 없이 계약서 및 계약 관계 서류의 열람을 거부하거나 관련 증명서의 발급을 거부한 자는 1차 위반 시 50만원, 2차 위반 시 250만원, 3차 위반 시 500만원의 과태료를 부과 받습니다(동법 제21조 제2항 제5호, 동법 시행령 제12조 및 별표3 제2호 카목).

제4장
이자의 지급

제4장 이자의 지급

1. 이자율의 제한

1-1. 대부업자의 이자율 제한

① 대부업자가 개인이나 중소기업기본법 제2조 제2항에 따른 소기업에 해당하는 법인에 대부를 하는 경우 그 이자율은 연 100분의 34.9(율을 월 또는 일 기준으로 적용하는 경우에는 연 100분의 34.9를 단리로 환산)를 초과할 수 없고(대부업법 제8조 제1항 및 동법 시행령 제5조), 미등록 대부업자는 연 25%를 초과할 수 없습니다.

② 이자율을 산정할 때 사례금, 할인금, 수수료, 공제금, 연체이자, 체당금(替當金) 등 그 명칭이 무엇이든 대부와 관련해 대부업자 또는 미등록대부업자가 받는 것은 모두 이자로 봅니다.

③ 이자율을 초과해 이자를 받은 자는 3년 이하의 징역 또는 3천만원 이하의 벌금에 처해집니다(동법 제19조 제2항 제3호).

● **등록된 대부업체로부터 2천만원을 대출받을 경우에 연 이자율은 얼마인가요?**

🈮 등록된 대부업체로부터 2천만원을 대출받으면서 60일 동안 매일 40만원의 원리금을 상환하는 조건으로 계약을 맺고 수수료 등 60만원을 제외한 1,940만원을 받았습니다. 연 이자율은 얼마인가요?

답 실제대출금 1,940만원을 60일 동안 매일 40만원 씩 상
환하는 대출조건에 대하여 연 이자율을 계산해보면
265%가 됩니다(금융감독원 일일 이자류 계산프로그램
이용). 즉, 위 대출조건은 대부업체가 수취할 수 있는
이자의 최고상한인 연 34.9%를 훨씬 초과하고 있습니
다. 대부업자의 대부이자율은 연 100분의 34.9를 초과
할 수 없습니다.

월 이자율 및 일 이자율은 연 100분의 34.9를 단리로
환산하여, 월 이자율은 2.9%, 일 이자율은 0.09%를 초
과할 수 없습니다.

● **대부업자(전당포)가 고객에게 부과하는 퀵서비스비용, 출장비
용, 차량 등 보관료가 이자에 포함되는지요?**

문 대부업자(전당포)가 고객에게 부과하는 퀵서비스비용,
출장비용, 차량 등 보관료가 이자에 포함되는지요? 또
법정최고금리 초과 수취시 제재대상에 해당하는지요?

답 대부업법 제8조 제2항에서는 사례금, 할인금, 수수료, 공
제금, 연체이자, 체당금 등 그 명칭을 불문하고 대부와
관련하여 대부업자가 받는 것은 모두 이자로 간주(간주
이자)하면서, 동법 시행령 제5조 제4항에서는 담보권 설
정비용 및 신용조회비용(신용정보의 이용 및 보호에 관
한 법률 제4조 제4항 제1호의 업무를 허가받은 자에게
거래상대방의 신용을 조회하는 경우에 한함)에 한하여
간주이자에서 제외되는 것으로 정하고 있습니다.

여기에서 이자에서 제외하는 담보권 설정비용은 저당권, 가등기담보, 매도담보, 양도담보 등의 설정과 관련하여 발생하는 등록세, 지방교육세 등 담보권 설정에 직접 필요한 비용만을 말하는 것이며, 그 밖에 담보권 설정 및 채무의 집행을 용이하게 할 목적으로 지불되는 감정비용, 공증비용, 변호사 및 법무사 비용 등으로서 대부업자가 수취한 것은 이자로 간주된다고 볼 것입니다.

질문한 내용 중 동산의 감정을 위한 퀵서비스 비용 및 출장비용, 담보물인 차량 등의 보관료는 귀하께서 적극적으로 담보물을 확인하고 대부계약을 체결하거나 차량 등 담보물을 직접 유치함으로써 담보권의 실행을 용이하게 할 목적에서 발생하는 비용으로서 동산에 대한 담보권 설정에 직접 필요한 비용이 아닌 것으로 판단됩니다. 이에 따라 해당 비용은 대부업법 제8조 제2항의 이자로 간주되며, 그 외의 간주이자 및 약정이자와 합산하여 법정최고금리를 초과하여 수취할 경우 대부업법 제13조 제1항 제1호에 따른 영업정지 등 행정처분과 대부업법 제19조 제2항 제3호에 따른 형사처벌의 대상이 됨을 알려드립니다.

그 이유는 대부업법 제8조 제2항 및 동법 시행령 제5조 제4항은 대부이용자 보호를 위해 간주이자의 범위를 폭넓게 규정하고 있으며, 대부업자가 적극적으로 담보물을 확보하기 위해 지출한 비용은 고객의 편익에 일부분 기여하는 바가 있더라도 간주이자의 범위에 포함됩니다.

1-2. 이자율의 산정(算定)

① 이자율을 산정할 때 사례금, 할인금, 수수료, 공제금, 연체이자, 체당금(替當金) 등 그 명칭이 무엇이든 대부와 관련해 대부업자가 받는 것은 모두 이자로 봅니다. 다만, 해당 거래의 체결과 변제에 관한 부대비용으로서 다음의 비용은 이자로 보지 않습니다(대부업법 제8조 제2항 및 동법 시행령 제5조 제4항).

 1) 담보권 설정비용

 2) 신용조회비용(신용정보의 이용 및 보호에 관한 법률 제4조 제4항 제1호의 업무를 허가받은 자에게 거래상대방의 신용을 조회하는 경우만 해당)

② "체당금(替當金)"이란 나중에 상환받기로 하고 대신 지급하는 금전을 말합니다.

③ 대부업자가 선이자를 사전에 공제하는 경우에는 그 공제액을 제외하고 채무자가 실제로 받은 금액을 원본으로 하여 이자율을 산정합니다(동법 제8조 제5항).

● **취급수수료도 이자에 포함되는지요?**

문 대부업체로부터 월 4% 조건으로 이자를 갚기로 하고 100만원을 빌렸습니다. 취급수수료로 5만원을 지급하고 95만원을 받았는데, 이자는 얼마를 내야 하나요?

답 이자율을 산정할 때 사례금, 할인금, 수수료, 공제금, 연체이자, 체당금(替當金) 등 그 명칭이 무엇이든 대부와 관련해 대부업자가 받는 것은 모두 이자로 봅니다. 따라서 취급수수료도 이자에 포함되어 실제로 받은 금액(원금)을 기준으로 산정하며, 100만원을 빌리면서 취급수수료로 5만원을 지급한 경우 원금 95만원에 대한 월 4% 이자를 내면 됩니다.

대법원은 중도상환수수료를 포함하여 그 명목이나 명칭에도 불구하고 대부업자가 받은 일체의 금원 중 그 비용을 제외한 금원을 모두 이자로 보아, 그 금액이 실제 대부기간에 대한 제한이자율 소정의 이율을 초과하게 되면 대부업법을 위반한 죄에 해당하게 된다고 판결하였습니다(대법원 2012.3.15. 선고 2010도11258 판결).

※ 【관련판례】

선이자가 공제된 경우에 구 대부업법(2012. 12. 11. 법률 제11544호로 개정되기 전의 것)에서 정하는 제한이자율을 초과하는지 여부는 선이자 공제액을 제외하고 채무지가 실제로 받은 금액을 기초로 하여 대부일부터 변제기까지의 기간에 대한 제한이자율에 따른 이자를 기준으로, 선이자 공제액(채무자가 변제기까지 실제 지급한 이자가 있다면 이를 포함한다)이 그것을 초과하는지에 따라 판단하여야 하고, 그와 같은 판단의 결과 초과하는 부분이 있다면 초과부분은 구 대부업법 제8조 제4항에 따라 당사자 사이에서 약정된 선이자 공제 전의 대부원금에 충당되어 충당 후의 나머지가 채무자가 변제기에 갚아야 할 대부원금이 된다[구 대부업법(2009. 1. 21. 법률 제9344호로 개정된 것)은 제8조 제5항을 신설하여 "대부업자가 선이자를 사전에 공제하는 경우에는 그 공제액을 제외하고 채무자가 실제로 받은 금액을 원본으로 하여 제1항에 따른 이자율을 산정한다."고 규정하였으나, 이는 제한이자율 초과 여부의 판단 방법에 관한 앞서 본 법리를 입법화한 것에 불과하고 변제기에 갚아야 하는 대부원금에 대하여 정한 것이 아니므로, 위와 같은 해석에 영향이 없다](대법원 2014.11.13. 선고 2014다24785 판결).

● **대부할 금액에 공증비용을 차감하여 대부하고, 차감한 금액은 공증업체에 즉시 이체할 경우 이자로 간주되는지요?**

1) 대부신청자에게 대부할 금액에 공증비용을 차감하여 대부하고, 차감한 금액은 공증업체에 즉시 이체할 경우 이자로 간주되는지요?

2) 이자율의 제한을 적용함에 있어 시행일 이전 체결분의 대부거래계약서를 소급하여 작성하는지요?

1) 대부업법 제8조(이자율의 제한) 및 시행령 제5조 규정에 의하면 당해 거래의 체결과 변제에 관한 부대비용으로서 담보권설정비용 및 신용조회비용을 제외하고 이자율을 산정함에 있어 사례금·할인금·선이자 등 그 명칭에 불구하고 대부와 관련하여 대부업자가 받은 것은 이를 이자로 본다고 규정하고 있습니다. 따라서 대부계약과 관련한 공증비용을 대부업자가 수취하는 것은 이자로 봅니다.

2) 2007년 12월 21일 대부업법 개정으로 2008년 3월 22일 이후 발생하는 대부이자는 연 49%를 넘지 못하게 되었으며, 연 49% 초과이자는 무효이므로 이자 인하에 따라 별도로 대부계약서를 교부할 필요는 없습니다.

　대부업법 제8조 제2항의 취지는 대부업자가 사례금·할인금·수수료·공제금·연체이자·체당금 등의 명목으로 채무자에게서 돈을 징수하여 위법을 잠탈하기 위한 수단으로 사용되는 탈법행위를 방지하는 데 있으므로, 명목 여하를 불문하고 대부업자와 채무자 사이의 금전대차와 관련된 것으로서 금전대차의 대가로 볼 수 있는 것은 모두 이자로 간주된다. 나아가 대부업자가 채무자에게서 징수한 돈을 나중에 채무자에게 반환하기로 약정하였다 하더라도, 반환 조건이나 시기, 대부업자의 의사나 행태 등 제반 사정에 비추어 볼 때 그 약정이 대부업법의 제한 이자율을 회피하기 위한 형식적인 것에 불과하고 실제로는 반환의사가 없거나 반환이 사실상 불가능 또는 현저히 곤란한 것으로 인정될 경우에는 그 징수한 돈은 실질적으로 대부업자에게 귀속된 이자로 보아야 한다(대법원 2015.07.23. 선고 2014도9746 판결).

● **주차료도 이자로 보아 채무자가 지급하는 이자 및 수수료와 합산하여 대부업법상의 이자율 제한 위반여부를 판단해야 하는지요?**

문 자동차 담보 대출시 채무자가 귀사가 지정한 주차관리업체와 주차계약을 하고 주차료를 주차관리업체에 지급하는 경우에 동 주차료도 이자로 보아 채무자가 귀사에 지급하는 이자 및 수수료와 합산하여 대부업법상의 이자율 제한 위반 여부를 판단해야 하는지요?

답 대부업법 제8조 제1항 및 동법 시행령 제5조 제3항에 의하면 담보권설정비용 및 신용비용조회비용을 제외하고 대부와 관련하여 대부업자가 받는 것은 이자로 본다고

규정하고 있으므로 대부와 관련하여 채무자가 지급하는
주차도 이자로 보아야 합니다.

● **선이자를 제외한 원금기준으로 연 이자율은 얼마인가요?**

문 300만원을 빌리면서 매일 4만원씩 3개월 동안 갚기로
했습니다. 선이자 50만원을 제외한 250만원을 받았는데
요. 연 이자율은 얼마인가요?

답 실제 대출금 250만원을 90일 동안 매일 4만원씩 상환하
는 대출조건에 대한 연 이자율은 313.6%로 대부업체가
수취할 수 있는 이자의 최고상한인 연 34.9%를 훨씬 초
과하고 있습니다.

※【관련파례】

　구 대부업법(2012. 12. 11. 법률 제11544호로 개정되기 전의 것,
이하 '구 대부업법'이라 한다) 제8조 제2항의 취지는 대부업자가 사
례금·할인금·수수료·공제금·연체이자·선이자 등의 명목으로 채무자로
부터 금전을 징수하여 위법을 잠탈하기 위한 수단으로 사용되는 탈
법행위를 방지하는 데 있으므로, 명목 여하를 불문하고 대부업자와
채무자 사이의 금전대차와 관련된 것으로서 금전대차의 대가로 볼
수 있는 것이라면 이자로 간주되고, 따라서 대부업자가 이를 대부금
에서 미리 공제하는 것은 선이자의 공제에 해당하는바, 채무자가 직
접 대부중개업자에게 중개의 대가(이하 '중개수수료'라 한다)를 지급
한 경우라도 그것이 대부업자와 전혀 무관하게 지급되었다는 등의
특별한 사정이 없고 오히려 대부업자가 대부중개업자로 하여금 채
무자로부터 직접 중개수수료를 지급받도록 하고 자신은 대부중개업
자에게 아무런 중개수수료를 지급하지 않았다면, 이러한 중개수수료
는 대부업자 자신이 지급하여야 할 것을 채무자에게 전가시킨 것으

● **등록된 대부업체로부터 월 2.9% 조건으로 100만원을 빌렸습니다. 수수료로 5만원을 지급하고 95만원을 받았는데, 이자는 얼마를 내야 하나요?**

문 등록된 대부업체로부터 월 2.9% 조건으로 이자를 갚기로 하고 100만원을 빌렸습니다. 취급수수료로 5만원을 지급하고 95만원을 받았는데, 이자는 얼마를 내야 하나요?

답 매월 27,550원을 내야 합니다.

이자율을 산정할 때 사례금, 할인금, 수수료, 공제금, 연체이자, 체당금(替當金) 등 그 명칭이 무엇이든 대부와 관련해 대부업자가 받는 것은 모두 이자로 봅니다. 따라서 취급수수료도 이자에 포함되어 선이자를 제외한 실제로 받은 금액(원금)을 기준으로 이자를 산정합니다.

그러므로 질문의 경우 100만원을 빌리면서 취급수수료로 5만원을 지급한 경우 원금 95만원에 대한 월 2.9% 이자를 내면 됩니다. 다만, 해당 거래의 체결과 변제에 관한 부대비용으로서 담보권 설정비용, 신용조회비용은 이자로 보지 않습니다.

1-3. 미등록대부업자의 이자율의 제한

1-3-1. 미등록대부업자의 최고이자율

미등록대부업자의 금전대차에 관한 계약상의 최고이자율은 연 25%입니다(대부업법 제11조 제1항, 이자제한법 제2조 제1항 및 이자제한법 제2조 제1항의 최고이자율에 관한 규정). 이를 위반하여 이자율을 초과해 이자를 받은 자는 3년 이하의 징역 또는 3천만원 이하의 벌금에 처해집니다(대부업법 제19조 제2항 제3호).

1-3-2. 이자율의 산정(算定)

① 이자율을 산정할 때 사례금, 할인금, 수수료, 공제금, 연체이자, 체당금(替當金) 등 그 명칭이 무엇이든 대부와 관련해 미등록대부업자가 받는 것은 모두 이자로 봅니다. 다만, 해당 거래의 체결과 변제에 관한 부대비용으로서 다음의 비용은 이자로 보지 않습니다(대부업법 제8조 제2항 및 제11조 제1항, 동법 시행령 제5조 제4항).

 1) 담보권 설정비용
 2) 신용조회비용(신용정보의 이용 및 보호에 관한 법률 제4조 제4항 제1호의 업무를 허가받은 자에게 거래상대방의 신용을 조회하는 경우만 해당)

② 미등록대부업자가 선이자를 사전에 공제하는 경우에는 그 공제액을 제외하고 채무자가 실제로 받은 금액을 원본으로 하여 이자율을 산정합니다(동법 제8조 제5항 및 제11조 제1항).

● **두 달 정도 이자를 지급 못했더니 연체이자를 더 내라고 합니다. 연체이자를 내야 하나요?**

문 등록된 대부업체와의 대부계약서에서 연 이자 34.9%, 연체이자 34.9%로 계약했는데, 두 달 정도 이자를 지급 못했더니 연체이자를 더 내라고 합니다. 연체이자를 내야 하나요?

답 낼 필요 없습니다.

대부업체 상한금리는 통상이자, 연체이자, 수수료 등 고객에게 받는 일체의 대가성 금전을 포함해 연 34.9%를 초과할 수 없습니다.

이자로 이미 최고금리인 연 34.9%를 지급하고 있으므로 채무자가 연체를 하더라도 기간에 따른 통상이자만 지급하면 되고 별도의 연체이자는 지급할 필요가 없습니다.

이자율을 산정할 때 사례금, 할인금, 수수료, 공제금, 연체이자, 체당금(替當金: 나중에 상환받기로 하고 대신 지급하는 금전) 등 그 명칭이 무엇이든 대부와 관련해 대부업자가 받는 것은 모두 이자로 봅니다. 그러나 해당 거래의 체결과 변제에 관한 부대비용으로서 담보권 설정비용, 신용조회비용은 이자로 보지 않습니다.

대부업자가 선이자를 사전에 공제하는 경우에는 그 공제액을 제외하고 채무자가 실제로 받은 금액을 원본으로 하여 이자와 이자율을 계산합니다.

대부업자가 사전에 공제한 선이자가 구 대부업법(2005. 3. 31. 법률 제7428호로 개정되기 전의 것)에서 정하는 제한이자율을 초과하는지는 그 선이자 공제액을 제외하고 채무자가 실제로 받은 금액을 기초로 하여 대부일부터 변제기까지의 기간에 대한 제한이자율에 따른 이자를 기준으로 그 초과 여부를 판단하여야 한다. 나아가 그와 같은 판단의 결과 선이자의 이자율이 제한이자율을 초과하지 아니하는 경우에는, 제한이자율 초과 부분에 대한 이자계약을 무효로 하는 구 대부업법 제8조 제3항이 적용되지 아니하므로 다른 강행법규 위반의 무효 사유가 없는 한 그 선이자 공제는 당사자가 약정한 이자의 지급으로서 유효하고, 선이자 공제 전의 당사자 사이에서 약정된 대부원금이 채무자가 변제기에 갚아야 할 대부원금이 된다[구 대부업 법(2009. 1. 21. 법률 제9344호로 개정된 것)은 제8조 제5항을 신설하여 "대부업자가 선이자를 사전에 공제하는 경우에는 그 공제액을 제외하고 채무자가 실제로 받은 금액을 원본으로 하여 제1항에 따른 이자율을 산정한다."고 규정하였다. 이는 제한이자율 초과 여부의 판단 방법에 관한 앞서 본 법리를 입법화한 것에 불과하고 변제기에 갚아야 하는 대부원금에 대하여 정한 것이 아니므로, 위와 같은 해석에 영향이 없다](대법원 2013.05.09. 선고 2012다56245 판결).

● 연장수수료도 이자에 포함되는지요?

급전이 필요해서 미등록대부업체로부터 선이자 20만원에 보증금 10만원을 제외한 20만원을 7일 후에 갚는 조건으로 빌렸습니다. 7일 후에 원금을 갚지 못해 연장수수료 46만원에 원금 20만원을 합쳐 66만원을 냈지만, 원금은 20만원이 아닌 50만원이라며 30만원을 더 갚으라고 하는데 내야 하나요?

답 더 낼 필요가 없으며 오히려 초과부분에 대해 반환청구할 수 있습니다.

이자율을 산정할 때 사례금, 할인금, 수수료, 공제금, 연체이자, 체당금(替當金) 등 그 명칭이 무엇이든 대부와 관련해 미등록대부업자가 받는 것은 모두 이자로 보고, 선이자, 보증금을 제외하고 실제 받은 원금을 기준으로 합니다. 다만, 해당 거래의 체결과 변제에 관한 부대비용으로서 담보권 설정비용 및 신용조회비용은 이자로 보지 않습니다.

질문의 경우와 같이 원금 20만원을 7일간 미등록대부업체에서 빌렸을 경우 연 이자율 25%를 기준으로 이자는 959원(대출이자계산기이용, 만기일시상환)입니다. 연장수수료도 이자에 포함되며 이미 66만원을 지급했으므로 초과부분 약 45만원에 대해서는 반환을 청구할 수 있습니다.

일수 이자율 및 1회 상환원리금의 계산은 '금융감독원 서민금융 1332 서비스-불법금융제보-이자율계산'에서 확인할 수 있습니다.

미등록 대부업자로부터 대출을 받은 경우 대부이자율은 연 100분의 25를 초과할 수 없습니다.

미등록 대부업자가 선이자를 사전에 공제하는 경우에는 그 공제액을 제외하고 채무자가 실제로 받은 금액을 원본(원금)으로 하여 이자율을 산정합니다.

● **전 남편의 사업자금을 빌리면서 연대보증을 한 경우 상환해야 할 금액은 어떻게 계산해야 되는지요?**

문 저는 대부업체에서 2천만원을 빌리고 바로 수수료로 1백만원을 입금시킨 후 매달 8십만원씩 입금했습니다. 그래서 합계 1천4백4십만원을 이자로 지급했습니다. 하던 사업이 힘들어지면서 상환을 못하고 있습니다. 사실 저는 전남편이 사업자금으로 빌리면서 연대보증을 해 주었습니다. 전 남편이 사업이 힘들어지면서 제게 상환문자가 왔습니다. 제가 상환하려면 얼마를 어떻게 상환해야 하는지요?

답 보증채무는 주채무와 같은 이행을 해야 하는 채무이므로 정확한 상환금액 및 상환방법에 대해서는 대부업체에 문의를 하셔야 합니다. 다만, 면책을 받은 채무자는 파산채권자에 대한 채무의 전부에 관해 그 책임이 면제되므로, 파산·면책 신청 시 알지 못하여 채권자목록에 기재하지 못한 누락된 채권이 있다하더라도 그 채권에 대해서도 면책의 효력을 주장할 수 있습니다(채무자 회생 및 파산에 관한 법률 제566조 제7호 참조). 그러나 보증채무의 발생시점에 따라 면책의 효력이 달라질 수 있으므로 이에 대해서는 확인하여 처리해야 합니다.

● **대부업체를 통하여 대출받은 경우 이자계산은 어떻게 하는지요?**

問 대부업체를 통하여 1천만원을 통장으로 입금 받은 후 1%인 10만원을 취급수수료로 다시 입금하였고, 연 20% 금리 원금균등으로 매주 12회 상환방식으로 상환하다가 5회차에 중도상환하였습니다. 이 때

① 대출원금을 1천만원으로 이자계산을 하는 것인지 아니면 990만원으로 계산을 해야 하는지요?

② 입금 받은 후 취급수수료 10만원을 제공하였다면 이자제한법에 초과되는 사항일까요?

③ 취급수수료와 이자포함 연간이율 34.9%가 아닌 일일이자율(0.096%), 월이자율(2.908%)가 넘어가면 이자제한법에 고려 사항일까요?

④ 중도상환시 취급수수료의 일정액을 돌려 받을 수 있는지요?

答 이자율을 산정할 때 사례금, 할인금, 수수료, 공제금, 연체이자, 체당금(替當金) 등 그 명칭이 무엇이든 대부와 관련해 대부업자가 받는 것은 모두 이자로 봅니다(대부업법 제8조 제2항 본문).

대부업자가 이자율 제한(연 34.9%, 미등록대부업자의

경우는 연 25%)을 위반하여 대부계약을 체결한 경우 이자율을 초과하는 부분에 대한 이자계약은 무효입니다(동법 제8조 제3항 및 동법 시행령 제5조 제2항). 이때, 이자율을 월 또는 일 기준으로 적용하는 경우에는 연 34.9%를 단리로 환산합니다(동법 시행령 제5조 제3항). 만약, 대부업자가 선이자를 사전에 공제하는 경우에는 그 공제액을 제외하고 채무자가 실제로 받은 금액을 원본으로 하여 이자율을 산정합니다(동법 제8조 제2항 본문 및 제8조 제5항). 또한, 채무자가 대부업자 또는 미등록대부업자에게 이자율 제한을 초과하는 이자를 지급한 경우 그 초과 지급된 이자 상당금액은 원본에 충당되고, 원본에 충당되고 남은 금액이 있으면 그 반환을 청구할 수 있습니다(동법 제8조 제4항 및 제11조 제1항). 대부업체 이용과 관련된 종합적인 상담 서비스는 금융감독원의 불법사금융 및 개인정보 불법유통 피해신고센터에서 받으실 수 있습니다.

참고로 보다 정확한 이자율 계산은 <금융감독원 서민금융 1332(http://s1332.fss.or.kr) – 불법사금융·개인정보불법유통 – 이자계산기>에서 확인할 수 있습니다.

※ **[관련판례]**

이자제한법 제2조 제1항, '이자제한법 제2조 제1항의 최고이자율에 관한 규정'에 의하면 금전대차에 관한 계약상의 최고이자율은 연 30%로 제한되고, 구 이자제한법(2009. 1. 21. 법률 제9344호로 개정되기 전의 것) 제7조는 다른 법률에 따라 인가·허가·등록을 마친 금융업 및 대부업에는 이자제한법을 적용하지 아니한다고 규정하고

● **법이 바뀌어서 그동안 이자낸 것을 얼마정도는 도로 받을 수
있다고 하는데 맞나요?**

문 대부업체에서 2008년 6월에 5백만원을 대출받고, 선이
자 15만원, 수수료로 50만원을 공제하고 나머지를 435
만원을 송금 받았습니다. 그리고 2009년 7월에 원금 5
백만원을 갚았습니다. 돈이 없어 연체를 하였기 때문에
그동안은 매월 20만원씩 이자를 납부하였습니다. 그런데
2009년에 법이 바뀌어서 그동안 이자낸 것을 얼마정도
는 돌려받을 수 있다고 하는데 맞나요?

답 채무자가 대부업자 또는 미등록대부업자에게 위 이자율
을 초과하는 이자를 지급한 경우 그 초과 지급된 이자
상당금액은 원본에 충당되고, 원본에 충당되고 남은 금
액이 있으면 그 반환을 청구할 수 있습니다(대부업법 제
8조 제4항).
다만, 대부업법 제9344호 부칙 제4조에 따르면 대부업
법 제8조 제4항의 규정은 2009년 1월 21일 이후 이 법

제8조제1항에 따른 이자율을 초과하여 지급한 경우부터 적용됩니다.

참고로 2009년 1월 21일 당시 대부업자의 대부이자율은 연 49%를 초과할 수 없었습니다(동법 제8조 제1항 및 동법 시행령 제5조 제2항).

그 밖에 대부업체 이용과 관련된 법률 지원은 금융감독원 불법사금융피해신고센터에서 받으실 수 있습니다.

※ 관련판례

구 대부업의 등록 및 금융이용자보호에 관한 법률(2009. 1. 21. 법률 제9344호로 개정되기 전의 것) 제1조, 제8조 제1항, 제2항, 구 대부업법 시행령(2009. 4. 21. 대통령령 제21446호로 개정되기 전의 것) 제5조 제3항, 제4항 등에서 정한 구 대부업법의 입법목적과 관련 법령의 규정 내용을 종합하면, 대부업자가 선이자를 사전에 공제한 후 대부하였는데 선이자 산정의 대상기간 또는 약정 대부기간이 도과하기 전 중도에 대부원금이 상환된 경우 대부업자가 사전에 공제한 선이자가 구 대부업법에서 정한 제한이자율을 초과하는지 여부는, 선이자 공제액을 제외하고 채무자가 실제로 받은 금액을 원본으로 하여 대부일부터 실제 변제일까지 기간에 대한 제한이자율 소정의 이자를 기준으로 판단하여야 하고, 이러한 법리는 금융이용자가 약정 변제기 전에 대부금을 변제하는 경우 그로 인한 대부업자의 손해배상 명목으로 중도상환수수료를 지급하기로 하는 약정이 있는 경우에도 마찬가지이다. 결국 구 대부업법이 적용되는 대부에서는, 중도상환수수료를 포함하여 명목이나 명칭에 불구하고 대부업자가 받은 일체의 금원 중 구 대부업법 시행령 제5조 제4항에 열거된 비용을 제외한 금원을 모두 이자로 보아, 그 금액이 실제 대부기간에 대한 제한이자율 소정의 이율을 초과하게 되면 구 대부업법

제8조 제1항을 위반한 죄에 해당하게 된다(대법원 2012.03.15. 선고 2010도11258 판결).

● **단리로 환산한 월 이자율 및 일 이자율은 초과해도 되는지요?**

〔문〕 대부업자가 대부를 할 때 연 이자율이 100분의 49 이내인 경우, 단리로 환산한 월 이자율 및 일 이자율은 초과해도 되는지요?

〔답〕 대부업자가 대부를 할 때 연 이자율이 100분의 49 이내인 경우, 단리로 환산한 월 이자율 및 일 이자율도 연 이자율 100분의 49를 초과해서는 안 된다 할 것입니다.

● **캐피탈사를 통해 법인 대출을 받은 경우에 법무비용을 부대비용이라고 볼 수 있는 것인지요?**

〔문〕 캐피탈사를 통해 법인 대출을 받았습니다. 그런데 대출 기표 이후 사정이 있어 바로 상환을 하였습니다. 취급수수료로 캐피탈사가 3%를 수취하였고, 수수료 중 1% 가량이 법무법인 약정서 작성 비용으로 소요가 되었습니다. 해당 캐피탈사는 해당 법무비용은 거래의 체결과 변제에 관한 부대비용이라고 주장을 하고 있는데요. 해당 법무비용을 부대비용이라고 볼 수 있는 것인지요?

〔답〕 대부계약을 체결하는 경우에 담보권 설정비용, 신용조회비용(신용정보의 이용 및 보호에 관한 법률 제4조 제4항 제1호의 업무를 허가받은 자에게 거래상대방의 신용을

조회하는 경우만 해당)은 해당 거래의 체결과 변제에 관한 부대비용으로서 이자로 보지 않습니다(대부업법 제8조 제2항 및 동법 시행령 제5조 제4항).

대부업자는 대부계약을 체결하는 때에 대부계약과 관련한 모든 부대비용을 거래상대방에게 설명해야 할 의무가 있습니다(동법 제6조 제2항).

● **대부업자의 최고이자율이 어떻게 바뀌었나요?**

문 대부업자의 이자율 제한이 바뀐 것으로 알고 있는데, 적용 기준은 어떻게 되나요?

답 2011년 6월 27일 대부업법 시행령이 개정되어 제한 이자율을 기존 연 44%에서 현행 연 39%로 5%p 인하하였으며, 이는 개정된 시행령이 시행된 이후 '신규 체결되거나 갱신되는 대부계약'에 적용됩니다.

※ 【관련판례】

이자제한법 제2조 제1항, '이자제한법 제2조 제1항의 최고이자율에 관한 규정'에 의하면 금전대차에 관한 계약상의 최고이자율은 연 30%로 제한되고, 구 이자제한법(2009. 1. 21. 법률 제9344호로 개정되기 전의 것) 제7조는 다른 법률에 따라 인가·허가·등록을 마친 금융업 및 대부업에는 이자제한법을 적용하지 아니한다고 규정하고 있는바, 위 규정의 문언 내용, 국민경제생활의 안정과 경제정의의 실현을 목적으로 하는 이자제한법의 입법 취지, 미등록 대부업체의 등록을 유도하기 위한 입법 경위 등에 비추어 보면, 구 대부업의 등록 및 금융이용자보호에 관한 법률(2009. 1. 21. 법률 제9344호로

● **대부업자 등이 법 개정사실을 알지 못하여 법정 최고금리를 초과하는 대부계약을 체결한 경우에 위법 사유를 어떻게 해소해야 하나요?**

대부업자 및 여신금융기관이 법 개정사실을 알지 못하여 개정법 시행일이후 법정 최고금리를 초과하는 대부계약을 체결한 경우에 위법 사유를 어떻게 해소해야 하나요?

대부업자 등이 법 개정사실을 알지 못하여 개정법 시행일이후 법정최고금리(연 27.9%)를 초과하는 대부계약을 체결한 경우 개정 대부업법 시행 시점인 3월 3일 0시 이후 연 27.9%를 초과하여 체결·갱신된 대부계약은 위법한 계약에 해당하므로, 해당 대부업자 등은 즉시 연 27.9% 이하로 대부계약서를 재체결한 후 거래상대방에게 이를 교부하여 위법한 계약상태를 해소해야 합니다. 이 경우 구체적인 재계약의 방법으로 대면접촉 외에도 등기우편, 내용증명 발송 등을 통해 수정된 계약서를 송부한 후 이를 회신 받는 방법을 예시로 들고 있습니다. 대부업법 제6조 제1항에 따르면 법정최고이자율과 대부이자율 등이 기재된 대부계약서를 고객에게 교부하도록 되어 있고, 대부업법 제6조의2 제1항 및 동법 시행령 제

4조의2에 따르면 대부이자율과 연체이자율 등을 거래상 대방이 자필기재하게 되어 있습니다. 이에 따를 때, 원칙적으로 인하된 법정최고금리에 따라 수정된 계약서를 대면 또는 우편송부의 방법으로 서면으로 교부하고 자필기재를 받아 회수함이 원칙입니다.

다만, 대부업법 제6조의2 제3항 제1호에 따라 공인인증서를 통한 본인 확인 후 거래상대방이 인터넷에 필수 기재사항을 입력하여 전자적 형태로 대부계약서가 작성된 경우에 한하여 전자문서 송신에 의한 교부의무 이행도 가능할 것으로 판단됩니다. 이 경우 전자문서의 송·수신과 관련하여 전자문서 및 전자거래기본법 제18조의4의 "공인전자주소"를 이용한 전자문서 송·수신, 제31조의2의 "공인전자문서센터"를 통한 전자문서 보관 등의 방식을 준수하여 전자문서의 관리에 만전을 기하여 주시기 바랍니다.

한편, 민법 제428조의2 제1항(2016.2.4.시행)은 보증은 그 의사가 보증인의 기명날인 또는 서명이 있는 서면으로 표시되어야 효력이 발생하고 보증의 의사가 전자적 형태로 표시된 경우에는 효력이 없다고 규정하고 있으므로, 보증계약의 경우에는 전자문서의 형태로 계약서의 교부를 할 수 없을 것으로 판단됩니다.

※ 【관련판례】

구 대부업법(2009. 1. 21. 법률 제9344호로 개정되기 전의 것)의 입법 목적 및 구 대부업법 제1조, 제8조 제1항, 제19조 제2항 제2호, 구 대부업법 시행령(2009. 4. 21. 대통령령 제21446호 대부업법 시행령으로 개정되기 전의 것) 제5조 제3항의 내용과 취지 등에 비추어 보면, 대부업을 영위하는 자가 금전을 대부하면서 구 대부업법 제8조 제1항에서 정한 제한이자율(이하 '제한이자율'이라 한다)을 초과하는 이자를 받기로 약정한 경우에, 실제로 상환받은 이자에 관하여 상환 시까지 남아 있는 차용원금과 차용기간에 기초하여 산정되는 이자율이 제한이자율을 초과하는 때에는 구 대부업법 제8조 제1항을 위반한 것으로서 제19조 제2항 제2호에 따라 처벌된다고 보아야 한다. 그리고 이러한 법리는 제한이자율을 초과하는 이자를 포함하여 원리금을 분할 상환하기로 하는 약정을 체결한 경우에, 실제로 상환받은 각 원리금에 포함된 각 이자에 대하여도 마찬가지로 적용된다(대법원 2012.08.17. 선고 2010도7059 판결).

● **대부업법상 이자율이 제한되는 것으로 알고 있는데, 계약한 이자를 모두 갚아야 하는지요?**

문 대부업자로부터 100만원을 대출하며 선이자 10만원을 공제한 90만원을 수령하였으며, 월 10만원의 이자를 지급하기로 하는 대부계약을 체결하였습니다. 대부업법상 이자율이 제한되는 것으로 알고 있는데, 계약한 이자를 모두 갚아야 하는지요?

답 대부업법에서는 법정 이자상한을 초과하는 이자를 무효로 규정하고 있습니다.
이자율을 산정함에 있어 선이자, 수수료, 사례금, 연체이자 등 명칭에 관계없이 대부와 관련하여 대부업자가 받은 것은 이를 이자로 간주하여 최초의 공제금액을 원금에서 차감합니다. 다만, 대부거래의 체결과 변제에 관한 부대비용(담보설정비용, 신용정보의 이용 및 보호에 관한 법률 제4조 제4항 제1호의 업무를 허가받은 자에게

거래상대방의 신용을 조회하는 경우의 신용조회비용)은
제외됩니다.

따라서, 계약체결 후 이자율 위반사실을 알게 되거나 위
반사실을 알고도 불가피하게 계약을 체결한 경우에는,
이자율 위반이 불법행위이며 무효(법정 이자상한을 초과
하는 이자부분만 무효가 되며 대부계약자체는 유효)임을
적극 주장하여 제한금리 이내에서 합리적인 수준의 재계
약을 유도하고, 대부업자가 불법임을 알고도 계약조건을
조정하지 않는 경우 관할 경찰서 수사과 지능팀으로 연
락하시기 바랍니다.

2. 초과이자를 지급한 경우

① 대부업자 또는 미등록대부업자가 이자율 제한을 위반하여
대부계약을 체결한 경우 이자율을 초과하는 부분에 대한
이자계약은 무효입니다.

② 채무자가 대부업자 또는 미등록대부업자에게 이자율을 초
과하는 이자를 지급한 경우 그 초과 지급된 이자 상당금
액은 원본에 충당되고, 원본에 충당되고 남은 금액이 있으
면 그 반환을 청구할 수 있습니다.

③ 법정 최고이자율을 초과해 무효로 되는 이자부분에 대하여
변제를 강요받는 경우에는 채무부존재확인소송, 부당이득
반환청구소송 및 청구이의의 소 등을 제기할 수 있습니다.

● **이자율을 초과하는 계약하였을 경우에 초과 지급한 이자를 돌려받을 수 있을까요?**

문 등록 대부업체에서 돈을 빌릴 경우 연 34.9%의 이자율이 적용되는 것을 알고 있었습니다. 하지만 돈이 너무 급한 나머지 연 34.9%의 이자율을 초과하는 계약서를 작성하였고 이미 원금과 이자를 다 갚았습니다. 생각해 보니 억울하네요. 초과 지급한 이자를 돌려받을 수 있을까요?

답 돌려받을 수 있습니다.

연 34.9%의 이자율을 초과하는 부분에 대한 이자계약은 무효가 되고, 초과 지급된 이자 상당금액은 원본에 충당되고, 원본에 충당하고 남은 금액이 있으면 그 반환을 청구할 수 있습니다. 따라서 채무자가 최고 이자율을 알고 계약을 했거나 모르고 계약을 한 경우에도 초과 이자 부분의 반환을 청구할 수 있습니다.

대부업자 또는 미등록 대부업자가 이자율 제한을 위반하여 대부계약을 체결한 경우 이자율을 초과하는 부분에 대한 이자계약은 무효입니다. 따라서 이자를 지급하지 않은 경우에는 초과부분에 대한 이자를 지급할 필요가 없고, 이미 지급한 경우에는 대부계약 자체는 유효하지만 초과하는 이자 부분은 무효이므로 그 반환을 청구할 수 있습니다.

채무자가 대부업자 또는 미등록 대부업자에게 이자율을 초과하는 이자를 지급한 경우 그 초과 지급된 이자 상당 금액은 원본에 충당되고, 원본에 충당되고 남은 금액이 있으면 그 반환을 청구할 수 있습니다.

대부업을 영위하는 피고인이 갑에게 원금 1,200만 원에 대해 매회 144,000원씩 100일간 합계 1,440만 원을 상환 받는 조건으로 일수로 대출한 후 제한이자율 초과 이자를 포함한 144,000원씩을 21회 수취하였다고 하여 구 대부업법(2009. 1. 21. 법률 제9344호로 개정되기 전의 것, 이하 '구 대부업법'이라 한다) 위반으로 기소된 사안에서, 피고인이 분할 상환 받은 각 원리금에 포함된 이자 액수를 가린 다음, 이자별로 상환일까지 남아 있는 차용원금과 차용기간에 상응한 이자율을 산정하여 그 이자율이 제한이자율을 초과하는 경우에는 구 대부업법을 위반한 것으로 판단하여야 함에도, 차용일부터 최종 분할 상환일까지 상환된 이자의 총액을 산출한 다음 이에 관하여 최초 원금과 그 기간의 총 일수에 기초하여 산정한 이자율이 제한이자율을 초과하지 않는다는 이유로 무죄를 선고한 원심판결에 구 대부업법이 정한 제한이자율을 초과한 이자율 산정에 관한 법리오해의 위법이 있다(대법원 2012.08.17. 선고 2010도7059 판결).

2-1. 이자율을 초과하는 계약

2-1-1. 이자율의 제한

대부업자의 대부이자율은 연 100분의 34.9를 초과할 수 없고(대부업법 제8조 제1항 및 동법 시행령 제5조 제2항), 미등록대부업자의 금전대차에 관한 계약상의 최고이자율은 연 25%입니다(동법 제11조 제1항, 이자제한법 제2조 제1항 및 이자제한법 제2조 제1항의 최고이자율에 관한 규정).

2-1-2. 초과부분의 무효

대부업자 또는 미등록대부업자가 이자율 제한을 위반하여

대부계약을 체결한 경우 이자율을 초과하는 부분에 대한 이자계약은 무효입니다(대부업법 제8조 제3항 및 제11조 제1항). 따라서 이자를 지급하지 않은 경우에는 초과부분에 대한 이자를 지급할 필요가 없고, 이미 지급한 경우에는 대부계약 자체는 유효하지만 초과하는 이자부분은 무효이므로 그 반환을 청구할 수 있습니다.

2-1-3. 원본에의 충당 및 그 반환 청구

채무자가 대부업자 또는 미등록대부업자에게 위 이자율을 초과하는 이자를 지급한 경우 그 초과 지급된 이자 상당금액은 원본에 충당되고, 원본에 충당되고 남은 금액이 있으면 그 반환을 청구할 수 있습니다(대부업법 제8조 제4항 및 제11조 제1항).

● 초과이자 지급한 경우에 어떻게 반환을 청구할 수 있나요?

문 신문이나 TV 등을 통해 등록대부업체에서 돈을 빌릴 경우 연 34.9%의 이자율이 적용되는 것을 알고 있었습니다. 하지만 돈이 너무 급한 나머지 연 34.9%의 이자율을 초과하는 계약서를 작성하였고 이미 원금과 이자를 다 갚았습니다. 생각해 보니 억울하네요. 초과 지급한 이자를 돌려받을 수 있을까요?

답 돌려받을 수 있습니다. 대부업자가 개인이나 중소기업기본법 제2조 제2항에 따른 소기업에 해당하는 법인에 대부를 하는 경우 그 이자율은 연 100분의 34.9(율을 월

또는 일 기준으로 적용하는 경우에는 연 100분의 34.9
를 단리로 환산)를 초과할 수 없습니다(대부업법 제8조
제1항, 동법 시행령 제5조 제1항부터 제3항까지). 이 이
자율을 초과하는 부분에 대한 이자계약은 무효가 되고,
초과 지급된 이자 상당금액은 원본에 충당되고, 원본에
충당하고 남은 금액이 있으면 그 반환을 청구할 수 있습
니다. 따라서 채무자가 최고 이자율을 알고 계약을 했거
나 모르고 계약을 한 경우에도 초과 이자부분의 반환을
청구할 수 있습니다.

2-2. 초과이자 지급에 대한 대응

2-2-1. 부당이득반환청구소송 등의 제기

① 법정 최고이자율을 초과해 무효로 되는 이자부분에 대해
   변제를 강요받는 경우에는 채무부존재확인소송, 부당이득
   반환청구소송 및 청구이의의 소 등을 제기할 수 있습니다.
② 대한법률구조공단은 법률상담 및 변호사에 의한 소송대리
   등 고리사채 피해자에 대해 무료로 법적 지원을 하고 있
   습니다.

※ 【해설】

① "채무부존재확인소송"이란 채무의 다툼에 관해 부존재의 확정을
   요구하는 소송을 말합니다.
② "부당이득반환청구소송"이란 법률상 원인 없이 타인의 재산 또
   는 노무로 인해 이익을 얻고 이로 인해 타인에게 손해를 가한
   자의 이익의 반환(민법 제741조)을 청구하는 소송을 말합니다.
③ "청구에 관한 이의의 소"란 채무명의의 일반적인 집행력의 배제

● 매달 원리금을 상환할 경우 총 원리금은 얼마인가요?

문 급하게 돈이 필요해서 700만원을 연이율 100%를 조건으로 6개월 동안 빌리는데, 200만원을 선이자로 공제하고 500만원을 받았습니다. 그러나 대부업자는 700만원 전체에 대한 이자를 계산하여 갚을 것을 요구했고, 6개월 동안 약 920만원을 갚았습니다. 매달 원리금을 상환할 경우 총 원리금은 얼마인가요?

답 대부업자가 선이자를 사전에 공제하는 경우에는 그 공제액을 제외하고 채무자가 실제로 받은 금액을 원금으로 하여 이자율을 산정합니다(대부업법 제8조제5항). 500만원에 대한 법정최고 이자율 연 34.9%를 적용하여 원리금인 5,521,080원(대출이자계산기이용, 원리금균등분할상환)만을 변제할 의무가 있으므로 초과부분 약 368만원의 반환을 청구할 수 있습니다.
대부업자를 상대로 약 368만원의 부당이득반환소송을 제기할 수 있으며, 이 경우 대한법률구조공단의 법적 지원을 받을 수 있습니다.

이자율을 초과하여 이자를 받은 대부업자는 3년 이하의 징역 또는 3천만원 이하의 벌금에 처해 집니다(동법 제 19조 제2항 제3호).

[1] 구 대부업법(2009. 1. 21. 법률 제9344호로 개정되기 전의 것)의 입법 목적 및 구 대부업법 제1조, 제8조 제1항, 제19조 제2항 제2호, 구 대부업법 시행령(2009. 4. 21. 대통령령 제21446호로 개정되기 전의 것) 제5조 제3항의 내용과 취지 등에 비추어 보면, 대부업을 영위하는 자가 금전을 대부하면서 구 대부업법 제8조 제1항에서 정한 제한이자율(이하 '제한이자율'이라 한다)을 초과하는 이자를 받기로 약정한 경우에, 실제로 상환 받은 이자에 관하여 상환 시까지 남아 있는 차용원금과 차용기간에 기초하여 산정되는 이자율이 제한이자율을 초과하는 때에는 구 대부업법 제8조 제1항을 위반한 것으로서 제19조 제2항 제2호에 따라 처벌된다고 보아야 한다. 그리고 이러한 법리는 제한이자율을 초과하는 이자를 포함하여 원리금을 분할 상환하기로 하는 약정을 체결한 경우에, 실제로 상환 받은 각 원리금에 포함된 각 이자에 대하여도 마찬가지로 적용된다.

[2] 대부업을 영위하는 피고인이 갑에게 원금 1,200만 원에 대해 매회 144,000원씩 100일간 합계 1,440만 원을 상환 받는 조건으로 일수로 대출한 후 제한이자율 초과 이자를 포함한 144,000원씩을 21회 수취하였다고 하여 구 대부업의 등록 및 금융이용자보호에 관한 법률(2009. 1. 21. 법률 제9344호 대부업 등의 등록 및 금융이용자 보호에 관한 법률로 개정되기 전의 것. 이하 '구 대부업법'이라 한다) 위반으로 기소된 사안

에서, 피고인이 분할 상환 받은 각 원리금에 포함된 이자 액수를 가린 다음, 이자별로 상환일까지 남아 있는 차용원금과 차용기간에 상응한 이자율을 산정하여 그 이자율이 제한이자율을 초과하는 경우에는 구 대부업법을 위반한 것으로 판단하여야 함에도, 차용일부터 최종 분할 상환일까지 상환된 이자의 총액을 산출한 다음 이에 관하여 최초 원금과 그 기간의 총 일수에 기초하여 산정한 이자율이 제한이자율을 초과하지 않는다는 이유로 무죄를 선고한 원심판결에 구 대부업법이 정한 제한이자율을 초과한 이자율 산정에 관한 법리오해의 위법이 있다(대법원 2012.08.17. 선고 2010도7059 판결).

※ 【관련판례2】

이자제한법(2007. 3. 29. 법률 제8322호로 제정되어 2007. 6. 30.부터 시행된 것) 제2조 제1항은 "금전대차에 관한 계약상의 최고이자율은 연 40퍼센트를 초과하지 아니하는 범위 안에서 대통령령으로 정한다.", 제5조는 "이자에 대하여 다시 이자를 지급하기로 하는 복리약정은 제2조 제1항에서 정한 최고이자율을 초과하는 부분에 해당하는 금액에 대하여는 무효로 한다.", 부칙 제2항은 "이 법 시행 전에 성립한 대차관계에 관한 계약상의 이자율에 관하여도 이 법 시행일 이후부터는 이 법에 따라 이자율을 계산한다."고 각 규정하고 있고, 이에 따라 '이자제한법 제2조 제1항의 최고이자율에 관한 규정'은 "이자제한법 제2조 제1항에 따른 금전대차에 관한 계약상의 최고이자율은 연 30퍼센트로 한다."고 규정하고 있는바, 이에 의하면, 복리약정은 연 30퍼센트를 초과하는 부분에 한하여 무효라 할 것이고, 그러한 복리약정이 이자제한법 시행 전에 체결된 것인 때에는 이자제한법이 시행된 2007. 6. 30.부터 그 초과부분은 무효로 된다고 할 것이다(대법원 2008.10.23. 선고 2008다37742 판결).

● 법정 이자상한을 초과하는 이자를 이미 지급한 경우 어떻게 해야 하는지요?

문 대부업자로부터 500만원을 대출하며 선이자 및 수수료 명목으로 50만원을 공제한 450만원을 수령하였으며, 열흘에 45만원의 이자를 지급하기로 하는 대부계약을 체결하고 현재까지 90만원의 이자를 지급하였습니다. 대부업법에서는 이자율 상한을 제한하는 것으로 알고 있는데, 이미 부당하게 지급한 이자는 어떻게 보상을 받아야 하나요?

답 대부업법에서 규정하고 있는 법정금리를 초과하는 대부계약을 체결한 경우에, 초과하는 이자분에 대해서는 상환의무가 없으며, 이미 부당한 이자를 지급하였다면 그 반환을 청구할 수 있습니다.

반환청구 소송의 경우 통상적인 민사소송에 비해 저렴하고 신속하게 처리할 수 있는 소액사건 심판제도를 이용하는 것이 유리합니다.

소액사건은 소송목적의 값이 2천만을 초과하지 않는 경우에 해당되며, 법원이 채권자에게 이행권고결정을 내린 후 14일 이내에 이에 대한 이의신청이 없으면 확정판결과 같은 효력을 부여하고, 원고는 집행문을 부여받지 않고도 이행권고결정정본으로 강제집행 할 수 있음을 알려드립니다.

반환청구 소송을 하기 위해서는 대출원금, 이자율 및 변제내역 등을 확인할 수 있는 대부계약서, 입출금내역, 무통장입금표 등 부당한 이자를 지급하였음을 증명할 수 있는 자료를 확보하는 것이 매우 중요합니다.

　대부업 등의 등록 및 금융이용자 보호에 관한 법률(이하 '대부업법'이라 한다) 제8조 제2항의 취지는 대부업자가 사례금·할인금·수수료·공제금·연체이자·체당금 등의 명목으로 채무자에게서 돈을 징수하여 위법을 잠탈하기 위한 수단으로 사용되는 탈법행위를 방지하는 데 있으므로, 명목 여하를 불문하고 대부업자와 채무자 사이의 금전대차와 관련된 것으로서 금전대차의 대가로 볼 수 있는 것은 모두 이자로 간주된다. 나아가 대부업자가 채무자에게서 징수한 돈을 나중에 채무자에게 반환하기로 약정하였다 하더라도, 반환 조건이나 시기, 대부업자의 의사나 행태 등 제반 사정에 비추어 볼 때 그 약정이 대부업법의 제한 이자율을 회피하기 위한 형식적인 것에 불과하고 실제로는 반환의사가 없거나 반환이 사실상 불가능 또는 현저히 곤란한 것으로 인정될 경우에는 그 징수한 돈은 실질적으로 대부업자에게 귀속된 이자로 보아야 한다(대법원 2015.07.23. 선고 2014도8289 판결).

● **불법 고금리 대부계약을 이미 체결한 경우 어떻게 해야 하는지요?**

문 300만원을 대출하며 선이자 30만원을 공제한 270만원을 수령하였으며, 월 100만원의 이자를 지급하기로 하는 대부계약을 체결하였습니다. 대부업법상 이자율이 제한되는 것으로 알고 있는데, 계약한 이자를 모두 갚아야 하는지요?

답 대부업법에서는 법정 이자상한을 초과하는 이자를 무효로 규정하고 있습니다.

이자율을 산정함에 있어 선이자, 수수료, 사례금, 연체이자 등 명칭에 관계없이 대부와 관련하여 대부업자가 받은 것은 이를 이자로 간주하여 최초의 공제금액을 원금에서 차감합니다. 다만, 대부거래의 체결과 변제에 관한 부대비용(담보설정비용, 신용정보의 이용 및 보호에 관한 법률 제4조 제4항 제1호의 업무를 허가받은 자에게 거래상대방의 신용을 조회하는 경우의 신용조회비용)은 제외됩니다.

따라서, 계약체결 후 이자율 위반사실을 알게 되거나 위반사실을 알고도 불가피하게 계약을 체결한 경우에는, 이자율 위반이 불법행위이며 무효(법정 이자상한을 초과하는 이자부분만 무효가 되며 대부계약자체는 유효)임을 적극 주장하여 제한금리 이내에서 합리적인 수준의 재계약을 유도하고 대부업자가 불법임을 알고도 계약조건을 조정하지 않는 경우 관할 경찰서 수사과 지능팀으로 연락하시기 바랍니다.

● **사채업자로부터 돈을 빌리면서 원금은 모두 변제하고 이자 일부만 남아 있는 상태인데 이자부분을 초과한 금액이 기재된 이행권고결정이 송달된 경우 대처할 방법이 있는지요?**

🈂 저는 사채업자 甲으로부터 500만원을 이자 월 4%, 변제기 3개월 후로 하여 차용하였고, 원금은 모두 변제하고 이자 일부만 남아 있는 상태입니다. 그런데 최근 집으로 이자부분을 초과한 금액이 기재된 이행권고결정이 송달되어 왔습니다. 이 경우 제가 대처할 방법이 있는지요?

■ 이행권고결정이라 함은 소액사건의 소가 제기된 때에 법원이 결정으로 소장부본이나 제소조서등본을 첨부하여 피고에게 청구취지대로 이행할 것을 권고하는 결정을 말합니다(소액사건심판법 제5조의3 제1항).

귀하가 대여 원금과 이자 일부를 변제하였음에도 사채업자 甲으로부터 남은 이자를 초과한 금액을 청구 받았다면, 이행권고결정등본을 송달 받은 날부터 2주일 안에 서면으로 이의신청을 할 수 있고(동법 제5조의4 제1항 본문), 또한 귀하는 그 등본이 송달되기 전에도 이의신청을 할 수 있습니다(동법 제5조의4 제1항 단서). 귀하의 이의신청이 있으면 법원은 지체 없이 변론기일을 지정하도록 하고 있고(동법 제5조의4 제3항), 이 경우 귀하에게 다시 소장부본을 송달하지는 않고 이행권고결정등본이 송달된 때를 소장부본이나 제소조서등본이 송달된 것으로 간주하도록 규정하고 있습니다(동법 제6조 단서).

그리고 귀하는 제1심 판결이 선고되기 전까지 이의신청을 취하할 수 있고(동법 제5조의4 제4항), 이행권고결정의 이행조항은 원고의 청구취지와 동일하므로, 귀하가 이의신청을 취하하는 경우에는 원고의 동의를 받을 필요는 없습니다.

귀하가 이의신청을 취하한 경우에는 법원사무관 등은 이행권고결정 원본의 피고 성명 옆에 이행권고결정의 송달일자와 확정일자를 부기하여 날인한 후, 이행권고결정 정본을 원고에게 송달하도록 되어 있습니다.

또한, 법원은 이의신청기간 내에 이의신청서가 아니라

답변서 기타 다투는 취지의 서면이 접수되면 이를 이의 신청서로 보아 변론기일을 지정하도록 하고 있습니다.

이의신청의 방식은 서면으로 하여야 하고(동법 제5조의4 제1항), 이의신청서의 양식은 법원에 비치되어 있습니다. 귀하가 이의신청을 한 때에는 구체적 이의사유를 기재하지 않더라도 원고의 주장사실을 다툰 것으로 봅니다(동법 제5조의4 제5항).

법원은 이의신청이 적법하지 아니하다고 인정하는 때에 그 흠을 보정할 수 없으면 결정으로 이를 각하 하여야 하며(같은 법 제5조의5 제1항), 이의신청을 각하 하는 경우는 주로 이의신청기간이 2주일을 경과한 때와 이의신청권이 없는 제3자가 이의신청한 때입니다. 이의신청의 각하결정에 대하여는 즉시항고를 할 수 있습니다(동법 제5조의5 제2항).

한편 피고가 부득이한 사유로 2주일 내에 이의신청을 할 수 없었던 때에는 그 사유가 없어진 후 2주일 내에 이의신청을 할 수 있습니다. 이를 이의신청의 추후보완이라 합니다. 다만, 그 사유가 없어질 당시 외국에 있는 피고에 대하여는 이의신청 기간을 30일로 하도록 규정하고 있습니다(동법 제5조의6 제1항).

이때 피고는 이의신청과 동시에 그 추후보완 사유를 서면으로 소명하여야 합니다. 법원은 추완사유가 없다고 인정되는 경우에는 결정으로 이를 각하 하고, 그 각하결정에 대하여는 즉시항고로 다툴 수 있습니다(동법 제5조의6 제3항, 제4항).

또한, 이행권고결정에 대하여 적법한 추후보완 이의신청이 있는 때에 민사소송법 제500조의 재심 또는 상소의 추후보완신청으로 말미암은 집행정지신청 제도를 준용하도록 함으로써 이행권고결정제도의 취지를 모르는 피고가 입을 불측의 손해를 방지할 수 있는 길을 열어 놓았습니다(소액사건심판법 제5조의6 제5항).

※ 관련판례

금 300만 원을 대여하면서 중개수수료 명목으로 30만 원, 공증료 명목으로 30만 원을 각 공제하고 실제로는 240만 원을 지급한 경우, 구 대부업의 등록 및 금융이용자보호에 관한 법률이 정한 제한 이자율을 초과하는 간주이자를 공제한 것으로 보아야 함에도, 이와 달리 무죄를 선고한 원심판결에 법리오해의 위법이 있다고 한 사례(대법원 2010.05.13. 선고 2009도11576 판결).

3. 대부중개업자의 사업범위 및 중개수수료의 금지

3-1. 대부중개업 이용 시 주의사항

① 대부중개업자는 대부업자로부터 중개수수료를 받을 수는 있어도 대부업체 이용자로부터 받아서는 안 됩니다. 이를 위반한 자는 3년 이하의 징역 또는 3천만원 이하의 벌금에 처해집니다.

② 대부업체 이용자는 대부중개업자가 중개의 대가(중개수수료)를 요구하는 경우 거부할 수 있습니다.

③ 대부업자가 개인이나 소기업에 해당하는 법인에 대부하는 경우 대부중개업자 등에게 지급하는 중개수수료는 대부금

액의 100분의 5를 초과할 수 없습니다.

④ 대부중개업자를 이용하려는 경우에는 대부중개업자가 표시 또는 광고를 할 때 대부중개업 등록번호, 대부이자율 등을 포함해야 하므로 표시된 대부조건을 확인할 수 있습니다.

3-2. 대부중개수수료의 금지

3-2-1. 대부중개업

「대부중개업」이란 대부중개를 업(業)으로 하는 것을 말하고 (대부업법 제2조 제2호), 「대부중개업자」란 대부업법 제3조에 따라 대부중개업의 등록을 한 자를 말합니다(제2조 제3호).

3-2-2. 중개의 제한

대부중개업자는 대부업의 등록 또는 등록갱신을 하지 않고 사실상 대부업을 하는 자(미등록대부업자)에게 대부중개를 해서는 안 됩니다(대부업법 제11조의2 제1항). 이를 위반하여 미등록대부업자에게 대부중개를 한 자는 3년 이하의 징역 또는 3천만원 이하의 벌금에 처해집니다(동법 제19조 제2항 제6호).

3-2-3. 대부업체 이용자의 중개수수료 지급 금지

대부중개업자 및 대출모집인(대부중개업자 등)과 미등록대부중개업자는 수수료, 사례금, 착수금 등 그 명칭이 무엇이든 대부중개와 관련하여 받는 대가(중개수수료)를 대부업체 이용자로부터 받아서는 안 됩니다.(대부업법 제11조의2 제2항). 이를 위반하여 중개수수료를 받은 자는 3년 이하의 징역 또는 3천만원 이하의 벌금에 처해집니다(동법 제19조 제2항 제6호).

'대출모집인'이란 여신금융기관과 위탁계약 등을 맺고 대부중개업을 하는 자(그 대부중개업을 하는 자가 법인인 경우 그 법인과 직접 위탁계약 등을 맺고 대부를 받으려는 자를 모집하는 개인을 포함함)를 말합니다(동법 제3조 제1항 단서).

3-2-4. 중개수수료의 상한

① 대부업자가 개인이나 소기업(중소기업기본법 제2조 제2항)에 해당하는 법인에 대부하는 경우 대부중개업자 등에게 지급하는 중개수수료는 다음에 해당하는 금액을 초과할 수 없습니다(대부업법 제11조의2 제3항 및 동법 시행령 제6조의8 제2항).

대부금액	중개수수료 금액
5백만원 이하	100분의 5
5백만원 초과 1천만원 이하	25만원 + 5백만원을 초과하는 금액의 100분의 4
1천만원 초과	45만원 + 1천만원을 초과하는 금액의 100분의 3

※ 여신금융기관이 대부중개업자 등에게 중개수수료를 지급하는 경우에도 위와 같습니다(대부업법 제11조의2 제4항).

② 이를 위반하여 중개수수료를 초과하여 지급한 자는 3년 이하의 징역 또는 3천만원 이하의 벌금에 처해집니다(동법 제19조 제2항 제7호).

③ 대부중개업자 등은 대부업자 또는 여신금융기관으로부터 위의 금액을 초과하는 중개수수료를 지급받아서는 안 됩니다(동법 제11조의2 제5항). 이를 위반하여 중개수수료를 받은 자는 3년 이하의 징역 또는 3천만원 이하의 벌금에

처해집니다(동법 제19조 제2항 제9호).

3-3. 대부중개를 위탁한 대부업자 또는 여신금융기관의 배상책임

① 대부중개업자등이 그 위탁받은 대부중개를 하면서 대부업법을 위반해 거래상대방에게 손해를 발생시킨 경우 대부업자 또는 여신금융기관은 그 손해를 대신 배상할 책임이 있습니다(동법 제11조의3 제1항 본문). 다만, 대부업자 또는 여신금융기관이 대부중개업자등에게 대부중개를 위탁하면서 상당한 주의를 기울였고 대부중개업자가 대부중개를 하면서 거래상대방에게 손해를 입히는 것을 막기 위해 노력한 경우에는 그렇지 않습니다(동법 제11조의3 제1항 단서).
② 대부업자 또는 여신금융기관이 대부중개업자의 중개행위로 발생한 손해를 대신 배상한 경우 대부업자 또는 여신금융기관은 대부중개업자에게 구상권을 행사할 수 있습니다(동법 제11조의3 제2항).

3-4. 대부중개업자 등의 광고 제한
3-4-1. 대부중개업자 외의 광고 금지

대부중개업자 등이 아니면 대부중개업에 관한 표시 또는 광고(표시·광고의 공정화에 관한 법률에 따른 표시 또는 광고를 말합니다)를 해서는 안 됩니다(대부업법 제9조의2 제2항). 이를 위반하여 대부중개업 광고를 한 자는 5년 이하의 징역 또는 5천만원 이하의 벌금에 처해집니다(동법 제19조 제1항 제3호).

● **신용불량자가 생활정보지의 광고를 보고 문의했더니 대출은 가능하지만 10%의 작업비를 미리 입금하라고 합니다. 괜찮을까요?**

📖 신용불량자로 돈이 필요한데, 생활정보지에 "은행권 당일 대출 가능"이라는 광고를 보고 업체에 문의하였더니 대출은 가능하지만 10%의 작업비를 미리 입금하라고 합니다. 괜찮을까요?

📖 시·도 홈페이지에서 등록 대부업자인지를 확인해 보세요.
최근 경기침체 등으로 무등록 대부업자의 불법적인 사금융행위가 증가하고 있습니다.
이들은 관할 시·도에 대부업 등록을 하지 않고 기존 대부업 등록업체의 등록번호를 도용하는 등의 방법으로 등록업자를 가장하여 생활정보지에 대부광고를 게재하여, '신불자·연체자 환영', '무직자 대출', '무조건 100% 가능' 등 허위 과장광고를 일삼으며, 이러한 광고를 믿고 대출상담을 신청한 소비자에게 급전대출을 미끼로 중개수수료를 수취하거나 휴대전화 및 은행거래 통장 등을 양도받아 이를 타인에게 불법적으로 재양도하고 있습니다.
그러므로 시·도의 홈페이지에서 대부업체 등록현황 등을 통해 해당 업체가 등록 대부업체인지 반드시 확인하고, 허위·불법광고에 현혹되지 않도록 주의하시기 바랍니다.
대부업 또는 대부중개업을 하려는 자(여신금융기관은 제외)는 영업소별로 해당 영업소를 관할하는 특별시장·광역시장·특별자치시장·도지사 또는 특별자치도지사에게 등록해야 합니다.

등록을 하지 않고 대부업 또는 대부중개업을 하거나 속임수나 그 밖의 부정한 방법으로 등록을 한 자는 5년 이하의 징역 또는 5천만원 이하의 벌금에 처해집니다.

시·도지사 등은 등록부를 일반인이 열람할 수 있도록 해야 하므로, 대부업체를 이용하려는 사람은 각 시·도 홈페이지에서 등록부를 열람하여 해당 업체가 등록 대부업체인지 반드시 확인하고, 허위·불법광고에 현혹되지 않도록 주의해야 합니다.

3-4-2. 대부조건의 표시 또는 광고

① 대부중개업자가 대부조건 등에 관해 광고를 하는 경우에는 다음의 사항을 포함해야 합니다(대부업법 제9조 제3항 및 동법 시행령 제6조 제3항).

1) 명칭 또는 대표자 성명

2) 대부중개업 등록번호

3) 중개를 통해 대부를 받을 경우 그 대부이자율(연 이자율로 환산한 것 포함) 및 연체이자율

4) 이자 외에 추가비용이 있는 경우 그 내용

5) 영업소의 주소와 등록된 광고에 사용되는 전화번호(둘 이상의 특별시·광역시·특별자치·시도 또는 특별자치도(이하 "시·도"라 함)에 영업소를 설치한 대부업자인 경우에는 본점의 주소와 광고에 사용되는 전화번호를 말함)

6) 현재 등록되어 있는 시·도 등의 명칭과 등록정보를 확인할 수 있는 시·도 등의 전화번호

7) "중개수수료를 요구하거나 받는 것은 불법"이라는 문구

8) 과도한 차입의 위험성을 알리는 경고문구

② 대부중개업자는 광고를 하는 경우에는 일반인이 위의 사항을 쉽게 알 수 있도록 다음의 방식에 따라 광고의 문안과 표기를 해야 합니다(동법 제9조 제4항 및 동법시행령 제6조의2).

1) 대부중개업자의 상호의 글자는 상표의 글자보다 크게 하고, 쉽게 알아볼 수 있도록 할 것

2) 등록번호, 전화번호, 대부이자율, 대부계약과 관련된 부대비용, 과도한 차입의 위험성을 알리는 경고문구 및 "중개수수료를 요구하거나 받는 것은 불법"이라는 문구는 상호의 글자와 글자 크기를 같거나 크게 하고, 그 밖의 광고사항과 쉽게 구별할 수 있도록 할 것

3) 대부업자 등의 광고 표시기준을 준수할 것

③ 불법 대부광고에 사용된 전화번호의 이용중지

시·도지사 등은 미래창조과학부장관에게 불법 대부광고에 사용된 전화번호에 대한 이용중지를 요청할 수 있습니다. 또한 허위·과장 광고의 경우에는 시·도지사가 기한을 정하여 해당 광고의 중단을 명할 수 있으며, 광고 중단 명령을 따르지 않을 경우에는 광고에 사용된 전화번호에 대한 이용정지를 요청할 수 있습니다. 다만, 이의신청 절차를 마련해 선의의 피해를 방지하고 있습니다(동법 제9조의6).

● **불법 대출중개수수료를 지급했을 경우에 이를 반환받을 수 있나요?**

대부업체에서 돈을 빌릴 때 신용등급을 올려준다며 대출 과정에서도 신용정보조회기록이 남지 않는 조건으로 중개수수료를 지급했는데, 이를 반환받을 수 있나요?

目 대부중개업자는 중개의 대가를 대부업체 이용자로부터
받아서는 안 되며, 이를 위반하는 경우에는 3년 이하의
징역 또는 3천만원 이하의 벌금에 처해집니다(대부업법
제19조 제2항 제6호). 이미 중개수수료를 지급한 경우에
는 금융감독원의 불법사금융피해신고센터 또는 한국대부
금융협회 대부업피해신고센터 등에 신고해 수수료를 반
환받을 수 있습니다.

● **학자금 대출을 받을 경우 보증인 없이 대출을 받게 해주겠다
며 대출중개수수료 명목으로 요구할 때는 불법이 아닌지요?**

問 가정형편이 어려워짐에 따라 대학 등록금 납입을 위해
대부중개업체에 대출 가능 여부를 문의하였더니, 학자금
대출은 친인척의 보증인이 필요하나, 보증인 없이 대출
을 받게 해주겠다며 230만원(대출금의 16.25%)을 대출
중개수수료 명목으로 요구하여 이를 지불하였습니다. 그
런데 이것은 불법이 아닌지요?

答 불법이 맞습니다. 대부중개업자는 중개의 대가를 대부업
체 이용자로부터 받아서는 안 되며, 이를 위반하는 경우
에는 3년 이하의 징역 또는 3천만원 이하의 벌금에 처해
집니다.

이미 중개수수료를 지급한 경우에는 금융감독원의 사금
융피해상담센터 또는 한국대부금융협회 대부업피해신고
센터 등에 신고해 수수료를 반환받을 수 있습니다.

「대부중개업자」 란 대부중개를 업(業)으로 하여 관할 시·

도에 대부중개업의 등록을 한 자를 말합니다. 대부중개업자는 미등록 대부업자에게 대부중개를 해서는 안 됩니다. 대부중개업자는 대부업체와 대부업체이용자 사이의 대부계약을 중개한 경우 중개의 대가(중개수수료)를 대부업자로부터는 받을 수 있으나, 대부업체 이용자로부터는 받을 수 없습니다.

제5장
채무의 변제

제5장 채무의 변제

1. 채무의 변제 등

1-1. 기한 전의 상환

① 대부업체 이용자는 대부계약을 체결할 때 조기 상환에 관해 약정한 경우에는 그 약정에 따라, 약정하지 않은 경우에는 민법에 따라 조기 상환할 수 있습니다.

② 조기 상환하는 경우 대부업자가 입은 손해는 약정이 있는 경우에는 약정에 따라서, 약정이 없는 경우에는 통상적으로 입은 손해를 배상해야 합니다.

③ 당사자의 특별한 의사표시가 없으면 변제기 전이라도 대부업체 이용자는 상환할 수 있습니다. 그러나 대부업자의 손해는 배상해야 합니다(민법 제468조).

④ 「대부거래 표준약관」(공정거래위원회 표준약관 제10036호, 2015.3.27. 발령·시행)은 기한 전의 임의상환에 관해 정하고 있는데, 채무자는 약정한 상환기일이 도래하기 전이라도 원금의 전부 또는 일부를 상환할 수 있습니다. 그러나 대부계약 체결 시 채무자와 기한 전의 임의 변제로 대부업자가 받을 손해에 대해 미리 약정한 경우에는 수수료 등을 채무자가 부담합니다(대부거래 표준약관 제13조).

● **급전이 필요하여 대출을 받았다가 일이 잘 해결되어 미리 갚으려 합니다. 별도의 비용 없이 상환이 가능할까요?**

문 급전이 필요하여 대부업체로부터 90일 기간으로 대출을 받았다가 생각보다 일이 잘 해결되어 30일 만에 갚으려 합니다. 별도의 비용 없이 상환이 가능할까요?

답 기한 전 상환으로 대부업체가 입은 손해를 배상해야 합니다. 채무자는 약정한 상환기일이 도래하기 전이라도 원금의 전부 또는 일부를 상환할 수 있습니다.

그러나 대부계약 체결 시 채무자와 기한 전의 임의(任意) 변제로 대부업자가 받을 손해에 대해 미리 약정한 경우에는 수수료 등을 채무자가 부담해야 합니다.

당사자의 특별한 의사표시가 없으면 변제기 전이라도 채무자는 변제할 수 있습니다. 그러나 대부업체의 손해(이자 수익, 약정 수수료 등)는 배상해야 합니다.

※ 【관련판례】

피고인들이 갑에게 대부기간을 3개월로 하여 돈을 대부하면서 1개월분 선이자를 공제하였는데 5일 후 약정 대부원금 전액을 변제받고도 선이자로 공제한 금액을 정산하지 않아 제한이자율을 초과하였다고 하여 구 대부업법(2009.1.21. 법률 제9344호로 개정되기 전의 것) 위반으로 기소된 사안에서, 피고인들이 사전에 공제한 선이자가 실제 대부기간에 대한 구 대부업법에서 정한 제한이자율에 따른 이자를 초과하였지만 초과 부분은 이자가 아닌 중도상환수수료로 받은 것이어서 제한이자율을 초과한 것으로 볼 수 없다는 취지로 판단한 원심의 조치에 구 대부업법상 중도상환수수료의 간주이자 해당 여부에 관한 법리오해의 위법이 있다(대법원 2012.03.15. 선고 2010도11258 판결).

1-2. 일부 상환

  대부업체 이용자가 채무변제 시 일부를 상환한 경우에는 비용, 이자, 원금의 순서로 충당합니다. 그러나 대부업자는 대부업체 이용자에게 불리하지 않은 범위에서 충당순서를 달리할 수 있고, 이러한 사실을 서면으로 통지해야 합니다.

1-3. 채무의 변제충당

1-3-1. 변제충당

  「변제충당」이란 채무자가 동일한 채권자에 대해 같은 종류의 목적을 가지는 여러 개의 채무를 부담하거나(민법 제476조), 한 개의 채무의 변제로서 여러 개의 급부를 해야 하거나(동법 제478조), 또는 채무자가 한 개 또는 여러 개의 채무에 관해 원본 외에 비용·이자를 지급해야 하는 경우(동법 제479조)에 변제로서 제공한 급부가 그 전부를 소멸하게 하는 데에 부족할 때에 그 변제를 어느 채무에 충당할 것인지의 문제를 말합니다.

1-3-2. 합의변제충당

  당사자는 합의 또는 계약으로 변제충당을 결정할 수 있습니다.

1-3-3. 지정변제충당

① 채무자가 동일한 채권자에 대하여 같은 종류를 목적으로 한 여러 개의 채무를 부담한 경우에 변제의 제공이 그 채무전부를 소멸하게 하지 못하는 때에는 변제자는 그 당시 어느 채무를 지정하여 그 변제에 충당할 수 있습니다(민법

제476조 제1항).

② 변제자가 지정을 하지 않은 때에는 변제받는 자는 그 당시 어느 채무를 지정하여 변제에 충당할 수 있습니다. 그러나 변제자가 그 충당에 대해 즉시 이의를 한 때에는 지정충당을 할 수 없습니다(동법 제476조 제2항).

③ 변제충당의 지정은 상대방에 대한 의사표시로써 합니다(동법 제476조 제3항).

1-3-4. 법정변제충당

당사자가 변제에 충당할 채무를 지정하지 않은 때에는 다음에 따릅니다(민법 제477조).

1) 채무 중에 이행기가 도래한 것과 도래하지 않은 것이 있으면 이행기가 도래한 채무의 변제에 충당합니다.

2) 채무전부의 이행기가 도래했거나 도래하지 않은 때에는 채무자에게 변제이익이 많은 채무의 변제에 충당합니다.

3) 채무자에게 변제이익이 같으면 이행기가 먼저 도래한 채무나 먼저 도래할 채무의 변제에 충당합니다.

4) 2)와 3)의 사항이 같은 때에는 그 채무액에 비례해 각 채무의 변제에 충당합니다.

1-4. 변제충당순서

1-4-1. 비용, 이자, 원금의 순서

① 채무자가 한 개 또는 여러 개의 채무의 비용 및 이자를 지급할 경우에 변제자가 그 전부를 소멸하게 하지 못한 급여를 한 때에는 비용, 이자, 원본의 순서로 변제에 충당해

야 합니다(민법 제479조 제1항).

② 비용, 이자, 원본의 충당순서는 법정변제충당에 따릅니다(동법 제479조 제2항 및 제477조).

③ 「대부거래 표준약관」(공정거래위원회 표준약관 제10036호, 2015.3.27. 발령·시행)은 채무의 변제충당에 관해 다음과 같이 정하고 있습니다.

  1) 채무자의 채무변제 시 채무 전액을 소멸시키기에 부족한 때에는 비용, 이자, 원금의 순서로 충당하기로 합니다. 그러나 대부업자는 채무자에게 불리하지 않은 범위에서 충당순서를 달리할 수 있으나 채무자에게 이러한 사실을 서면으로 통지해야 합니다(동 약관 제14조 제1항).

  2) 변제될 채무가 여러 개인 경우로서 강제집행 또는 담보권 실행경매에 따른 회수금에 해당되지 않는 임의의 상환금이 채무자의 채무전액에 부족한 때에는 채무자가 지정하는 순서에 따라 변제에 충당합니다. 채무자가 지정하는 순서에 따를 경우 대부업자의 채권보전에 지장이 생길 염려가 있는 때에는 대부업자는 지체 없이 이의를 표시하고, 물적 담보나 보증의 유무, 그 경중이나 처분의 난이, 변제기의 장단 등을 고려해 대부업자가 변제에 충당할 채무를 바꾸어 지정할 수 있으나 채무자에게 이러한 사실을 서면으로 통지해야 합니다(동 약관 제14조제3항). 여기서 「강제집행」이란 사법상 또는 행정법상의 의무를 이행 하지 않는 사람에 대해 국가가 강제 권력으로 그 의무의 이행을 실현하는 작용이나 절차를 말합니다.

  3) 대부업자가 변제충당순서를 민법 및 그 밖의 법률과 달

리 할 경우에는 대부업자의 채권보전에 지장이 없는 범
위에서 채무자와 담보제공자 및 보증인의 정당한 이익을
고려해야 합니다(동 약관 제14조 제4항).
4) 변제될 채무가 여러 개인 경우로서 채무전액이 변제되지
않을 경우 강제집행 또는 담보권 실행경매에 따른 회수
금에 대하여는 민법 및 그 밖의 법률에 따릅니다(동 약
관 제14조 제2항).

※ 【관련판례】

> 비용, 이자, 원본에 대한 변제충당에 있어서는 민법 제479조에 그
> 충당 순서가 법정되어 있고 지정 변제충당에 관한 민법 제476조는
> 준용되지 않으므로 원칙적으로 비용, 이자, 원본의 순서로 충당하여
> 야 하고, 채무자는 물론 채권자라 할지라도 위 법정 순서와 다르게
> 일방적으로 충당의 순서를 지정할 수는 없다. 그러나 당사자 사이에
> 특별한 합의가 있는 경우이거나 당사자의 일방적인 지정에 대하여
> 상대방이 지체 없이 이의를 제기하지 아니함으로써 묵시적인 합의가
> 되었다고 보이는 경우에는 그 법정충당의 순서와는 달리 충당의 순
> 서를 인정할 수 있다(대법원 2009.06.11. 선고 2009다12399 판결).

2. 대부금을 갚기 힘든 경우

① 이자의 지급이 어렵거나 대부금을 정상적으로 상환하기 어
려울 경우에는 연체이자를 감면하거나 상환기간을 연장해
주는 '채무조정프로그램'을 이용할 수 있습니다.
② 채무조정프로그램에는 한국자산관리공사의 신용회복기금·캠
코신용지원·희망모아, 신용회복위원회의 프리워크아웃·개인

워크아웃, 법원의 개인회생 및 개인파산 등이 있습니다.

③ 그 중 신용회복기금의 전환대출(환승론)은 대부업체의 고금리채무를 이용하는 채무자의 신용도에 따라 제도권 금융기관의 저금리 대출로 전환할 수 있도록 지원하는 전환대출 신용보증프로그램입니다.

④ 신용회복과 재기를 도모하기 위해 자신의 재산으로 모든 채무를 변제할 수 없는 상태에 있는 개인채무자가 그 채무의 정리를 위해 법원에 파산신청을 할 수 있고, 장래 계속적으로 또는 반복하여 수입을 얻을 가능성이 있는 개인채무자는 5년 이내에 일정한 금액을 변제하면 나머지 채무의 면제를 받을 수 있는 법원의 개인회생절차 등을 이용할 수 있습니다.

2-1. '채무조정'프로그램의 이용

2-1-1. 채무조정

① 채무조정이란 현재의 소득으로 본인의 채무를 정상적으로 상환할 수 없는 채무자를 대상으로 실질적 변제가능성을 고려한 채무 변경(연체이자 감면, 원금 일부감면, 상환기간 연장 등)을 통해 채무자의 경제적 회생을 지원하는 절차입니다.

② 채무조정프로그램에는 한국자산관리공사의 신용회복기금·캠코신용지원·희망모아, 신용회복위원회의 프리워크아웃·개인워크아웃, 법원의 개인회생 및 개인파산 등이 있습니다. 각 프로그램별로 신청대상, 채무감면율, 상환기간, 채무조정효과 등이 다르므로 채무자는 본인의 상황에 적합

한 채무조정프로그램을 선택해야 합니다.

③ 그 밖에 채무조정에 관한 자세한 사항은 '서민금융나들목 채무조정정보'에서 확인할 수 있고, '서민금융나들목 맞춤형채무조정 찾기'에서는 개인정보입력을 통해 본인에게 적합한 채무조정프로그램을 찾을 수 있습니다.

2-1-2. 각 프로그램의 지원대상

기 관	채무조정프로그램	신청대상
한국자산관리공사	국민행복기금 (채무조정)	국민행복기금이 보유하고 있는 채권의 채무자
	국민행복기금 (바꿔드림론)	-제도권금융기관 및 등록대부업체의 고금리 채무 보유자 -재직(사업영위) 및 소득이 있는 자 -현재 연체가 없으며 최근 3개월내 30일 이상 계속된 연체 없는 자
	캠코신용지원	한국자산관리공사에 보유하고 있는 채권의 채무자
	희망모아	희망모아유동화전문유한회사에서 보유하고 있는 채권의 채무자
신용회복위원회	프리워크아웃	채무불이행기간이 30일 초과 90일 미만이며, 2개 이상의 금융회사에 총채무액이 5억원 이하인 경우
	개인워크아웃	-3개월 이상 금융채무연체자 -생계비 이상의 소득이 있는 자
법원	개인회생	채무불이행 상태
	개인파산	채무불이행 상태

(출처: 서민금융나들목 채무조정정보)

※ 그 밖에 각 프로그램의 신청대상 및 대상채무에 관한 자세한 사항은 '서민금융나들목 채무조정정보 채무조정소개'에서 확인할 수 있습니다.

2-2. 각 채무조정프로그램의 내용

2-2-1. 신용회복기금의 채무조정

신용회복기금 채무조정은 제도권 금융기관 및 대부업체로부터 채권을 매입해 채무자들에게 채무조정을 시행하는 프로그램으로, 신용회복기금과 협약을 맺은 금융기관 등으로부터 매입한 연체채권을 대상으로 채무액을 감면하거나 채무자의 상환능력을 고려해 최장 8년 이내에 상환할 수 있습니다.

2-2-2. 전환대출(환승론)

① 신용회복기금이 대부업체 등에서 고금리채무를 사용하는 채무자의 신용도에 따라 제도권 금융기관의 저금리 대출로 전환해 금융비용을 줄이고 경제활동을 지원하는 전환대출 신용보증프로그램입니다.

② 채무조정 및 전환대출에 관한 자세한 사항은 국민행복기금 홈페이지 또는 콜센터, 한국자산관리공사를 통해 상담 및 신청을 할 수 있습니다.

2-2-3. 캠코신용지원

① 한국자산관리공사가 금융기관으로부터 매입한 채권을 대상으로, 채무관계자에게 재산이 없는 경우 연체이자 전액 및 원금의 최대 30%까지 감면될 수 있으며 재산이 있는 경우 보유재산의 가치에 따라 채무조정의 범위가 결정됩니다.

② 캠코신용지원에 관한 자세한 사항은 캠코신용지원 홈페이지 또는 고객지원센터를 이용할 수 있습니다.

2-2-4. 희망모아

① 희망모아유동화전문유한회사가 금융회사의 부실채권을 매
   입하여, 연체이자는 감면하고 원금은 채무자가 장기분할
   상환하거나 일시상환 할 수 있는 채무조정프로그램입니다.
② 희망모아에 관한 자세한 사항은 < 희망모아 홈페이지 >
   또는 고객지원센터를 이용할 수 있습니다.

2-2-5. 프리워크아웃

   30일 초과 90일 미만의 단기연체 중인 개인채무자를 대상
으로 상환기간 연장, 이자율 인하, 채무감면 및 변제기 유예
등의 사전 채무조정을 통해 개인채무자의 연체 장기화를 방지
하는 제도로, 원금 및 정상이자는 감면되지 않으며 연체이자
에 한해 감면될 수 있습니다.

2-2-6. 개인워크아웃

① 신용회복위원회의 개인워크아웃은 금융회사의 자율협약인
   신용회복지원 협약에 따라 금융채무를 정상적으로 상환할
   수 없는 채무자를 대상으로 본인의 상환능력에 맞게 채무
   를 변제할 수 있도록 상환기간 연장, 분할상환, 변제기 유
   예, 이자율 인하 및 채무감면 등을 통해 채무를 조정하는
   절차입니다.
② 프리워크아웃 및 개인워크아웃에 관한 자세한 사항은 신용
   회복위원회 홈페이지 또는 신용회복상담센터를 이용할 수
   있습니다.

● 개인워크아웃, 개인파산, 개인회생제도 중 어느 제도가 유리한지요?

문 저는 중학생 자녀 한명과 배우자를 두고 있는 회사원입
니다. 그런데 금융권에 부채가 8천만원 정도되며 친지
및 사채업자에게 진 부채가 약 1천5백만원 정도 있습니
다. 급여는 약 150만원 정도이며 현재 다니고 있는 회사
가 폐업할 예정이어서 다른 직장을 알아보고 있는데, 대
부분의 회사의 급여가 현재 회사의 급여에 미치지 못하
는 실정입니다. 이곳저곳 문의해 보니 파산을 권하는 사
람이 있는 반면에 저의 경우 개인회생이나 개인워크아웃
을 해야 한다는 사람도 있습니다. 저는 어떤 제도를 이
용해야 하는지요?

답 현재 시행되고 있는 신용회복제도는 크게 개인파산, 개
인회생, 개인워크아웃이 있습니다. 위 각 제도는 다음과
같은 구체적인 점에서 차이가 있습니다.

① 제도 운영주체에 있어서, 개인파산과 개인회생제도는 채
무자 회생 및 파산에 관한 법률에 따라 법원이 재판을
통해 결정하는 방식으로 운영하고 있으나, 개인워크아웃
은 금융감독위원회의 허가를 받아 설립된 신용회복위원
회가 운영하고 있습니다.

② 제도가 적용될 채권자의 범위에 있어서도 개인파산과 개
인회생제도는 제한이 없으나 개인워크아웃제도는 협약에
가입되어 있는 금융기관만을 그 대상으로 하고 있어 개
인 간 채권관계나 사채업자들을 그 대상에서 제외하고
있습니다.

③ 제도를 이용할 채무자의 요건으로서, 개인파산의 경우 지급불능으로 인정된다면 채무액의 제한은 없으나 개인회생의 경우 지급불능 또는 그러한 염려가 있는 급여·영업·연금소득자로서 담보채무의 경우 10억원, 무담보채무의 경우 5억원 이하이어야 하고, 개인워크아웃의 경우 연체정보가 등록된 자로 최저생계비 이상의 소득이 있거나 그 미만의 소득이 있더라도 채무상환이 가능하다고 인정된 채무자로서 5억원 이하의 채무를 부담하고 있는 경우에 한하고 있습니다.

④ 채무조정 내용에 있어서도 개인파산의 경우 전부 또는 일부면책을 받을 수 있으나 개인회생의 경우 원칙적으로 5년 동안 원금 일부를 변제하고 나머지를 면책 받을 수 있으며, 개인워크아웃의 경우 원칙적으로 10년 이내 원금 전부 및 이자 일부를 변제하고 나머지를 면책 받을 수 있습니다. 귀하의 경우 개인워크아웃을 이용한다면 친지 및 사채업자에 대한 채무를 해결할 수 없게 되어 개인파산 또는 개인회생제도의 이용을 고려해볼 수 있습니다. 그런데 귀하는 현재 부양가족수가 3인 가구로 평가되어 2015년 기준 보건복지부 공표 3인 가구 최저 생계비 1,359,688원의 1.5배(개인회생시 법원인정 생계비)인 금 2,039,532원[2012년 기준 보건복지부 공표 3인 가구 최저생계비 1,218,873원의 1.5배인 금 1,828,310원]을 공제하면 남는 소득이 없을 뿐만 아니라 실직 가능성도 있어 개인회생절차를 이용하기는 어려울 것으로 보입니다. 따라서 채무증대과정에 있어서 낭비, 재산은닉 등 면책

불허가사유가 없다면 개인파산을 고려해 볼 수 있을 것입니다.

채무자회생 및 파산에 관한 법률상 개인파산·면책제도의 주된 목적 중의 하나는 파산선고 당시 자신의 재산을 모두 파산배당을 위하여 제공한, 정직하였으나 불운한 채무자의 파산선고 전의 채무의 면책을 통하여 그가 파산선고 전의 채무로 인한 압박을 받거나 의지가 꺾이지 않고 앞으로 경제적 회생을 위한 노력을 할 수 있는 여건을 제공하는 것이다. 그러나 한편, 채무자회생 및 파산에 관한 법률은 채권자 등 이해관계인의 법률관계를 조정하고 파산제도의 남용을 방지하기 위하여, 같은 법 제309조에서 법원은 파산신청이 성실하지 아니하거나 파산절차의 남용에 해당한다고 인정되는 때에는 파산신청을 기각할 수 있도록 하고, 같은 법 제564조 제1항의 각 호에 해당하는 경우에는 법원이 면책을 불허가할 수 있도록 하고, '채무자가 고의로 가한 불법행위로 인한 손해배상청구권'등 같은 법 제566조의 각 호의 청구권은 면책대상에서 제외하며, 같은 법 제569조에 따라 채무자가 파산재단에 속하는 재산을 은닉 또는 손괴하는 등 사기파산죄로 유죄의 확정판결을 받거나 채무자가 부정한 방법으로 면책을 받은 경우 법원의 결정에 의하여 면책이 취소될 수 있도록 하고 있다. 따라서 개인파산·면책제도를 통하여 면책을 받은 채무자에 대한 차용금 사기죄의 인정 여부는 그 사기로 인한 손해배상채무가 면책대상에서 제외되어 경제적 회생을 도모하려는 채무자의 의지를 꺾는 결과가 될 수 있다는 점을 감안하여 보다 신중한 판단을 요한다(대법원 2007.11.29. 선고 2007도8549 판결).

● **개인회생절차와 개인워크아웃은 어떤 차이가 있나요?**

문 개인 빚을 청산하는데 개인회생절차와 개인워크아웃이 있다는데 어떤 차이가 있나요?

답 개인워크아웃제도는 신용회복위원회에서 실시하는 임의적인 제도입니다. 개인워크아웃은 신용회복지원협약에 가입한 채권금융기관들에 대한 채무만 조정할 수 있고, 위 채권금융기관들 이외의 채권자에 대한 채무는 조정할 수 없습니다.

채무액의 한도도 개인워크아웃의 경우에는 5억원임에 반하여 개인회생절차는 담보채무는 최대 10억원, 무담보채무는 최대 5억원인 점에서 차이가 있습니다.

개인워크아웃은 채무 원금의 면제에 제한을 두고 있으나, 개인회생절차에서는 원칙적으로 5년의 변제기간 동안 가용소득을 변제에 투입하면 원금을 모두 변제하지 못한 경우에도 나머지 원금의 면제가 가능합니다.

2-2-7. 개인회생

개인회생제도는 총 채무액이 무담보채무의 경우에는 5억원, 담보부채무의 경우에는 10억원 이하인 개인채무자로서 장래 계속적으로 또는 반복하여 수입을 얻을 가능성이 있는 자가 법원에 신청해 3년 내지 5년간 일정한 금액을 변제하면 나머지 채무의 면제를 받을 수 있는 제도입니다.

● **개인회생절차개시 신청할 때 필요한 서류는 무엇 무엇인지요?**

문 저는 이번에 사채로 쓴 빚이 많아서 개인회생절차개시 신청을 하려고 합니다. 필요한 서류에는 어떤 것들이 있나요?

답 다음과 같은 서류를 구비하여야 합니다.

① 개인회생절차개시신청서 : 반드시 채무자의 연락 가능한 전화번호(집, 직장 및 휴대전화)를 표시하여야 합니다.

② 개인회생채권자목록 : 채권자의 성명 및 주소와 채권의 원인 및 금액이 기재된 것을 말합니다. 채무자는 개인회생절차 개시신청 후 회생위원과의 면담을 통하여 개인회생채권자목록의 잘못된 부분과 누락된 부분을 수정하는 등으로 최종적인 개인회생채권자목록을 작성한 후 그 원본과 채권자수에 2통을 더한 부본을 회생위원이 지정한 날까지 법원에 제출하여야 합니다.

③ 재산목록 : 재산가액을 증명하기 위한 자료, 예를 들면, 재산목록에 예·적금을 기재한 경우에는 그 통장사본, 부동산을 기재한 경우에는 그 소유 부동산의 등기부등본과 재산세과세증명서 등 시가증명자료, 자동차를 기재한 경우에는 자동차등록원부등본과 시가증명자료를 첨부하여야 합니다. 경우에 따라서는 감정평가가 필요할 수도 있습니다.

④ 채무자의 수입 및 지출에 관한 목록 : 수입목록, 지출목록, 변제계획 수행시의 예상 지출목록, 가족관계 등을 기재하여야 합니다.

⑤ 신청일 전 10년 이내에 화의사건·파산사건 또는 개인회생사건을 신청한 사실이 있는 때에는 그 관련서류,

⑥ 급여소득자 또는 영업소득자임을 소명하는 자료 :
　－ 최근 1년 동안 직장의 변동이 없는 경우에는 1년간의 자료를 제출하고, 직장 변동이 있는 경우에는 직장변동 후의 기간만 제출하면 됩니다.

- 급여소득자의 경우 : 근로소득세 원천징수영수증 사본
  1통, 또는 소득증명서 1통
- 영업소득자의 경우 : 사업자등록증 1통 [사업자등록
  이 있는 경우에만 제출], 종합소득세 확정신고서 사
  본 1통, 또는 사업자 소득금액증명원 1통, 또는 소득
  진술서 1통 및 확인서 2통,

⑦ 진술서,

⑧ 그밖에 대법원규칙이 정하는 서류 : 주민등록등본, 호적
등본, 미납세액이 없음을 증명하는 자료 또는 미납세액
을 확인받은 자료, 생계비 결정을 위한 자료, 채무자가
사적 채무조정을 시도한 적이 있는 경우에는 이를 확인
할 수 있는 자료 등,

⑨ 변제계획안 : 변제계획안은 개인회생절차개시신청을 한
날로부터 14일 이내에 제출하면 됩니다. 다만, 절차의
신속한 진행을 위해서는 개인회생절차개시신청과 동시에
변제계획안을 제출하는 것이 바람직합니다. 채무자가 개
인회생절차개시신청과 동시에 변제계획안을 제출하지 않
은 경우에는 회생위원은 그 채무자에게 변제계획안 양식
을 교부하고 기본적인 작성요령을 안내하는 방법으로 채
무자가 스스로 변제계획안을 작성할 수 있도록 하게 됩
니다.채무자는 회생위원과의 면담을 통하여 변제계획안
의 잘못된 부분과 누락된 부분을 수정하는 등으로 최종
적인 변제계획안을 작성한 후 그 원본과 채권자수에 1통
을 더한 부본을 회생위원이 지정한 날까지 법원에 제출
하여야 합니다.

● 개인회생절차의 진행과 채권자에게 취해야 할 조치 및 소요기
간은 얼마나 되는지요?

문 저는 빚이 상당히 많아 개인회생을 신청하려고 합니다.
개인회생은 어떤 절차를 거쳐 진행되며, 신청인은 채권
자들에게 어떤 조치를 취해야 하고, 언제부터 돈을 누구
에게 갚아야 하는지, 전체적인 절차 및 소요 기간은 어
떻게 되는지요?

답 개인회생제도는 채무자의 가용소득으로 개인회생채권자
들에게 변제하는 내용의 변제계획안을 인가하는 절차가
그 핵심이며, 이를 위해서는 채권금액 및 채무자 소득과
생계비 확정 등 다소 기술적인 문제를 처리해야 하므로,
대부분의 개인파산사건과 달리 절차가 복잡하고 오랜 시
일이 소요되는 절차적인 특성이 있습니다. 이하에서는
각 지방법원 마다 운영을 달리하는 부분이 있을 수 있으
나, 가장 많은 사건을 처리하고 있는 서울중앙지방법원
의 개인회생제도 운영 절차를 기준으로 그 운영절차를
살펴보겠습니다. 신청인은 신청서, 채권자목록 및 재산목
록, 수입 및 지출에 관한 목록, 진술서가 포함된 개인회
생절차개시신청 양식을 통해 채무자의 주소지 관할 지방
법원 본원(서울의 경우 5개의 지방법원 본원이 있으나
서울중앙지방법원에만 이를 신청할 수 있음)에 이를 신
청할 수 있고, 변제계획안은 개인회생절차개시신청일로
부터 14일 이내에 제출해야 합니다.
그러나 실무상 개인회생절차의 신속한 진행을 위해 변제

계획안을 개시신청서와 동시에 제출하고 있습니다. 개인
회생절차개시신청을 하면 법원은 그 사건을 개인회생 단
독 재판부에 배당하고 직권으로 법원사무관 등을 개인회
생위원으로 선임하여, 선임된 개인회생위원 및 개인회생
위원과의 면담기일을 지정한 안내문을 신청인에게 교부
합니다. 개인회생위원은 법원의 감독을 받아 채무자의
재산 및 수입 상황과 채권액을 정확하고 신속하게 조사
하고 적정한 변제계획안이 작성될 수 있도록 필요한 권
고를 하며, 변제계획 인가 후 그 수행을 감독하는 등 법
원을 보좌하는 업무를 수행하는 기관입니다.

신청 단계에서 개인회생위원은 신청인과의 면담기일에
구두상 또는 문서상으로 보정권고를 하여 개인회생절차
개시신청서 및 변제계획안이 적정하게 작성될 수 있도록
하고, 신청인이 보정사항을 적정하게 이행할 경우 신청일
로부터 1개월 이내에 개인회생절차개시결정을 하게 됩니
다. 다만, 개인회생절차개시결정은 수차례 걸친 보정권고
및 보정사항의 이행으로 1개월보다 길어질 수 있습니다.

※ 【해설】

개인회생절차개시결정에는 ①개인회생채권에 관한 이의기간(개시
결정일로부터 2주 이상 2월 이하)과 ②개인회생채권자집회기일(이의
기간 말일과 2주 이상 1월 이하의 기간을 주어야 함)을 정해야 하
고, 동 결정을 지체 없이 공고하고 신청인 및 개인회생채권자들에게
개인회생절차개시결정문, 개인회생채권자목록, 변제계획안을 송달합
니다. 이러한 송달을 하기 위하여 법원은 개시결정을 한 경우 유선
상으로 신청인이나 그 대리인에게 연락하여 채권자목록 및 변제계
획안의 부본을 채권자수 + 2통 만큼 추가로 제출하도록 요청하고 있

습니다. 최초의 변제는 변제계획인가일로부터 1월 이내에 개시하면 족하지만, 변제계획안의 수행가능성을 소명하기 위하여 변제계획안 제출일로부터 60일 후 90일 이내에 일정한 날을 제1회로 하여 매월 일정한 날에 그 변제계획안상의 매월 변제액을 회생위원에게 임치할 뜻을 기재할 수 있고, 실무에서는 급여에 대한 가압류나 압류 및 추심명령 또는 전부명령이 있는 경우를 제외하고는 모두 위 지침과 같은 내용으로 변제계획안을 작성하여 변제계획인가결정 이전부터 최초의 변제를 개시하고 있는 실정입니다. 이에 따라 법원은 개인회생절차개시결정을 하면서 신청인에게 그 결정문과 함께 안내문을 송달하여 개인회생위원의 계좌번호를 고지하고 변제계획안에서 정한 변제개시일에 변제금을 입금하도록 독려하고 있습니다.

개인회생절차개시결정에서 정한 채권자 이의기간이 경과되면 채권자집회기일을 진행하는 바, 채권자집회기일이란 신청인이 변제계획안을 개인회생채권자들에게 설명하고 변제계획안에 대하여 개인회생채권자들의 이의진술 기회를 제공하고 집회를 종료하여 그 이의 유무에 따른 변제계획안 인가 여부를 간이·신속하게 결정하기 위한 제도로서, 개인회생채권자들의 변제계획안 승인결의가 없더라도 법에서 정한 변제계획 인가요건을 충족한다면 변제계획 인가결정을 받을 수 있습니다.

법원은 채권자집회기일에서 개인회생채권자의 이의 유무에 따른 변제계획 인가요건을 검토한 후 이를 충족한 것으로 판단할 경우 채권자집회기일 후 10일에서 15일 사이에 변제계획 인부결정을 선고하고, 그 주문·이유의 요지와 변제계획의 요지를 공고하고, 송달은 하지 않을 수 있는데 실무상 변제계획 인가결정은 송달하지 않고 있습니다.

위와 같은 절차에 따라 개인회생 변제계획인가결정이 선고·공고되면 신청인은 변제계획안의 내용과 같이 변제계획을 수행하며 이에 대하여 개인회생위원이 그 수행의 적정함을 감독하고, 신청인이 3개월 이상 변제금을 개인회생위원 계좌에 입금하지 않을 경우 개인회생절차가 직권으로 폐지될 수 있습니다.

● **급여채권에 압류 및 전부명령이 확정된 경우에 개인회생신청은 가능한지요?**

問 저는 공기업 직원으로 부동산 투자를 하다가 손해를 입어 은행 대출금과 신용카드, 사채를 사용하여 채무가 많아 발생하였습니다. 그래서 현재는 급여에 1순위로 채권압류 및 전부명령이 들어와 있습니다. 그 이후 여러 건의 채권가압류, 채권압류 및 추심명령이 들어왔으나 최초의 전부명령이 우선한다고 하여 그 전부채권자에게 본인 급여의 일정 부분이 지급되고 있는 실정입니다. 개인회생을 신청하려고 알아보았는데 급여에 전부명령이 들어온 경우 다른 강제집행과 달라서 개인회생이 소용없다고 하는 사람도 있고 법이 바뀌어서 급여에 전부명령이 들어와도 개인회생을 신청할 수 있다는 사람도 있는데 이런 경우에 개인회생을 신청할 수 있나요?

答 전부명령이란 채무자가 제3채무자에 대하여 가지는 압류한 금전채권을 집행채권과 집행비용청구권의 변제에 갈음하여 압류채권자에게 이전시키는 채권 강제집행의 한 방법으로서, 이러한 전부명령으로 압류채권자는 만족을 얻게 되며 다른 채권자의 배당가입이 허용되지 않고 압류채권자가 우선적 변제를 받을 수 있다는 점에서 공탁사유 또는 추심의 신고를 할 때까지 다른 채권자의 배당가입이 허용되는 추심명령과 구별됩니다. 개인회생제도에 있어서 채무자의 변제의 재원인 급여에 전부명령이 결정되어 확정된 경우 그 압류 및 전부된 급여채권은 전

부채권자에게 확정적으로 이전되어 원칙적으로 채무자는 개인회생을 신청하더라도 압류 및 전부되지 않은 나머지 급여만으로 개인회생을 신청해야 하므로 급여채권에 전부명령이 들어온 채무자는 사실상 개인회생제도를 이용하는 것이 불가능하였습니다.

그러나 채무자 회생 및 파산에 관한 법률은 채무자의 급여채권에 대한 전부명령의 효력을 제한하여 개인회생절차개시결정 전에 확정된 전부명령은 변제계획 인가결정 후에 제공한 노무로 인한 부분에 대하여는 그 효력이 상실되고, 변제계획인가결정으로 인하여 전부채권자가 변제받지 못하게 되는 채권액은 이를 개인회생채권으로 한다고 규정하여, 급여채권에 전부명령이 확정된 경우에도 개인회생제도를 이용할 수 있는 길을 열어놓았습니다.

이러한 경우 채무자는 급여채권에 대한 전부명령이 실효될 것을 전제로 전부채권자를 개인회생채권자로 하여 채권자목록에 기재하되, '채권현재액'은 확정된 전부명령상의 금액에서 전부채권자가 채무자의 사용자로부터 전부금 명목으로 지급받은 금액을 공제한 잔여 금액을 기재하며(급여채권에 대한 전부명령은 장래의 급여채권이 이미 전부채권자에게 이전된 것이므로 매월 전부금의 수령을 집행채권의 원리금 변제충당으로 해석할 수 없고 집행채권상의 원리금의 구별은 사라진 것으로 볼 수 있어 잔여 금액을 모두 원금에 기재하는 것이 타당해 보임), '부속서류'란에 '√'를 표시하고 그 아래 3번 란에 '○'를 표시한 후, 부속서류 3. 전부명령의 내역 양식에 채권번

호, 채권자명칭, 채권의 내용, 전부명령의 내역으로서 ①
전부명령을 내린 법원 ②당사자, ③사건명 및 사건번호,
④전부명령의 대상이 되는 채권의 범위, ⑤제3채무자에
대한 송달일, ⑥전부명령의 확정여부를 전부명령결정문을
참조하여 이를 기재하고, 전부명령 결정문 사본 및 사용자
가 작성한 전부금 지급내역서를 소명자료로 제출합니다.
또한 전부명령이 있은 사실에 관하여는 위 개인회생채권
자목록 이외에 ①수입 및 지출에 관한 목록 중 Ⅰ. 현재
의 수입목록 내용 중에 급여에 압류, 가압류 등 유무란
과(법원양식 : '수입 및 지출에 관한 목록' 참조), ②진술
서 Ⅲ. 부채상황 1. 채권자로부터 소송·지급명령·전부명
령·압류·가압류 등을 받은 경험 유무란(법원양식 : '진술
서' 참조)에 각각 이를 추가적으로 기재해야 합니다. 그
리고 변제계획안의 작성에 있어서는 전부명령이 장래 실
효될 것을 전제로 이를 '미확정채권'으로 취급하여 '7. 미
확정 개인회생채권에 대한 조치'란에 해당 있음으로 」
표시하고, '8. 변제금원의 회생위원에 대한 임치 및 지급'
란에 7.항을 표시하며, '개인회생채권 변제예정액 표 2.
채권자별 변제예정액의 산정내역'의 표에 전부채권자의
명칭을 기재하되 개인회생채권액은 채권자목록에 기재한
금액을 미확정채권(원금)란에 기재합니다. 향후 변제계
획 인가결정이 선고되면, 전부명령은 변제계획 인가결정
이후 제공한 노무로 인한 부분에 대하여는 그 효력이 상
실되어 미확정채권으로 취급되던 전부채권자의 채권금액
은 확정될 수 있으므로, ①채무자가 사용자로부터 변제

계획 인가결정일까지 근로한 대가 상당의 임금을 일할 계산한 확인서 및 이를 전부채권자에게 지급했다는 금융자료 등을 법원에 제출하거나 ②전부채권자 스스로 변제계획 인가결정까지의 노무로 인한 임금 중 압류 전부금을 수령한 내역을 확인할 수 있는 금융자료를 제출하여 미확정채권을 확정채권으로 변경할 수 있습니다.

따라서 귀하의 경우에도 이미 귀하의 급여에 채권압류 및 전부명령결정이 선고되어 확정되었더라도 개인회생을 신청할 경우 「채무자 회생 및 파산에 관한 법률」 제616조에 따라 전부명령의 효력이 제한되고 전부채권자도 개인회생채권자로 취급되므로 다른 요건을 충족하여 변제계획 인가결정을 받으면 그 이후에는 급여 전액을 수령하여 변제계획을 수행할 수 있을 것으로 보입니다.

※【해설】

채권자목록에 기재된 개인회생채권에 기하여 개인회생재단에 속하는 재산에 대하여 이미 계속 중인 강제집행, 가압류 또는 가처분 절차는 개인회생절차가 개시되면 일시적으로 중지되었다가, 변제계획이 인가되면 변제계획 또는 변제계획인가결정에서 다르게 정하지 아니하는 한 그 효력을 잃습니다.

따라서 채권자목록에 기재된 개인회생채권에 기하여 개인회생재단에 속하는 채권에 대하여 내려진 압류 및 전부명령이 아직 확정되지 않은 상태에서 채무자에 대하여 개인회생절차가 개시되고 이를 이유로 압류 및 전부명령에 대하여 즉시항고가 제기되었다면, 항고법원은 다른 이유로 압류 및 전부명령을 취소하는 경우를 제외하고는 항고에 관한 재판을 정지하였다가 변제계획이 인가되는 경우 압류 및 전부명령이 효력이 발생하지 않게 되었거나 그 효력이 상실되었음을 이유로 압류 및 전부명령을 취소하고 압류 및 전부명령

● **개인회생신청 시 재산처분을 통한 변제도 해야 하는지요?**

[문] 저는 사업실패로 인하여 현재 원금 금 6,000만원, 이자 금 1,700만원 정도의 사채가 있습니다. 지금은 화물운송업을 하면서 월평균 180만원의 소득을 올리고 있습니다. 그런데 저는 아버지로부터 상속받은 시골의 땅이 있는데 그 땅의 시가는 약 2,500만원에 달하고, 그 이외에 1.5톤 화물차량이 제 앞으로 되어 있고, 그 시가는 약 1,000만원 됩니 다. 저와 같은 경우에도 개인회생을 신청할 수 있는지요? 가능하다면 어떤 방식으로 신청서를 작성해야 하는지요?

[답] 개인회생제도는 채무자가 적법한 변제계획을 수립하여 법원으로부터 인가를 받으면 채권자들에 의한 개별적 강제집행의 위험에서 벗어날 수 있도록 하고 채무자가 변제계획을 성실히 수행하여 완료할 경우 잔존 채무를 면책시켜주는 갱생형 도산절차입니다. 따라서 개인회생절차에서는 최소한 파산절차에서 배당받을 수 있는 청산가치 이상의 변제를 보장해 주어야 한다는 원칙을 가지고 있으며, 채무자 회생 및 파산에 관한 법률은 동 원칙을 변제계획 인가요건으로 규정하고 있습니다(같은 법 제614조 제1항 제4호 및 제2항 제1호). 구체적으로는, 변제계획을 통해 채권자들에게 변제할 총 가용소득이 채무

자가 개인회생절차개시결정 당시 보유한 재산 합계액을 상회하는지 여부로 청산가치가 보장되었는지를 판단하는데, 개인회생의 경우 일반적으로 매월 일정한 가용소득을 통해 5년의 변제기간 동안 변제를 하게 되므로 채무자가 변제하는 총 가용소득을 현재가치로 환산하여 그 금액이 채무자 재산 합계액 이상이 되어야 청산가치를 보장한다고 할 수 있습니다.

귀하의 경우 월평균 소득 180만원에서 2인 가구 생계비 금 158만원(보건복지부 공표 2015년 2인 가구 최저생계비 금 1,051,048원의 약 1.5배, 구체적 산정방법은 생계비 산정 사례 32번 참조)을 공제한 22만원을 가용소득으로 하여 60개월간 변제하는 내용으로 우선 변제계획안을 작성한다면, 총 가용소득의 현재가치가 금 11,801,526원 {22만원×(3+50.6433)}에 불과하여 귀하의 재산 합계액(청산가치) 3,500만원에 미치지 못해 이를 상회하도록 가용소득을 늘리거나 재산처분을 통한 변제계획안을 작성해야 합니다.

재산처분을 통한 변제계획안을 작성하는 경우 ①영업소득을 기본 재산인 화물자동차를 처분대상재산으로 삼을 수 는 없으므로 상속받은 부동산을 처분대상재산으로 하되, ②변제투입예정액은 변제기한을 1년으로 할 경우 금 10,631,855원{(35,000,000−26,821,650)×130%},2년으로할경우 금 12,267,525원{(35,000,000−26,821,650)×150%}으로 하여 변제계획안을 작성해야 합니다.

그런데, 처분대상재산 및 변제기한 등을 기재하는 것은

자금조달의 수단으로써 예시되는 것에 불과한 것이므로 변제계획에서 처분하기로 정한 재산이 아닌 다른 재산을 처분하였거나, 심지어 친족 등으로부터 금원을 융통하여 변제자금을 마련한다고 하더라도, 변제계획에서 정한 시기에 정한 금액을 변제에 투입하기만 한다면 결과적으로 문제될 것은 없습니다.

※ 【해설】

실무적으로는 현재가치 환산 방법으로 라이프니쯔식 현가 산정방식을 적용하는데 이러한 방식은 공제되는 중간이자가 복리로 계산되어 채권자들에게 유리합니다. 예를 들어 매월 20만원의 가용소득으로 60개월간 변제하는 내용으로 변제계획안을 작성하는 경우 명목상의 총 변제금은 금 1,200만원이나 라이프니쯔식 현가 산정방식을 통해 산정한 총 변제금의 현재가치는 금 10,728,660원{20만원×(3+50.6433)}('3'을 더하는 이유는 변제계획인가결정 전 일반적으로 미리 적립할 것으로 예상되는 개월 수이므로 할인하지 않은 것이며, '50.6433'은 나머지 57개월에 대한 라이프니쯔 계수를 의미함)이 되므로, 이러한 현재가치가 채무자가 개인회생절차 개시결정 당시 보유한 재산 합계액에 미달하는 경우 청산가치 보장의 원칙을 준수한 것으로 볼 수 없습니다. 이와 같은 경우 청산가치를 보장하기 위해서는 ①생계비를 줄여서 가용소득을 청산가치가 보장될 수 있을 정도로 늘리는 방법 ②가용소득 이외에 보유재산도 처분하는 것으로 변제계획안을 작성하는 방법이 있을 수 있습니다. ①의 방법의 경우 청산가치를 만족시키기 위해서는 생계비를 상당히 감액해야 하는데 법원에서 인정한 긴축된 생계비를 다시 줄이기는 쉽지 않은 것이 일반적이므로 보통 재산처분을 통한 변제계획안을 작성하여 청산가치를 만족시키고 있습니다. 구체적으로 청산가치를 보장하기 위하여 재산을 처분하는 내용으로 변제계획안을 작성하는 경우, 어떤 재산을 처분하고 얼마를 변제하는 것으로 작성하는지 문제될 수 있습니다. ①처분대상 재산은 채무자가 선택할 수 있으나 일정한 기간 내에 처분할 것으로 변제계획안을 작성해야 하므로 처분하기 쉬운 재산이어야 하고 청산가치를 만족시킬 수 있을 정도로 가치 있는 재산이어야 합니다. ②재산처분을 통한 변제액은 청산가치를 만족시킬 수 있는 금액이어야 하는 바, 구체적으로는 "채무자 재산합계액(청산가치)과 총 가용소득의 현재가치와의 차액"이 청산가치를 만족시키지 못하는 금액이므로 동 금액 이상을 변제에 투입하는 것으로 변제계획안을 작성해야 합니다. 그러나 채무자에게 변제계획 인가결정과 동시에 재산을 처분하여 그 차액을 즉시 변제할 것을 기대하기는 어려우므로, 실무상 변제계획인가결정일로부터 1년 또는 2년의 변제기한을 주어서 그 기간 내에 변제하도록 하는 변제계획안을 작성하도록 하고 있습니다. 이러한 경우에도 가용소득을 통한 변제와 마찬가지로 재산처분을 통한 변제투입예정액의 현재가치를 산정하여 청산가치를 보장했는지 여부를 판단해야 하는 복잡한 문제가 발생하므로, 서울중앙지방법원 파산부 실무에서는 일률적으로 "청산가치와 총 가용소득의 현재가치의 차액"에 ①변제기한이 1년 이내인 경우에는 130%, ②변제기한이 2년 이내인 경우에는 150%의 곱한 금액을 재산처분을 통한 변제투입예정액으로 정할 수 있도록 하여 청산가치 보장원칙을 준수하도록 하고 있습니다.

※ 【관련판례】

  개인회생절차가 이미 개시된 경우 개인회생채권에 관하여는 개인회생채권조사확정재판을 통하여 채권 확정을 받을 수 있도록 절차가 마련되어 있을 뿐 아니라, 개인회생채권자표에 기재된 채권은 확정판결과 동일한 효력이 있고, 개인회생절차가 계속되는 경우에는 그 절차에 따라 변제를 받을 수 있으며, 개인회생절차가 폐지되더라도 개인회생채권자표에 기하여 강제집행을 할 수 있도록 되어 있다. 그러므로 개인회생채권조사확정재판 제도의 취지 및 개인회생절차의 안정성 등에 비추어 보면, 아직 개인회생채권이 확정되지 않았더라도 개인회생채권자목록에 이미 기재되어 있는 채권에 관하여는 별도로 이행소송을 제기하는 것은 불가능하고, 개인회생절차에서 조

2-2-8. 개인파산 및 면책

① 개인사업 또는 소비활동의 결과 자신의 재산으로 모든 채
무를 변제할 수 없는 상태에 있는 개인채무자가 그 채무
의 정리를 위해 파산신청을 하는 경우 이를 '개인파산'이
라 하고, '개인면책'은 자연재해나 경기변동 등으로 인하
여 파산선고를 받은 채무자에게 파산절차를 통해 변제되
지 않고 남은 채무에 대한 채무자의 변제책임을 파산법원
의 재판에 의해 면제시킴으로써 채무자의 경제적 갱생(更
生)을 도모하는 제도입니다.

② 개인회생, 개인파산 및 면책에 관한 신청절차 및 신청서
작성방법 등에 대하여는 '대법원 전자민원센터 절차안내
개인회생, 개인파산 및 면책' 또는 '대한법률구조공단 개
인회생 및 파산지원센터'에서 확인할 수 있습니다.

● **개인파산의 의의와 절차는?**

문 개인파산을 신청할 경우 현재 본인이 부담하고 있는 모
든 빚을 쉽게 탕감 받을 수 있다고 들었습니다. 이러한
파산 제도는 무엇이고, 또한 어떤 절차로 진행이 되고, 소
문대로 모든 빚을 손쉽게 탕감받을 수 있는 제도인지요?

답 파산이란 채무자의 채무가 재산을 초과하거나, 채무자가
채무를 장래에 일반적·계속적으로 변제할 수 없는 경우,

채무자의 총재산을 모든 채권자에게 공평하게 변제할 것을 목적으로 하는 사법절차를 말하며, 그 중 채무자가 법인 아닌 개인인 파산사건을 일반적으로 개인파산이라고 합니다.

개인파산은 비영업자가 소비활동의 일환으로 변제능력을 초과하여 물품 등을 구입한 결과 자신의 모든 재산으로도 채무를 완제할 수 없어 이를 해결하고자 스스로 파산을 신청하는 '소비자파산'과, 개인사업자가 영업활동을 통하여 채무를 부담하고 파탄에 이르러 파산을 신청하는 '영업자파산'을 모두 포함합니다. 파산절차는 채무자의 총재산을 환가하여 이를 채권자들에게 평등하게 분배하는 것을 본래적인 목적으로 하는 청산절차이나, 개인파산의 경우 총재산을 환가하여 분배하는 절차비용을 충당할 재산이 없는 경우가 대부분이며, 법인과 달리 개인의 경우 파산이 종결 또는 폐지된다고 하여도 여전히 사회경제의 주체로서 금융 및 소비생활을 계속하게 되므로 '성실하나 불운한' 채무자를 구제하여 갱생을 도모하는 제도가 필요하게 되는데 이러한 제도가 바로 면책제도입니다.

결국 파산제도는 청산절차로서의 파산과 채무를 변제할 책임을 소멸케 하는 면책이라는 두 가지 절차로 구성되어 있으며, 일반적으로 파산절차 보다는 면책절차에 채무자들의 실질적인 관심이 있다고 할 것입니다. 그러나 채무가 많다고 하여 모두 파산을 신청하여 면책을 받을 수 있는 것은 아닙니다. 파산의 경우 파산원인으로서 지급불능 즉, 채무자의 연령, 직업, 기술, 건강, 재산 및 부

채의 규모 등을 종합적으로 고려하여 채무자의 재산, 노
동력, 신용으로 채무를 변제할 수 없음이 일반적·계속적
으로 불가능하다고 판단되어야하고, 일반적으로 소액의
채무가 있는 경우 지급불능으로 평가될 수 없어 파산 자
체가 불가능할 수 있습니다.

또한 면책의 경우 낭비, 재산은닉 등 채무자 회생 및 파
산에 관한 법률에 정한 일정한 면책불허가사유가 없어야
면책허가결정을 받을 수 있으며, 이미 개인파산절차에서
면책을 받은 사실이 있다면 그 면책결정 확정일로부터 7
년이 경과하지 않으면 면책 받을 수 없습니다(같은 법
제564조 제1항 제4호). 또한 면책결정이 된다 하더라도
면책의 효력을 부여하는 것이 부적당한 채권에 대하여는
면책에서 제외하고 있습니다(같은 법 제566조 단서). 따
라서 단순히 현재 갚을 능력이 없다는 사유만으로 무조건
모든 빚을 탕감받을 수 있는 것은 아니라고 할 것입니다.

● **채무를 변제하지 못하여 사기죄로 고소당할 경우 어떻게 대처
해야 합니까?**

🈷 사금융업체로부터 대출을 받았으나, 이자를 매달 갚아오
다 사정이 어려워 최근 2개월간 납입을 못하고 있습니
다. 반드시 갚아야 된다는 생각에는 변함이 없으며 채권
자와 연락도 계속 유지하고 있는데 채권자가 저를 사기
죄로 고소하겠다고 합니다. 이것도 사기죄가 됩니까?

🈴 통상 채무와 관련한 사기죄는 돈을 빌릴 당시 변제할 의

사나 능력이 없는데도 상대방을 기망하여 돈을 빌리는 경우 성립됩니다. 즉, 빌릴 당시의 채무자의 재산 상태와 빌린 금액의 액수, 빌린 후 변제를 해 온 과정에 있어서 채무자의 변제에 대한 노력 등 여러 가지 사정을 참작하여 사기죄의 성립여부가 결정될 것이며, 빌릴 당시 채무 변제에 대한 의사 및 능력이 있었다면 사기죄는 성립하지 않을 것으로 판단됩니다.

● 허위사실로 자기를 무고한 경우도 처벌되는지요?

[문] 甲은 금융기관에서의 신용대출과 사채를 얻어 중소건설업체를 확장하던 중 사업부진으로 사채를 갚지 못하였습니다. 사채업자의 빚 독촉을 견디다 못한 甲은 차라리 교도소에 들어가 있는 것이 편할 것이라 판단하고는 자신이 신문에 보도된 강도사건의 범인이라고 경찰서에 허위신고를 하였습니다. 이 경우 甲은 어떤 죄로 처벌되는지요?

[답] 위 사안은 사채업자의 변제독촉을 견디다 못해 스스로 형사처분을 받기 위하여 허위로 경찰서에 강도사건의 범인이 자신이라고 허위사실을 신고한 甲의 자기무고행위도 무고죄로 처벌되는가의 문제입니다.

형법 제156조의 무고죄는 타인으로 하여금 형사처분 또는 징계처분을 받게 할 목적으로 공무소 또는 공무원에 대하여 허위로 사실을 신고함으로써 성립하는 범죄로 현행 형법상 타인에 대해서만 무고죄를 인정하고 있습니다. 판례 또한 "형법 제156조의 무고죄는 국가의 형사사

법권 또는 징계권의 적정한 행사를 주된 보호법익으로
하는 죄이나, 스스로 본인을 무고하는 자기무고는 무고
죄의 구성요건에 해당하지 아니하여 무고죄를 구성하지
않는다. 그러나 피무고자의 교사·방조 하에 제3자가 피
무고자에 대한 허위의 사실을 신고한 경우에는 제3자의
행위는 무고죄의 구성요건에 해당하여 무고죄를 구성하
므로, 제3자를 교사·방조한 피무고자도 교사·방조범으
로서의 죄책을 부담한다.”라고 판시하고 있습니다(대법원
2008.10.23. 선고 2008도4852 판결).

따라서 甲의 자기 무고행위는 같은 법 제156조 소정의
무고죄의 구성요건에 해당하지 않는다고 할 것입니다.

다만, 甲의 자기무고행위는 경범죄처벌법 제1조 제5호의
있지 아니한 범죄 또는 재해의 사실을 공무원에게 거짓
으로 신고한 경우에 해당될 것인지가 문제될 수 있을 듯
하며, 이에 해당된다면 10만원 이하의 벌금, 구류 또는
과료의 형으로 처벌받게 될 것입니다.

그러나 판례를 보면, “범인 아닌 자가 수사기관에서 범인
임을 자처하고 허위사실을 진술하여 진범의 체포와 발견
에 지장을 초래하게 한 행위는 범인은닉죄에 해당한다.”
라고 하였으므로(대법원 1996.6.14. 선고 96도1016 판
결), 甲의 자기무고행위가 강도사건의 범인의 체포와 발
견에 지장을 초래할 의도로 이루어진 것이라면 범인은닉
죄로 처벌받을 수도 있습니다.

● 개인회생절차와 파산절차는 어떤 차이가 있나요?

문 저는 사채로 빌린 돈이 많아서 법원에 파산이나 개인회생을 신청하려는데 개인회생절차와 파산절차는 어떤 차이가 있나요?

답 파산절차는 채무자에게 파산선고를 하고 그 선고시점에 채무자가 보유하고 있는 모든 재산을 환가하여 채권자에게 변제하는 제도입니다. 다만, 채무자의 재산이 파산절차의 진행비용(파산관재인의 보수, 신문공고비 등)을 충당하기에도 부족한 경우에는 파산선고와 동시에 파산절차를 폐지하고 절차를 종결합니다. 파산절차의 종결 후 채무자는 면책절차를 신청하여 채무의 면책을 받을 수 있습니다. 면책결정을 받으면 채무자는 더 이상 자기의 소득으로 채무를 변제할 필요가 없습니다(즉, 채무자의 소득은 채무자의 재산으로 됩니다). 파산선고를 받으면 상당한 사회적, 법적 불이익을 당하게 됩니다. 공무원의 경우에는 당연 퇴직하게 되고 변호사 등은 등록이 취소되며 상당수의 기업에서는 파산선고를 받는 것을 당연 면직사유로 정하고 있습니다. 그러나 위 면책결정을 받으면 위와 같은 자격이 당연히 회복됩니다(다만, 퇴직한 직장에 당연히 복직되는 것은 아닙니다). 개인회생절차에서는 위와 같은 파산선고로 인한 불이익은 없으나 개인회생절차 개시결정 이후 장래의 소득까지도 채무변제에 사용하여야 하는 점에서 차이가 있습니다. 채권자의 입장에서는 채무자가 개인회생절차를 이용하는 것이 파산절차를 이용하는 것보다 유리합니다.

● **파산신청을 할 때 강제집행을 막을 방법은 없나요?**

문 저는 사업하다가 과다한 투자로 실패를 하여 금융권에 대출금 및 신용카드대금 연체, 그리고 세무서에 부가가치세가 체납되어 있고, 또 현재는 교통사고로 장애인이 되어 더 이상 변제할 능력이 없어 최근 법원에 파산을 신청하여 그 결과를 기다리고 있습니다. 그런데 파산을 신청한지 얼마 후 신용카드사에서 제 집안의 TV, 냉장고 등 유체동산에 압류집행을 하였고, 또 세무서에서는 체납처분으로 제 소유 장애인용 자동차를 공매한다고 통지해 왔습니다. 위 집기류와 장애인용 자동차는 제가 기본적인 생활을 해 나가기 위한 최소한의 필수적인 재산입니다. 채권자의 강제집행을 막을 방법은 없는지요?

답 원칙적으로 파산신청이 있다고 하여 채권자의 강제집행이나 보전처분의 집행이 중지되는 것은 아니며, 파산선고로 인하여 비로소 파산채권을 근거로 한 채무자의 재산에 대하여 행하여진 강제집행 및 보전처분의 집행은 파산재단에 대하여 그 효력을 잃게 됩니다. 파산선고 후 채무자의 재산에 대한 관리처분권은 파산관재인에게 전속하며 따라서 파산선고 후 채권자의 개별적 강제집행 또한 금지됩니다.

그러나 일반적으로 개인파산사건은 환가할 재산이 없는 경우가 대부분으로서 위와 같이 파산관재인이 선임되어 청산절차를 진행하지 않고 파산선고와 동시에 청산절차로서의 파산절차를 폐지하는 결정(동시폐지 결정)을 하는 경우, 채무자는 자신 소유 재산에 대한 관리처분권을 상실하지 않고 파산재단 자체가 형성되지 않아 채권자는 개별적으로 강제집행 할 수 있다고 보는 것이 구 파산법상의 해석론이었습니다.

채무자 회생 및 파산에 관한 법률은 위와 같이 동시폐지결정이 선고될 경우 채권자가 개별적인 강제집행을 허용하는 입법적 불비를 보완하여, 면책신청이 있고 파산폐지결정의 확정 또는 파산종결결정이 있는 때에는 면책신청에 관한 재판이 확정될 때까지 채무자의 재산에 대하여 파산채권에 기한 강제집행·가압류 또는 가처분을 할 수 없고, 채무자의 재산에 대하여 파산선고 전에 이미 행하여지고 있던 강제집행·가압류 또는 가처분은 중지된다고 규정하고 있습니다.

귀하의 경우 파산선고 및 동시폐지결정이 선고되고 파산선고 등의 사실이 공고된 후부터 14일 이내 동시폐지결정에 대한 즉시항고가 제기되지 않아 동시폐지결정이 확정된 경우, 유체동산 압류 및 매각절차의 속행을 중지시키고 체납처분으로서 자동차 공매를 금지시킬 수 있습니다. 구체적으로는 ①면책신청 접수증명원과 ②동시폐지결정이 있는 파산선고결정 정본 및 그 확정증명원을 압류 집행한 집행관과 관할 세무서에 제출함으로써 유체동산 압류 및 매각절차와 자동차 공매절차를 중지 또는 금지시킬 수 있습니다. 다만, 파산선고 및 동시폐지결정 전

유체동산 매각절차가 속행되어 강제집행이 종료될 우려
가 있는 경우, 위 압류된 유체동산이 6개월간의 생계비
에 사용할 특정재산에 해당한다고 주장하며 면제재산을
신청하고, 그와 동시에 면제재산에 대한 유체동산 매각
절차의 중지를 신청하여 법원의 결정으로 이를 중지시킬
수는 있습니다.

채무자 회생 및 파산에 관한 법률 제566조 제7호에서 말하는 '채
무자가 악의로 채권자목록에 기재하지 아니한 청구권'이라고 함은
채무자가 면책결정 이전에 파산채권자에 대한 채무의 존재 사실을
알면서도 이를 채권자목록에 기재하지 않은 경우를 뜻하므로, 채무
자가 채무의 존재 사실을 알지 못한 때에는 비록 그와 같이 알지
못한 데에 과실이 있더라도 위 법조항에 정한 비면책채권에 해당하
지 아니하지만, 이와 달리 채무자가 채무의 존재를 알고 있었다면
과실로 채권자목록에 이를 기재하지 못하였다고 하더라도 위 법조
항에서 정하는 비면책채권에 해당한다. 이와 같이 채권자목록에 기
재하지 아니한 청구권을 면책대상에서 제외한 이유는, 채권자목록에
기재되지 아니한 채권자가 있을 경우 그 채권자로서는 면책절차 내
에서 면책신청에 대한 이의 등을 신청할 기회를 박탈당하게 될 뿐
만 아니라 그에 따라 위 법 제564조에서 정한 면책불허가사유에 대
한 객관적 검증도 없이 면책이 허가, 확정되면 원칙적으로 채무자가
채무를 변제할 책임에서 벗어나게 되므로, 위와 같은 절차 참여의
기회를 갖지 못한 채 불이익을 받게 되는 채권자를 보호하기 위한
것이다. 따라서 사실과 맞지 아니하는 채권자목록의 작성에 관한 채
무자의 악의 여부는 위에서 본 위 법 제566조 제7호의 규정 취지를
충분히 감안하여, 누락된 채권의 내역과 채무자와의 견련성, 그 채
권자와 채무자의 관계, 누락의 경위에 관한 채무자의 소명과 객관적
자료와의 부합 여부 등 여러 사정을 종합하여 판단하여야 한다(대법

3. 불법 채권추심의 금지

3-1. 불법 채권추심행위의 금지 등

① 대부업자는 미등록대부업자로부터 대부계약에 따른 채권을 양도받아 이를 추심하는 행위를 해서는 안 됩니다.

② 대부업자 또는 미등록대부업자는 대부계약에 따른 채권을 추심(일반적으로 '빚 독촉'이라고도 함)할 때 폭행·협박·체포 또는 감금을 하거나 위계(僞計) 또는 위력(威力)을 사용하거나 공포심과 불안감을 일으켜 사생활 또는 업무의 평온을 해쳐서는 안 됩니다.

③ 대부업자, 여신금융기관 또는 미등록대부업자는 연락이 끊기는 등의 이유로 채무자의 소재파악이 곤란한 경우 외에는 채권추심을 목적으로 채무자의 관계인에게 채무자의 소재 등을 문의할 수 없고, 채무자의 소재 등을 문의하는 경우에도 관계인에게 채무 사실을 알려서는 안 됩니다.

④ 위법한 채권추심행위를 하는 자는 징역 또는 벌금에 처해지거나 과태료를 부과 받습니다.

● **사채업자로부터 돈을 빌리면서 어음을 발행해 주었는데, 지급기일이 변조된 경우 변조 전에 기명날인한 자의 책임은 어떻게 되는지요?**

📖 저는 사채업자로부터 돈을 빌리면서 지급기일을 그 때로부터 3개월 후로 하는 약속어음을 발행하여 교부하였습

니다. 그런데 발행일로부터 1개월 경과된 시점에서 어음 금의 지급이 청구되어 어음을 자세히 살펴보니 지급기일 이 변조되어 있었습니다. 저는 변조된 지급기일에 지급 해야만 하는지요?

'어음의 변조'란 권한 없이 어음의 효력이나 어음관계자 의 권리의무의 내용에 영향을 미치는 어음의 문언을 변 경하는 것을 말하며(대법원 1993.7.13. 선고 93다753 판결), 변조에 의하여 어음요건을 갖추지 못하게 된 경 우에는 어음의 변조가 아니고 말소에 의한 어음훼손의 문제가 됩니다.

어음이 변조되면 변조 전의 어음과 그 내용이 달라지게 되고 따라서 어음상에 기명·날인 또는 서명한 자의 책임 에 영향을 주게 됩니다. 그래서 어음법 제69조는 "환어 음의 문구가 변조된 경우에는 그 변조 후에 기명날인하 거나 서명한 자는 변조된 문구에 따라 책임을 지고, 변 조 전에 기명날인하거나 서명한 자는 원래 문구에 따라 책임을 진다."라고 규정하고 있습니다.

판례도 "약속어음의 문언에 변개가 있는 경우 변개 전에 기 명날인 또는 서명한 자는 그 변개에 동의를 하지 아니한 이상 변개 후의 문언에 따른 책임을 지지는 아니한다고 하 더라도, 변조 전의 원문언에 따른 책임은 지게 된다."라고 하였습니다(대법원 1996.2.23. 선고 95다49936 판결).

이는 어음이 변조 전후에 형식적으로 유효한 어음인 이 상 변조 전 어음행위자는 변조 전의 문언대로, 변조 후의 어음행위자는 변조 후의 문언대로 책임을 진다는 것을 의미합니다. 다만, 변조 전 어음행위자가 변조문언에 동의하거나 사후에 이를 추인하는 경우 또는 변조에 대해 일정한 책임이 있는 경우에는 변조문언대로 책임을 져야 할 것입니다.

따라서 위 사안의 경우 귀하는 약속어음의 지급기일을 3개월 후로 기재하여 발행하였으나 변조된 지급기일에 지급청구를 받았으므로 지급기일의 변조를 이유로 그 지급을 거절할 수 있다고 하겠습니다.

참고로 판례는 "어음의 문언이 변조되어 고쳐졌음이 명백한 경우에 어음소지인이 기명·날인자에게 그 변조되어 고쳐진 후의 문언에 따른 책임을 지우자면 그 기명·날인이 변조되어 고쳐진 후에 있은 것 또는 기명날인자가 그 고침에 동의하였다는 것을 입증하여야 하고, 그 입증을 다하지 못하면 그 불이익은 어음소지인이 입어야 한다."라고 하고 있습니다(대법원 1987.3.24. 선고 86다카37 판결).

3-1-1. 미등록대부업자로부터의 채권양수·추심 금지

① 대부업자는 미등록대부업자로부터 대부계약에 따른 채권을 양도받아 이를 추심하는 행위를 해서는 안 됩니다(대부업법 제9조의4 제1항).

② 「채권양도(債權讓渡)」란 계약으로 채권의 동일성을 유지하면서 제3자에게 이전하는 것을 말하고, 「채권추심(債權推尋)」이란 채무자에 대한 소재파악 및 재산조사, 채권에 대한 변제 요구, 채무자로부터 변제 수령 등 채권의 만족을

얻기 위한 일체의 행위를 말합니다(채권의 공정한 추심에 관한 법률 제2조 제4호).

③ 이를 위반하여 미등록대부업자로부터 대부계약에 따른 채권을 양도받아 이를 추심하는 행위를 한 자는 3년 이하의 징역 또는 3천만원 이하의 벌금에 처해집니다(대부업법 제19조 제2항 제4호).

● **신용카드 이용한도가 갑자기 축소되면서 더 이상 빚을 갚지 못하게 되었을 경우에 어떠한 형사처벌을 받게 되는지요?**

▣ 저는 사업에 실패하고 빌려준 돈 3,000만원을 받지 못하여 많은 빚을 지게 되면서 신용카드로 돌려 막기를 하며 빚을 갚고 생활비를 마련하여 생활하던 중, 신용카드 이용한도가 갑자기 축소되면서 더 이상 빚을 갚지 못하게 되었습니다. 이러한 상황에서 제가 가지고 있던 유일한 재산인 시가 약 1,800만원 정도의 차량에 채권금액 1,500만원의 근저당 을 설정하고 사채업자에게 금 500만원을 빌려 생활비에 사용하다가 더 이상 사채 이자를 감당할 수 없어 사채업자에게 차량을 넘기고 등록명의는 이전 하지 않은 채 파산을 신청하였는데, 파산신청서의 채권자목록에는 카드대금 1,000만원의 은행 및 잔 여 사채대금 500만원의 사채업자를 채권자로 기재 하였고, 본인 소유 차량과 대여금채권 3,000만원은 이를 재산목록에 기재하지 않았습니다. 얼마 전 법원으로부터 면책결정을 받아 확정되었는데, 이를 알게 된 사채업자가 본인을 파산범죄로 경찰에 고 소하고 법원에는 면책취소신청

을 해 놓았다고 합니다. 현재 저는 재산이 거의 없는 상태인데 신청서를 일부 잘못 기재하였다고 형사처벌을 받고 면책 의 효력도 취소될 수 있는지요?

일정한 사실관계의 존재에 대하여 입증하는 방법에 관하여, 이에 대한 확신을 얻은 상태에까지 입증해야 하는 일반의 민사소송절차에서의 '증명'과 달리, 파산 및 면책절차의 경우 파산원인으로서의 지급불능이나 면책불허가 사유의 존부 등은 일응 그러한 사실관계가 확실할 것이라는 추측을 얻은 상태로 족하다고 보는 '소명'의 방법에 의하여 판단하게 됩니다. 이에 따라 법원은 신청인이 제출한 신청서, 진술서, 첨부서류 등에 의하여 이를 의심할 만한 특별한 사정이 없는 한 이를 진실한 것으로 인정하여 별도의 심문 없이 지급불능, 면책불허가사유 등의 요건사실을 인정하고 파산선고, 동시폐지결정, 면책결정을 하고 있습니다. 다만, 위와 같이 소명에 의한 입증의 진실성을 담보하기 위하여 채무자 회생 및 파산에 관한 법률은 신청인의 면책불허가사유 중 일정한 행위를 사기파산죄, 과태파산죄로 규정하여 형사처벌하고 있으며, 또한 일정한 경우 이미 확정된 면책결정을 취소할 수 있도록 하고 있습니다.

면책취소결정은 면책결정을 받은 신청인이 ①위 사기파산으로 유죄의 확정판결을 받은 때 파산채권자의 신청에 의하거나 법원의 직권으로 취소결정을 할 수 있고 ②채무자가 부정한 방법으로 면책을 받은 경우에 파산채권자가 면책 후(면책결정 확정 후) 1년 이내에 면책의 취소를 신청한 경우에 역시 면책취소결정 할 수 있습니다. 다만, 면책취소사유가 면책절차에서 심리되어 재량면책 된 경우이거나 그렇지 않은 경우라도 면책취소심리 시 재량면책 사유가 있다면 면책취소신청이 기각될 수 있습니다. 귀하의 경우, 파산재단에 속하는 1,800만원의 자동차에 대하여 원금 500만원을 담보하고자 채권최고액 1,500만원의 근저당권을 설정하고 이후 그 차량가액에 현저히 미달하는 채무를 변제하기 위해 차량은 양도한 점에 비추어 사기파산죄의 파산재단에 속하는 재산의 불이익 처분행위 또는 파산재단의 부담을 허위로 증가시키는 행위에 해당할 수 있습니다. 또한, ①귀하가 사기파산으로 유죄의 확정판결을 받은 경우 또는 ②재산목록 중 대여금채권을 기재하지 않아 재산상태에 관하여 허위의 진술한 것으로 평가되는 경우 부정한 방법으로 면책을 받은 것으로 보아 면책이 취소될 수 있습니다. 다만, 생계유지를 위한 것이거나 다른 채권자를 해하는 정도가 심하지 않는 등 일정한 재량면책사유가 있다고 인정될 경우 채권자의 면책취소신청은 기각될 수 있습니다.

※ 【해설】

인인 사실이 있음을 알면서 어느 채권자에게 특별한 이익을 줄 목적으로 한 담보의 제공이나 채무의 소멸에 관한 행위로서 채무자의 의무에 속하지 아니하거나 그 방법 또는 시기가 채무자의 의무에 속하지 아니하는 행위, ③ 법률의 규정에 의하여 작성하여야 하는 상업장부를 작성하지 아니하거나, 그 상업장부에 재산의 현황을 알 수 있는 정도의 기재를 하지 아니하거나, 그 상업장부에 부정의 기재를 하거나, 그 상업장부를 은닉 또는 손괴하는 행위, ④ 제481조의 규정에 의하여 법원사무관 등이 폐쇄한 장부에 변경을 가하거나 이를 은닉 또는 손괴하는 행위를 하고, 그 파산선고가 확정되었다면 10년 이하의 징역 또는 1억 원 이하의 벌금에 처할 수 있도록 규정하고 있습니다(같은 법 650조).

'과태파산죄'는 파산선고 전후를 불문하고 ① 파산의 선고를 지연시킬 목적으로 신용거래로 상품을 구입하여 현저히 불이익한 조건으로 이를 처분하는 행위, ② 파산의 원인인 사실이 있음을 알면서 어느 채권자에게 특별한 이익을 줄 목적으로 한 담보의 제공이나 채무의 소멸에 관한 행위로서 채무자의 의무에 속하지 아니하거나 그 방법 또는 시기가 채무자의 의무에 속하지 아니하는 행위, ③ 법률의 규정에 의하여 작성하여야 하는 상업장부를 작성하지 아니하거나, 그 상업장부에 재산의 현황을 알 수 있는 정도의 기재를 하지 아니하거나, 그 상업장부에 부정의 기재를 하거나, 그 상업장부를 은닉 또는 손괴하는 행위, ④ 제481조의 규정에 의하여 법원사무관 등이 폐쇄한 장부에 변경을 가하거나 이를 은닉 또는 손괴하는 행위를 한 경우 그 파산선고가 확정되었다면 5년 이하의 징역 또는 5,000만원 이하의 벌금에 처할 수 있도록 규정하고 있습니다(같은 법 제651조).

※ 【관련판례】

차용금의 편취에 의한 사기죄의 성립 여부는 차용 당시를 기준으로 판단하여야 하므로, 피고인이 차용 당시에는 변제할 의사와 능력이 있었다면 그 후에 차용금을 변제하지 못하였다고 하더라도 이는 단순한 민사상의 채무불이행에 불과할 뿐 형사상 사기죄가 성립한

3-1-2. 미등록대부중개업자의 대부중개 및 채권양도 금지

① 대부업자는 미등록대부중개업자(대부중개업의 등록 또는
등록갱신을 하지 않고 사실상 대부중개업을 하는 자)로부
터 대부중개를 받은 대부업체 이용자에게 대부해서는 안
됩니다(대부업법 제9조의4 제2항). 이를 위반하여 미등록
대부중개업자로부터 대부중개를 받은 거래상대방에게 대
부행위를 한 자는 3년 이하의 징역 또는 3천만원 이하의
벌금에 처해집니다(동법 제19조 제2항 제4호).

② 대부업자는 다음에 해당하는 자가 아닌 미등록대부업자에
게 대부계약에 따른 채권을 양도해서는 안 됩니다(동법 제
9조의4 제3항 및 동법 시행령 제6조의4). 이를 위반하고
미등록대부업자 등에게 대부계약에 따른 채권을 양도한
자는 3년 이하의 징역 또는 3천만원 이하의 벌금에 처해
집니다(동법 제19조 제2항 제5호).

1) 등록된 대부업자

2) 여신금융기관

3) 예금보험공사 및 정리금융회사

4) 한국자산관리공사

5) 한국주택금융공사

6) 그 밖에 이에 준하는 자로서 금융위원회가 정하여 고시하는 자

3-1-3. 불법 채권추심행위의 금지

① 채권추심자는 채권추심과 관련해 채무자 또는 관계인을 폭행·협박·체포 또는 감금하거나 그에게 위계(僞計)나 위력(威力)을 사용하는 행위를 해서는 안 됩니다(채권의 공정한 추심에 관한 법률 제9조 제1호). 이를 위반하여 채무자 또는 관계인을 폭행·협박·체포 또는 감금하거나 그에게 위계나 위력을 사용해 채권추심행위를 한 자는 5년 이하의 징역 또는 5천만원 이하의 벌금에 처해집니다(동법 제15조 제1항).

② 「채권추심자」란 다음의 어느 하나에 해당하는 자를 말합니다(동법 제2조 제1호).

 1) 대부업법에 따른 대부업자, 대부중개업자, 대부업의 등록을 하지 않고 사실상 대부업을 영위하는 자, 여신금융기관 및 이들로부터 대부계약에 따른 채권을 양도받거나 재양도 받은 자

 2) 1)외의 금전대여 채권자 및 그로부터 채권을 양도받거나 재양도 받은 자

 3) 상법에 따른 상행위로 생긴 금전채권을 양도받거나 재양도 받은 자

 4) 금전이나 그 밖의 경제적 이익을 대가로 받거나 받기로 약속하고 타인의 채권을 추심하는 자(채권추심을 목적으로 채권의 양수를 가장한 자를 포함)

 5) 1)~ 4)에 규정된 자들을 위해 고용, 도급, 위임 등 원인을 불문하고 채권추심을 하는 자

③ 「채무자」란 채무를 변제할 의무가 있거나 채권추심자로부터 채무를 변제할 의무가 있는 것으로 주장되는 자연인(보

증인 포함)을 말합니다(동법 제2조 제2호).

④ 「관계인」이란 채무자와 동거하거나 생계를 같이 하는 자, 채무자의 친족, 채무자가 근무하는 장소에 함께 근무하는 자를 말합니다(동법 제2조 제3호).

⑤ 「위계(僞計)」란 상대방의 부지(不知)나 착오(錯誤)를 이용해 목적을 달성하는 것을 말하고, "위력(威力)"이란 상대방의 의사를 억압할 수 있는 힘을 말합니다.

⑥ 채권추심자는 채권추심과 관련해 다음의 어느 하나에 해당하는 행위를 해서는 안 됩니다(동법 제9조 제2호부터 제7호까지 및 제11조 제1호). 이를 위반한 자는 3년 이하의 징역 또는 3천만원 이하의 벌금에 처해집니다(동법 제15조 제2항).

 1) 정당한 사유 없이 반복적으로 또는 야간(오후 9시 이후부터 다음 날 오전 8시까지를 말함. 이하 같음)에 채무자나 관계인을 방문함으로써 공포심이나 불안감을 유발해 사생활 또는 업무의 평온을 심하게 해치는 행위

 2) 정당한 사유 없이 반복적으로 또는 야간에 전화하는 등 말·글·음향·영상 또는 물건을 채무자나 관계인에게 도달하게 함으로써 공포심이나 불안감을 유발해 사생활 또는 업무의 평온을 심하게 해치는 행위

 3) 채무자 외의 사람(보증인 포함)에게 채무에 관한 거짓 사실을 알리는 행위

 4) 채무자 또는 관계인에게 금전의 차용이나 그 밖의 이와 유사한 방법으로 채무의 변제자금을 마련할 것을 강요함으로써 공포심이나 불안감을 유발해 사생활 또는 업무의

평온을 심하게 해치는 행위

5) 채무를 변제할 법률상 의무가 없는 채무자 외의 사람에
게 채무자를 대신해 채무를 변제할 것을 요구함으로써
공포심이나 불안감을 유발해 사생활 또는 업무의 평온을
심하게 해치는 행위

6) 무효이거나 존재하지 않는 채권을 추심하는 의사를 표시
하는 행위

7) 채무자의 직장이나 거주지 등 채무자의 사생활 또는 업
무와 관련된 장소에서 다수인이 모여 있는 가운데 채무
자 외의 사람에게 채무자의 채무금액, 채무불이행 기간
등 채무에 관한 사항을 공연히 알리는 행위

⑦ 채권추심자는 채권추심과 관련해 채무자 또는 관계인에게
법원, 검찰청, 그 밖의 국가기관에 의한 행위로 오인할 수
있는 말·글·음향·영상·물건, 그 밖의 표지를 사용하는 행위
를 해서는 안 됩니다(동법 제11조 제2호). 이를 위반하여
말·글·음향·영상·물건, 그 밖의 표지를 사용한 자는 1년 이
하의 징역 또는 1천만원 이하의 벌금에 처해집니다(동법
제15조 제3항 제2호).

⑧ 채권추심자는 채권추심과 관련해 다음의 어느 하나에 해당
하는 행위를 해서는 안 됩니다(동법 제12조 제1호 및 제2
호). 이를 위반한 자는 위반행위의 횟수에 따라 1회 위반
시 300만원, 2회 위반 시 600만원, 3회 이상 위반 시
1,400만원의 과태료를 부과 받고(동법 제17조 제1항 제3
호, 동법 시행령 제4조 제1항), 사업자가 아닌 경우에는
그 다액의 2분의 1로 감경됩니다(동법 제17조 제4항, 동

법 시행령 제4조 제1항). 위반행위의 횟수에 따른 과태료 부과기준은 위반사항에 대하여 과태료 부과처분을 한 날부터 1년 이내에 다시 같은 위반사항을 적발한 경우에 적용합니다.

1) 혼인, 장례 등 채무자가 채권추심에 응하기 곤란한 사정을 이용해 채무자 또는 관계인에게 채권추심의 의사를 공개적으로 표시하는 행위

2) 채무자의 연락두절 등 소재파악이 곤란한 경우가 아님에도 채무자의 관계인에게 채무자의 소재, 연락처 또는 소재를 알수 있는 방법 등을 문의하는 행위

⑨ 채권추심자는 채권추심과 관련해 채무자 또는 관계인에게 다음의 어느 하나에 해당하는 행위를 해서는 안 됩니다(동법 제11조 제3호부터 제5호까지). 이를 위반한 자는 위반행위의 횟수에 따라 1회 위반 시 150만원, 2회 위반 시 300만원, 3회 이상 위반 시 600만원의 과태료를 부과 받고(동법 제17조 제2항 제5호, 동법 시행령 제4조 제1항), 사업자가 아닌 경우에는 그 다액의 2분의 1로 감경됩니다(동법 제17조 제4항).

1) 채권추심에 관한 민사상 또는 형사상 법적인 절차가 진행되고 있지 않음에도 그러한 절차가 진행되고 있다고 거짓으로 표시하는 행위

2) 채권추심을 위해 다른 사람이나 단체의 명칭을 무단으로 사용하는 행위

⑩ 채권추심자는 채권추심과 관련해 다음의 어느 하나에 해당하는 행위를 해서는 안 됩니다(동법 제12조 제3호부터 제

5호까지). 이를 위반한 자는 위반행위의 횟수에 따라 1회 위반 시 100만원, 2회 위반 시 200만원, 3회 이상 위반 시 400만원의 과태료를 부과 받고(동법 제17조 제3항, 동법 시행령 제4조 제1항), 사업자가 아닌 경우에는 그 다액의 2분의 1로 감경됩니다.

1) 정당한 사유 없이 수화자부담전화료 등 통신비용을 채무자에게 발생하게 하는 행위

2) 채무자 회생 및 파산에 관한 법률 제593조 제1항 제4호 또는 제600조 제1항 제3호에 따라 개인회생채권에 대한 변제를 받거나 변제를 요구하는 일체의 행위가 중지 또는 금지되었음을 알면서 법령으로 정한 절차 외에서 반복적으로 채무변제를 요구하는 행위

3) 채무자 회생 및 파산에 관한 법률에 따른 회생절차, 파산절차 또는 개인회생절차에 따라 전부 또는 일부 면책되었음을 알면서 법령으로 정한 절차 외에서 반복적으로 채무변제를 요구하는 행위

4) 엽서에 의한 채무변제 요구 등 채무자 외의 자가 채무사실을 알 수 있게 하는 행위(채권의 공정한 추심에 관한 법률 제9조 제7호에 해당하는 행위는 제외)

● **사채업자로부터 돈을 빌리면서 부동산에 가등기를 설정해 주었는데 저의 부동산을 제3자에게 매도하려고 하고 있습니다. 이 경우 제가 부동산을 찾을 방법이 없는지요?**

🈷 저는 사채업자인 甲으로부터 3,000만원을 차용하고, 시가 1억원 상당인 저의 부동산을 담보로 제공하여 가등기

를 설정하면서, 본등기에 필요한 서류도 교부하였습니다. 그런데 甲은 제가 자금사정이 어려워 변제기일을 지키지 못한 것을 악용하여 가등기에 기초한 본등기를 하고는 다시 저의 부동산을 제3자에게 매도하려고 하고 있습니다. 이 경우 제가 부동산을 찾을 방법이 없는지요?

가등기에는 채권담보를 목적으로 하는 담보가등기와 매매예약 등에 의한 가등기가 있고, 담보가등기신청을 할 경우 등기신청서 기재사항 중 등기목적을 본등기 될 권리의 이전담보가등기(예 : 소유권이전담보가등기, 저당권이전담보가등기 등)라고 기재하도록 등기예규에서 정하고 있습니다(등기예규 제1057호 2002. 8. 14. 제정).

한편, 판례는 당해 가등기가 담보가등기인지는 당해 가등기가 실제상 채권담보를 목적으로 한 것인지 여부에 의하여 결정되는 것이지 당해 가등기의 등기부상 원인이 매매예약으로 기재되어 있는지 아니면 대물변제예약으로 기재되어 있는지 하는 형식적 기재에 의하여 결정되는 것이 아니라고 하였으며(대법원 1998.10.7.자 98마1333 결정) 또한, 담보가등기인지는 그 등기부상 표시나 등기할 때에 주고받은 서류의 종류에 의하여 형식적으로 결정될 것이 아니고, 거래의 실질과 당사자의 의사해석에 따라 결정될 문제라고 하였습니다(대법원 1992.2.11. 선고 91다36932 판결).

위 사안에서는 귀하가 甲으로부터 3,000만원을 차용하면서 시가 1억원 상당의 부동산을 담보로 제공하였으므로 담보가등기를 하였다고 할 수 있을 것입니다.

그런데 가등기담보 등에 관한 법률에 의하면, 채권자가 담보계약에 의한 담보권을 실행하여 그 담보목적부동산의 소유권을 취득하기 위해서는 그 채권의 변제기 후에 청산금(통지 당시의 목적부동산의 가액에서 그 채권액을 공제한 금액)의 평가액을 채무자 등에게 통지하고(이 통지에는 통지 당시의 목적부동산의 평가액 및 민법 제360조에 규정된 피담보채권액이 명시되어야 함), 그 통지가 채무자 등에게 도달한 날로부터 2개월의 청산기간이 경과한 후, 청산금을 채무자 등에게 지급하여야 하며, 위 청산금지급채무와 부동산소유권이전등기 및 인도채무의 이행은 동시이행관계에 있습니다(동법 제3조, 제4조).

가등기담보 등에 관한 법률 제3조, 제4조를 위반하여 이루어진 담보가등기에 기초한 본등기효력에 관한 판례를 보면, 가등기담보 등에 관한 법률 제3조, 제4조의 각 규정에 의하면 담보가등기의 경우 청산금평가액을 채무자 등에게 통지한 후 채무자에게 정당한 청산금을 지급하거나 지급할 청산금이 없는 경우에는 채무자가 그 청산통지를 받은 날로부터 2개월의 청산기간이 경과하여야 하는 청산절차를 거친 후에야 그 가등기에 기초한 본등기를 청구할 수 있는데, 위 각 규정을 위반하여 담보가등기에 기초한 본등기가 이루어진 경우에는 그 본등기는 무효이고, 다만 가등기권리자가 이러한 청산절차를 거치면 위 무효인 본등기는 실체적 법률관계에 부합하는 유효한 등기가 될 수 있을 뿐이고(대법원 2007.12.13. 선고 2007다49595 판결), 가등기담보 등에 관한 법률 제13조, 제14조, 제15조에 따르면, 이러한 청산절차를 거치기 전에 강제경매 등의 신청이 행해진 경우 담보가등기권자는 그 가등기에 기초한 본등기를 청구할 수 없고, 그 가등기가 부동산매각에 의해 소멸하되 다른 채권자보다 자기채권을 우선변제 받을 권리가 있을 뿐이라고 하였습니다(대법원 2010.11.9.자 2010마1322 결정).

또한, 청산기간경과 후에도 채무자가 피담보채무전액 등을 지급하고 가등기말소청구를 할 수 있는지를 살펴보면 가등기담보 등에 관한 법률에서 채무자 등은 청산금채권을 변제받을 때까지 그 채무액(반환할 때까지의 이자와 손해금을 포함)을 채권자에게 지급하고 그 채권담보목적으로 마친 소유권이전등기의 말소를 청구할 수 있다고 규정하고 있으며(동법 제11조 본문), 판례도 "채권자가 가등기담보 등에 관한 법률에 의한 가등기담보권을 실행하여 그 담보목적부동산의 소유권을 취득하기 위하여 채무자 등에게 하는 담보권실행통지에는 채권자가 주관적으로 평가한 통지당시의 목적부동산가액과 피담보채권액을 명시함으로써 청산금평가액을 채무자 등에게 통지하면 충분하며, 채권자가 이와 같이 주관적으로 평가한 청산금액수가 정당하게 평가된 청산금액수에 미치지 못하더라도 담보권실행통지로서의 효력이나 청산기간진행에는 아무런 영향이 없고 청산기간이 경과한 후에는 그 가등기에 기초한 본등기를 청구할 수 있는데, 이 경우 채무자 등은 채권자가 통지한 청산 금액을 다투고 정당하게 평가된 청산금을 지급받을 때까지 목적부동산의 소유권이전등기 및 인도채무이행을 거절하거나 피담보채무전액을 채권자에게 지급하고 채권담보목적으로 마쳐진 가등기말소를 청구할 수 있을 뿐 아니라(대법원 1992.9.1. 선고 92다10043, 10050 판결), 채권자에게 정당하게 평가된 청산금을 청구할 수도 있다.”고 하였습니다(대법원 2008.4.11. 선고 2005다36618 판결).

한편, 채무자는 채권자가 통지한 청산금액에 동의함으로써 청산금을 확정시킬 수 있으며, 그 경우 동의는 명시적 뿐만 아니라 묵시적으로도 가능합니다.

그러므로 위 사안에서 甲은 청산절차를 이행하지 않았고, 귀하에게 청산금을 지급하지도 않았으므로 비록 본등기를 하였더라도 그 본등기는 무효로 되어 甲은 소유권을 취득하지 못하는 것이고, 제3자에게 매도할 권리도 없다고 하겠습니다. 그럼에도 불구하고 甲이 이러한 사정을 모르는 제3자와 매매계약을 체결하고 소유권이전등기까지 경료하여 준다면 귀하는 그 제3자에게 대항할 수 없으므로 소유권을 회복하기 어렵게 될 수 있습니다(가등기담보 등에 관한 법률 제11조 단서).

따라서 귀하는 지금이라도 위 부동산에 대해 처분금지가처분을 신청하여 甲이 부동산을 처분하지 못하도록 조치한 다음, 피담보채권액을 변제 또는 공탁한 후 甲의 명의로 되어 있는 소유권이전등기의 말소를 청구하든지, 甲에게 청산절차이행과 청산금지급을 청구하는 것이 좋을 듯합니다.

3-1-4. 부당한 비용 청구 금지

① 채권추심자는 채무자 또는 관계인에게 지급할 의무가 없거나 실제로 사용된 금액을 초과한 채권추심비용을 청구해서는 안 됩니다(채권의 공정한 추심에 관한 법률 제13조 제1항).

② 이를 위반하여 채권추심비용을 청구한 자는 위반행위의 횟수에 따라 1회 위반 시 150만원, 2회 위반 시 300만원, 3회 이상 위반 시 600만원의 과태료를 부과 받고(동법 제17조 제2항 제6호, 동법 시행령 제4조 제1항), 사업자가 아닌 경우에는 그 다액의 2분의 1로 감경됩니다(동법 제17조 제4항).

③ 채권추심자가 채무자 또는 관계인에게 청구할 수 있는 채권추심비용은 다음과 같습니다(동법 시행령 제2조).

  1) 채권자와 채무자가 채무이행과 관련하여 채무자 또는 관계인이 부담하기로 변제기 전에 합의한 비용

  2) 채무확인서의 교부와 관련하여 1만원의 범위에서 채권추심자가 실제로 지출한 비용

  3) 그 밖에 채무자가 부담하는 것이 적절하다고 인정되는 비용

④ 채무자 또는 관계인은 채권추심자가 사업자(동법 제2조 제1호 가목 및 라목에 따른 자 및 그 자를 위하여 고용, 도급, 위임 등에 따라 채권추심을 하는 자를 말함)인 경우에는 그 사업자에게 채권추심비용을 항목별로 명시한 서류(비용명세서)의 교부를 요청할 수 있습니다(동법 제13조의2 제1항).

⑤ 비용명세서의 교부를 요청받은 채권추심자는 정당한 사유가 없으면 지체 없이 이를 교부해야 하고, 채무자 또는 관

계인에게 그 교부에 따른 비용을 청구해서는 안 됩니다(동법 시행령 제3조 제2항). 이를 위반하여 비용명세서를 교부하지 않은 자는 1천만원 이하의 과태료를 부과 받습니다(동법 제17조 제2항 제7호).

3-1-5. 손해배상책임

채권추심자가 채권의 공정한 추심에 관한 법률을 위반해 채무자 또는 관계인에게 손해를 입힌 경우에는 그 손해를 배상해야 합니다(동법 제14조).

● **대부업체에게 부당하게 재산이 가압류 된 경우에는 어떻게 해야 하나요?**

📁 대부업체에서 빌린 원금과 이자를 전부 변제했는데 원금과 이자가 남았다며 부동산 및 자동차 등을 가압류한 경우에는 어떻게 해야 하나요?

📁 가압류는 금전채권이나 금전으로 환산할 수 있는 채권에 대해 동산 또는 부동산에 대한 강제집행을 보전하기 위해 할 수 있습니다(민사집행법 제276조 제1항). 가압류는 채권자 보호를 위한 제도이지만 악의의 채권자가 부당하게 재산에 가압류를 하는 경우 선의의 채무자는 피해를 입을 수 있습니다.

부당하게 재산에 가압류가 된 경우 채무자는 다음과 같은 조치를 취할 수 있습니다. ①법원의 가압류 명령자체에 문제가 있음을 주장해 가압류결정에 대해 이의를 신청할 수 있습니다(동법 제283조 제1항). 이의신청은 가압류의 집행을 정지하지 않으므로(동법 제283조 제3항), ②가압류를 빨리 풀 필요가 있을 때에는 가압류명령에 정한 금액을 공탁해 법원에 가압류를 취소하도록 할 수 있습니다(동법 제299조 제1항). 이와 별도로 ③채무자는 법원에, 변론 없이 채권자에게 2주 이상의 기간 이내에 본안의 소를 제기해 이를 증명하는 서류를 제출하거나 이미 소를 제기하였으면 소송계속사실을 증명하는 서류를 제출하도록 명하는 신청(동법 제287조 제1항 및 제2항)을 할 수도 있습니다. 채권자가 기간 이내에 서류를 제출하지 않은 때에는 법원은 채무자의 신청에 따라 결정으로 가압류를 취소해야 합니다(동법 제287조 제3항).

3-1-6. 채권추심자의 소속·성명 명시 의무

대부계약에 따른 채권의 추심을 하는 자는 채무자 또는 그의 관계인에게 그 소속과 성명을 밝혀야 합니다(대부업법 제10조의2). 이를 위반하여 소속과 성명을 밝히지 않은 자는 1차 위반 시 20만원, 2차 위반 시 100만원, 3차 위반 시 200만원의 과태료를 부과 받습니다(동법 제21조 제2항 제8호, 동법 시행령 제12조 및 별표3 제2호 버목).

● **집 나간 아버지가 대부업체에서 대출받았을 경우 대신 갚아야 하나요?**

집 나간 아버지가 대부업체에서 500만원을 대출받았나 봅니다. 아버지랑 연락이 안 된다며 매일 저녁 집으로 전화를 해 어머니와 저에게 대신 갚으라고 합니다. 저희가 대신 갚아야 할까요?

답 대신 갚아야 할 의무가 없습니다. 채권 추심자는 채권 추심과 관련해 채무자 또는 관계인을 폭행·협박·체포 또는 감금하거나 그에게 위계(僞計)나 위력(威力)을 사용하는 행위를 해서는 안 됩니다.

또한, 채무를 변제할 법률상 의무가 없는 채무자 외의 사람에게 채무자를 대신해 채무를 변제할 것을 요구함으로써 공포심이나 불안감을 유발해 사생활 또는 업무의 평온을 심하게 해치는 행위를 해서도 안 됩니다. 따라서 채무를 변제할 의무가 없는 질문자나 어머니에게 아버지의 빚을 대신 갚으라고 종용할 수 없습니다.

채권 추심자는 채권 추심과 관련해 채무자 또는 관계인을 폭행·협박·체포 또는 감금하거나 그에게 위계나 위력을 사용하는 행위를 해서는 안 됩니다. 이를 위반한 자는 5년 이하의 징역 또는 5천만원 이하의 벌금에 처해집니다.

채권추심자는 채권추심과 관련해 아래의 어느 하나에 해당하는 행위를 해서는 안 되며, 이를 위반한 자는 3년 이하의 징역 또는 3천만원 이하의 벌금에 처해집니다.

① 정당한 사유 없이 반복적으로 또는 야간(오후 9시 이후부터 다음 날 오전 8시까지를 말함)에 채무자나 관계인을 방문함으로써 공포심이나 불안감을 유발해 사생활 또는 업무의 평온을 심하게 해치는 행위

② 정당한 사유 없이 반복적으로 또는 야간(오후 9시 이

후부터 다음 날 오전 8시까지를 말함)에 전화하는 등
말, 글, 음향, 영상 또는 물건을 채무자나 관계인에게
도달하게 함으로써 공포심이나 불안감을 유발해 사생
활 또는 업무의 평온을 심하게 해치는 행위

③ 채무자 외의 사람이나 보증인에게 채무에 관한 거짓
사실을 알리는 행위

④ 채무자 또는 관계인에게 금전 차용 등의 방법으로 채
무의 변제자금을 마련할 것을 강요함으로써 공포심이
나 불안감을 유발해 사생활 또는 업무의 평온을 심하
게 해치는 행위

⑤ 채무를 변제할 법률상 의무가 없는 사람에게 채무자
를 대신해 채무를 변제할 것을 반복적으로 요구함으
로써 공포심이나 불안감을 유발해 사생활 또는 업무
의 평온을 심하게 해치는 행위

⑥ 무효이거나 존재하지 않는 채권을 추심하는 의사를
표시하는 행위

⑦ 채무자의 직장이나 거주지 등 채무자의 사생활 또는
업무와 관련된 장소에서 다수인이 모여 있는 가운데
채무자 외의 사람에게 채무자의 채무금액, 채무불이행
기간 등 채무에 관한 사항을 공연히 알리는 행위

※ **【관련판례】**

[1] 업무방해죄에서 '위력'이란 사람의 자유의사를 제압·혼란케 할
만한 일체의 세력을 말하고, 유형적이든 무형적이든 묻지 않으
며, 폭행·협박은 물론 사회적, 경제적, 정치적 지위와 권세에
의한 압박 등을 포함한다고 할 것이고, 위력에 의해 현실적으로

● **대출 불법수수료를 요구하며 협박할 경우에는 어떻게 해야 하나요?**

문 제가 대출을 받았는데 채권자가 진행비 10.0%를 요구하
고 10.0%에 동의한다는 녹취도 했다고 합니다. 불법수
수료라서 못주겠다고 하니 가족에게 알린다고 협박하며
밤늦게까지 전화하며 수수료주지 않는다면 피해주겠다고
협박을 하고 있어서 너무 억울합니다. 이런 경우에는 어
떻게 해야 하나요?

답 대부업법은 대부중개업자는 중개의 대가를 대부를 받는
거래상대방으로부터 받아서는 안 되며, 이를 위반 시 5
년 이하의 징역 또는 5천만원 이하의 벌금에 처한다고
명시하고 있습니다.

또한 중개업자가 중개수수료를 받기위해 민원인을 협박
한 부분은 형법상 협박죄가 성립될 수 있으며, 이에 대
한 법정형은 3년 이하의 징역, 500만원 이하의 벌금, 구
류 또는 과태료가 부과됩니다.

아울러 협박으로 재물의 교부를 받거나 재산상의 이익을

취득한 부분이 있다면 형법상 공갈에 해당하고, 이에 대한 법정형은 10년 이하의 징역 또는 2천만원 이하의 벌금입니다.

귀하께서는 가까운 경찰서 민원실에 해당 대출 중개업소를 명시하여 고소, 고발장을 접수하여 주시면 적법절차에 따라 처리 될 것입니다.

● **과도하거나 부당한 채권추심에 대해 어떻게 대처해야 하는지요?**

문 과도하거나 부당한 채권추심에 대해 어떻게 대처해야 하는지요?

답 대부업자(대부업자로부터 대부계약에 따른 채권을 양도 받거나 채권의 추심을 위탁 받은 자, 등록하지 아니하고 사실상 대부업을 영위하는 자 포함)는 대부계약에 따른 채권을 추심함에 있어 대부업법에 의거, 말이나 글, 음향 또는 영상, 물건을 채무자 또는 그의 관계인에게 도달하게 하는 행위 및 정당 한 사유 없이 채무자 또는 그의 관계인을 방문하는 행위, 채무자의 관계인에게 채무자를 대신하여 채무를 변제할 것을 강요하는 행위(2008.3.22. 시행) 등으로 채무자 또는 그의 관계인에게 공포심과 불안감을 유발하여 사생활 또는 업무의 평온을 심히 해치는 방법을 금지하고 있으며, 이와 같은 불법적 채권추심을 하는 경우 3년 이하의 징역 또는 3천만원 이하의 벌금에 처해질 수 있습니다.

귀하께서 겪고 있는 피해가 이러한 불법적 채권추심행위

에 해당된다고 판단되는 경우 불법적 채권추심행위를 한 자의 영업소나 주소지를 관할하는 경찰서 수사과 지능팀으로 동 사실을 신고하실 수 있으며, 경찰청 또는 정부민원안내콜센터 등에 신고하시어 구제받으실 수 있습니다. 다만, 실제로 불법적 채권추심행위로 인정되어 형사처벌을 받게 되는 것은 수사의 진행 결과 및 관련 증거 등에 따라 달라질 수 있습니다.

또한 대부업자가 채무자외의 관계인에게 채무사실을 알리는 경우(엽서에 의한 채무변제의 요구 등 채무자 외의 자가 채무사실을 알 수 있게 하는 방법 포함) 2천만원 이내의 과태료에 처하도록 관련법에 규정되어 있으므로, 이 경우 대부업자의 영업소 소재지 관할 시, 도에 동 사실을 신고할 수 있습니다.

한편, 불법 채권추심으로 인한 피해 예방 및 구제를 위해 금융감독원에서는 사금융피해상담센터를 운영하고 있으며, 대부업피해신고센터를 통해서도 도움을 받으실 수 있습니다.

● **공포심과 불안감을 유발하는 채권추심은 처벌대상이 되는지요?**

문 공포심과 불안감을 유발하는 채권추심은 처벌대상이 되는지요?

답 말, 글, 영상, 물건 등을 전달하거나 정당한 사유 없는 방문을 통해 공포심과 불안감을 유발하여 사생활 또는 업무의 평온을 심히 해치는 방법으로 채권추심을 하는 경우 3년이하 징역 또는 3천만원 이하 벌금에 처해질 수 있습니다.

● **사채업자로부터 돈을 빌리면서 공정증서를 작성 하였는데, 가재도구에 대하여 압류를 하였을 경우에 해결할 방법이 없는지요?**

문 저는 현재 조그만 자영업을 하는 사람으로서 가족으로는 처와 고등학교 1학년생 딸아이가 있습니다. 그런데 저는 약 6개월 전에 자금난으로 인하여 사채업자로부터 금 500만원을 빌리면서 집행력 있는 공정증서를 작성 하였는데 이를 갚지 못하고 변제기한을 넘기자, 최근에 사채업자가 집안에 있는 가재도구에 대하여 압류를 하였고, 압류된 물건 중에는 피아노 1대도 포함되어 있습니다. 그러나 약 3개월 후에 딸아이가 시민회관에서 피아노독주회를 개최할 예정인데 피아노가 경매로 넘어가면 딸아이가 이때까지 계속 연습해오던 피아노로 더 이상 연습을 하지 못하게 되어 독주회를 제대로 개최하지 못할 상황인데, 이 경우 해결할 방법이 없는지요? 참고적으로 저는 한 달 정도 지나면 금전이 마련되어 부채를 갚을 수 있을 것으로 예상됩니다.

답 민사집행법 제195조는 다음과 같은 물건들에 대한 압류를 금지하고 있습니다.

1) 채무자 및 그와 같이 사는 친족(사실상 관계에 따른 친족을 포함한다. 이하 이 조에서 '채무자 등'이라 한다)의 생활에 필요한 의복·침구·가구·부엌기구, 그 밖의

생활필수품

2) 채무자 등의 생활에 필요한 2월간의 식료품·연료 및 조명재료

3) 채무자 등의 생활에 필요한 1월간의 생계비로서 대통령령이 정하는 액수의 금전

4) 주로 자기 노동력으로 농업을 하는 사람에게 없어서는 아니 될 농기구·비료·가축·사료·종자, 그 밖에 이에 준하는 물건

5) 주로 자기의 노동력으로 어업을 하는 사람에게 없어서는 아니 될 고기잡이 도구·어망·미끼·새끼고기, 그 밖에 이에 준하는 물건

6) 전문직 종사자·기술자·노무자, 그 밖에 주로 자기의 정신적 또는 육체적 노동으로 직업 또는 영업에 종사하는 사람에게 없어서는 아니 될 제복·도구, 그 밖에 이에 준하는 물건

7) 채무자 또는 그 친족이 받은 훈장·포장·기장, 그 밖에 이에 준하는 명예증표

8) 위패·영정·묘비, 그 밖에 상례·제사 또는 예배에 필요한 물건

9) 족보·집안의 역사적인 기록·사진첩, 그 밖에 선조숭배에 필요한 물건

10) 채무자의 생활 또는 직무에 없어서는 아니 될 도장·문패·간판, 그 밖에 이에 준하는 물건

11) 채무자의 생활 또는 직업에 없어서는 아니 될 일기장·상업장부, 그 밖에 이에 준하는 물건

12) 공표되지 아니한 저작 또는 발명에 관한 물건

13) 채무자 등이 학교·교회·사찰, 그 밖의 교육기관 또는
    종교단체에서 사용하는 교과서·교리서·학습용구, 그
    밖에 이에 준하는 물건

14) 채무자 등의 일상생활에 필요한 안경·보청기·의치·의
    수족·지팡이·장애보조용 바퀴의자, 그 밖에 이에 준하
    는 신체보조기구

15) 채무자 등의 일상생활에 필요한 자동차로서 자동차관
    리법이 정하는 바에 따른 장애인용 경형자동차

16) 재해의 방지 또는 보안을 위하여 법령의 규정에 따라
    설비하여야 하는 소방 설비·경보기구·피난시설, 그 밖
    에 이에 준하는 물건 등과 같으며, 민사집행법 이외
    에 다른 법령에도 개별적으로 규정을 하고 있습니다.

한편 민사집행법 제196조 제1항은 "법원은 당사자가 신
청하면 채권자와 채무자의 생활형편, 그 밖의 사정을 고
려하여 유체동산의 전부 또는 일부에 대한 압류를 취소
하도록 명하거나 같은 법 제195조의 유체동산을 압류하
도록 명할 수 있다."라고 규정하고 있습니다. 여기서 '생
활형편'이란 채권자가 채무자로부터 그 채권을 변제받지
못함으로써 받고 있는 경제적 곤궁의 정도와 채무자의
경제적 곤궁의 정도를 의미하며, '그 밖의 사정'이란 압
류명령을 취소하거나 압류금지물건에 대하여 압류명령을
함으로써 채권자 또는 채무자가 받게 되는 경제적 영향
과 채무자가 채무를 성실히 이행 할 의사가 있는지 여부
및 이러한 재판의 신청에 이르게 된 경위나 동기 등을

의미한다고 볼 수 있습니다.

따라서 위와 같은 사유에 해당될 경우에는 압류명령을 발한 법원에 '압류금지물건 확장(혹은 압류 취소) 신청'을 할 수 있는데, 귀하의 딸이 현재 연습중인 피아노는 소명하기에 따라서 민사집행법 제195조 제13호의 '학습용구 또는 이에 준하는 물건'으로 해석될 여지가 있어 보입니다. 만약 이러한 주장이 인정되지 않는다면, 귀하는 민사집행법 제196조 제1항에서 규정한 '그 밖의 사정'을 내세우셔야 할 것으로 보입니다.

그리고 압류금지물건의 확장 신청과 동시에 법원에 강제집행을 일시정지 시켜 달라는 잠정처분을 신청하게 되는데, 이 경우 법원에서 민사집행법 제196조 제3항 및 같은 법 제16조 제2항에 의하여 담보를 제공할 것을 조건으로 하는 명령이 내려지는 것이 일반적입니다. 이 경우 담보의 제공은 보통 현금으로 하여야 하며, 그 방법은 법원에 공탁하는 것이며, 담보액은 법원이 재량으로 판단하게 되어 있으나 대략 피아노의 감정가액 정도로 생각하시면 될 것으로 보입니다.

※ 【관련판례】

공증료는 채권자가 채무자의 채무불이행에 대비하여 강제집행을 위한 집행권원을 미리 확보해 놓는 데 드는 비용으로서 채무자가 당연히 부담해야 할 성질의 것도 아니고 담보권 설정비용으로 볼 수도 없으므로, 구 대부업법 제8조 제2항 등의 취지에 비추어 볼 때 채무자로부터 공증료를 받았다면 이 역시 구 대부업법 제8조 제2항에서 정하는 이자에 해당하고, 대부업자가 그만큼의 선이자를 사

4. 채권추심자의 의무

① 고리사채업자 및 불법대부업자들이 채무자와 그 가족들을
과도한 추심행위를 통해 괴롭히는 사례가 빈발하여 사회
적 문제가 됨에 따라 이를 방지하기 위해 채권의 공정한
추심에 관한 법률이 제정되어 시행되고 있습니다.

② 채무자의 보호를 위해 채권추심자에게 채무확인서 발급 의
무, 채권추심에 관한 사항의 채무자 통지 의무, 복수의 채
권추심 위임 금지, 채무부존재 소송 시 채무불이행자 등록
금지 및 개인정보의 누설 금지 등을 규정하고 있습니다.

③ 채권추심자는 채권추심과 관련해 폭행, 협박, 위계(僞計) 또
는 위력(威力)의 행사, 공포심이나 불안감을 유발해 사생활
또는 업무의 평온을 심하게 해치는 방문·전화, 거짓 표시
또는 불공정한 행위를 해서는 안 되고, 채무자 또는 관계
인에게 손해를 입힌 경우에는 그 손해를 배상해야 합니다.

● **사채업자가 변제받기를 거부할 경우에 채무자가 변제할 수 있
는 방법은 없나요?**

🈷 저는 6개월 전 사채업자 甲으로부터 5,000만원을 차용
하면서 저의 부동산에 근저당권을 설정하였는데, 형편이
어려워 이자를 제때 지급하지 못하였고 변제기에 이르러
그 동안 지급하지 못한 이자와 원금을 변제하려고 하였

으나, 甲은 터무니없는 금액을 요구하며 수령하기를 거절하였습니다. 이후에도 甲과 여러 차례 만나려고 시도하였으나, 그 때마다 甲은 만나주지 않고 있습니다. 이 경우 저는 어떻게 대처해야 되는지요?

일부 채권자 중에는 담보물을 헐값에 취득할 목적으로 변제기일에 일부러 만나주지 않거나 무리한 요구를 내세우는 등의 수법으로 채무자로 하여금 변제기일을 넘기게 하여 담보물을 처분하는 경우도 있는데, 민법에서 채권자가 변제를 받지 아니하거나 받을 수 없는 때에는 변제자는 채권자를 위하여 변제목적물을 공탁하여 그 채무를 면할 수 있고, 변제자가 과실 없이 채권자를 알 수 없는 경우에도 같다고 변제공탁제도에 관하여 규정하고 있습니다(민법 제487조). 또한, 변제목적물이 공탁에 적당하지 아니하거나 멸실 또는 훼손될 염려가 있거나 공탁에 과다한 비용을 요하는 경우 변제자는 법원의 허가를 얻어 그 물건을 경매하거나 시가로 방매하여 대금을 공탁할 수 있는데(민법 제490조), 채무변제 약정내용에 따른 부동산변제공탁은 공탁에 적당하지 아니한 경우에 해당하므로, 민법 제490조에 의하여 변제자가 법원의 허가를 얻어 당해 부동산을 경매하거나 시가로 방매하여 그 대금을 공탁하는 절차를 취해야 할 것입니다(공탁선례 1-41 1999. 2. 27. 제정).
변제공탁은 채무이행지의 공탁소에 하여야 하고(민법 제488조 제1항), 변제공탁의 효력발생 시기는 변제공탁이 적법한 경우 채권자가 공탁물출급청구를 하였는지 여부와 관계없이 그 공탁을 한 때에 변제효력이 발생합니다(대법원 2002. 12. 6. 선고 2001다2846 판결).

그리고 공탁원인사실이 어느 것인지의 판단기준에 관한 판례를 보면, 공탁은 공탁자가 자기의 책임과 판단 아래 하는 것으로서 공탁자는 누구에게 변제해야 할 것인지를 판단하여 그에 따라 변제공탁이나 집행공탁 또는 혼합공탁을 선택하여 할 수 있을 뿐만 아니라, 변제공탁을 함에 있어서도 민법 제487조 전단과 후단 중 어느 사유를 공탁원인사실로 할 것인지 선택하여 할 수 있는데, 변제공탁이 민법 제487조 전단의 '수령불능을 원인으로 한 변제공탁'인지, 같은 조 후단의 '상대적 불확지 변제공탁'인지 아니면 두 가지 성격을 모두 가지고 있는지는 공탁서의 '법령조항'란의 기재와 '공탁원인사실'란의 기재 등에 비추어 객관적으로 판단해야 한다고 하였습니다(대법원 2008. 10. 23. 선고 2007다35596 판결).

또한, 채무액일부 변제공탁의 효력에 관한 판례를 보면, 채무자가 공탁원인이 있어서 공탁에 의하여 그 채무를 면하려면 채무액전부를 공탁해야 할 것이고, 일부공탁은 그 채무를 변제함에 있어서 일부제공이 유효한 제공이라고 시인될 수 있는 특별한 사정이 있는 경우를 제외하고는 채권자가 이를 수락하지 아니하는 한 그에 상응하는 효력을 발생할 수 없다고 하였으며(대법원 2008. 7. 10. 선고 2008다10051 판결), 채무액일부 변제공탁의 경우 채권자가 공탁금을 채권일부에 충당한다는 유보의 의사

표시를 하고 이를 수령한 때에는 그 공탁금은 채권일부 변제에 충당되고, 그 경우 유보의 의사표시는 반드시 명시적으로 해야 하는 것은 아니라고 하였으나(대법원 2009. 10. 29. 선고 2008다51359 판결), 채권자에 대한 변제자의 공탁금액이 채무총액에 비하여 아주 근소하게 부족한 경우에는 당해 변제공탁은 신의칙상 유효한 것이라고 보아야 한다고 하였습니다(대법원 2002.5.10. 선고 2002다12871, 12888 판결).

조건부변제공탁도 채권자가 조건이행의무가 있는 경우에는 유효합니다. 예컨대, 동시이행관계에 있는 반대급부를 조건으로 하는 변제공탁은 유효하고(대법원 1992.12.22. 선고 92다8712 판결), 이 경우 공탁물수령자가 그 출급을 받으려면 붙여진 조건을 이행하였음을 증명하여야 공탁물출급을 청구할 수 있습니다(민법 제491조, 공탁법 제10조). 그러나 채권자에게 반대급부 기타 조건의 이행의무가 없음에도 불구하고 채무자가 이를 조건으로 공탁한 때에는 채권자가 이를 수락하지 않은 한 그 공탁은 무효입니다(대법원 2002. 12.6. 선고 2001다2846 판결).

변제공탁의 효과로는 변제가 있었던 것과 같이 채무는 소멸하고, 채권자는 공탁물인도청구권을 취득합니다. 그리고 질권·저당권이 공탁으로 인하여 소멸한 때를 제외하고는 채권자가 공탁을 승인하거나 공탁소에 대하여 공탁물을 받기를 통고하거나 공탁유효의 판결이 확정되기까지 변제자는 공탁물을 회수할 수 있고(민법 제489조), 착오로 공탁을 한 때나 공탁원인이 소멸한 때에도 공탁물을 회수할 수 있습니다(공탁법 제9조 제2항).

따라서 위 사안의 경우 甲이 변제 받기를 거부하고 있으므로, 귀하는 원금, 약정이자, 변제기 이후의 지연손해금 등을 채무이행지, 즉 지참채무이므로 甲의 주소지를 관할하는 법원에 설치된 공탁소에 공탁하여 甲에 대한 채무를 면할 수 있을 것입니다(민법 제488조). 그리고 채무가 소멸하면 근저당권도 당연히 소멸하나(근저당권의 부종성) 귀하의 부동산에 마쳐진 근저당권설정등기가 자동적으로 말소되는 것은 아니므로, 귀하는 甲을 상대로 우선 근저당권처분금지가처분을 한 후 근저당권설정등기 말소등기청구의 소를 제기해야 할 것입니다.

참고로 '관할공탁소 이외의 공탁소에서의 공탁사건처리지침'(행정예규 제887호 2011.2.7. 개정)에서 금전변제공탁신청 및 공탁금지급청구에 관하여 공탁당사자의 생활근거지가 관할공탁소와 멀리 떨어져 있는 경우 관할공탁소를 방문해서 공탁업무를 처리해야 하는 불편을 덜어주기 위해 관할공탁소 이외의 공탁소(접수공탁소)에 공탁서 등을 제출할 수 있는 특칙이 마련되어 있습니다. 또한, 국내에 주소나 거소가 없는 외국인이나 재외국민을 위한 변제공탁은 지참채무의 경우에 다른 법령의 규정이나 당사자의 특약이 없는 한 서울중앙지방법원 공탁관에게 공탁할 수 있습니다(공탁법 제5조, 공탁규칙 제66조).

4-1. 채무자 보호를 위한 채권추심자의 의무

4-1-1. 채무확인서 발급 의무

① 채권추심자(대부업자, 대부중개업자, 미등록대부업자, 여신금융기관 및 이들로부터 대부계약에 따른 채권을 양도받거나 재양도 받은 자에 한함)는 채무자로부터 원금, 이자, 비용, 변제기 등 채무를 증명할 수 있는 서류(채무확인서)의 교부를 요청받은 때에는 정당한 사유가 없는 한 이에 따라야 합니다(채권의 공정한 추심에 관한 법률 제5조 제1항). 이를 위반하여 채무확인서의 교부요청에 응하지 않은 자는 위반행위의 횟수에 따라 1회 위반 시 300만원, 2회 위반 시 600만원, 3회 이상 위반 시 1,400만원의 과태료를 부과 받습니다(동법 제17조 제1항 제1호, 동법 시행령 제4조 제1항).

② 위반행위의 횟수에 따른 과태료 부과기준은 위반사항에 대하여 과태료 부과처분을 한 날부터 1년 이내에 다시 같은 위반사항을 적발한 경우에 적용합니다(동법 시행령 별표).

③ 채권추심자(대부업자, 대부중개업자, 미등록대부업자, 여신금융기관 및 이들로부터 대부계약에 따른 채권을 양도받거나 재양도 받은 자에 한함)는 채무확인서 교부에 직접 사용되는 비용 중 1만원의 범위에서 채무자에게 그 비용을 청구할 수 있습니다(동법 제5조 제2항 및 동법 시행령 제1조의2).

4-1-2. 채권추심에 관한 사항의 채무자 통지 의무

① 채권추심자[금전이나 그 밖의 경제적 이익을 대가로 받거

나 받기로 약속하고 타인의 채권을 추심하는 자(채권추심을 목적으로 채권의 양수를 가장한 자 포함) 및 그 자를 위해 고용, 도급, 위임 등 원인을 불문하고 채권추심을 하는 자를 말함]가 채권자로부터 채권추심을 위임받은 경우에는 채권추심에 착수하기 전까지 다음에 해당하는 사항을 채무자에게 서면(전자문서 및 전자거래에 관한 기본법 제2조제1호의 전자문서 포함. 이하 같음)으로 통지해야 합니다. 다만, 채무자가 통지가 필요 없다고 동의한 경우에는 그렇지 않습니다(채권의 공정한 추심에 관한 법률 제6조 제1항).

1) 채권추심자의 성명·명칭 또는 연락처(채권추심자가 법인인 경우에는 채권추심담당자의 성명, 연락처를 포함)
2) 채권자의 성명·명칭, 채무금액, 채무불이행 기간 등 채무에 관한 사항
3) 입금계좌번호, 계좌명 등 입금계좌 관련 사항

② 채무발생의 원인이 된 계약에 기한의 이익에 관한 규정이 있는 경우에는 채무자가 기한의 이익을 상실한 후 즉시 통지해야 합니다(동법 제6조 제2항). 여기서 「기한의 이익」이란 채무의 이행기한이 도래하지 않음으로써 그 동안 당사자가 받는 이익을 말합니다.

③ 채무발생의 원인이 된 계약이 계속적인 서비스 공급 계약인 경우에는 서비스 이용료 납부지체 등 채무불이행으로 인해 계약이 해지된 즉시 통지해야 합니다(동법 제6조 제3항). 이를 위반하여 채권자로부터 채권추심을 위임받은 사실을 서면으로 통지하지 않은 자는 위반행위의 횟수에

따라 1회 위반 시 150만원, 2회 위반 시 300만원, 3회 이
상 위반 시 700만원의 과태료를 부과 받습니다(동법 제17
조 제2항 제1호, 동법 시행령 제4조 제1항 및 별표).

4-1-3. 복수의 채권추심 위임 금지

① 채권추심자는 동일한 채권에 대해 동시에 2인 이상의 자에
　게 채권추심을 위임해서는 안 됩니다(채권의 공정한 추심
　에 관한 법률 제7조).

② 이를 위반하여 동일 채권에 대해 2인 이상의 자에게 채권
　추심을 위임한 자는 위반행위의 횟수에 따라 1회 위반 시
　150만원, 2회 위반 시 300만원, 3회 이상 위반 시 600만
　원의 과태료를 부과받고(동법 제17조제2항제2호, 동법 시
　행령 제4조제1항 및 별표), 사업자가 아닌 경우에는 그 다
　액의 2분의 1로 감경됩니다.

4-1-4. 채무부존재 소송 시 채무불이행자 등록 금지

　다음의 채권추심자는 채무자가 채무의 존재를 다투는 소를
제기해 그 소송이 진행 중인 경우에 신용정보의 이용 및 보호
에 관한 법률에 따른 신용정보집중기관이나 신용정보업자의
신용정보전산시스템에 해당 채무자를 채무불이행자로 등록해
서는 안 됩니다.

　이 경우 채무불이행자로 이미 등록된 때에는 채권추심자는
채무의 존재를 다투는 소가 제기되어 소송이 진행 중임을 안
날부터 30일 이내에 채무불이행자 등록을 삭제해야 합니다(채
권의 공정한 추심에 관한 법률 제8조). 이를 위반하여 채무의

존재를 다투는 소송이 진행 중임에도 채무불이행자로 등록하
거나 소송이 진행 중임을 알면서도 30일 이내에 채무불이행
자 등록을 삭제하지 않은 자는 위반행위의 횟수에 따라 1회
위반 시 150만원, 2회 위반 시 300만원, 3회 이상 위반 시
700만원의 과태료를 부과 받습니다(동법 제17조 제2항 제3
호, 동법 시행령 제4조 제1항 및 별표).

1) 대부업자, 대부중개업자, 미등록대부업자, 여신금융기관 및
   이들로부터 대부계약에 따른 채권을 양도받거나 재양도 받
   은자(동법 제2조제1호가목)

2) 금전이나 그 밖의 경제적 이익을 대가로 받거나 받기로 약
   속하고 타인의 채권을 추심하는 자(채권추심을 목적으로
   채권의 양수를 가장한 자 포함) 및 그 자를 위해 고용, 도
   급, 위임 등 원인을 불문하고 채권추심을 하는 자(동법 제
   2조 제1호 라목 및 마목)

4-1-5. 대리인 선임 시 채무자에 대한 연락 금지

① 채권추심자는 다음의 경우를 제외하고는 채무자가 변호사
   법에 따른 변호사·법무법인·법무법인(유한) 또는 법무조합
   을 채권추심에 응하기 위한 대리인으로 선임하고, 이를 채
   권추심자에게 서면으로 통지한 경우 채무와 관련해 채무
   자를 방문하거나 채무자에게 말·글·음향·영상 또는 물건을
   도달하게 해서는 안 됩니다. 다만, 채무자와 대리인이 동
   의한 경우 또는 채권추심자가 대리인에게 연락할 수 없는
   정당한 사유가 있는 경우에는 그렇지 않습니다(채권의 공
   정한 추심에 관한 법률 제8조의2).

1) 대부업법에 따른 여신금융기관

2) 신용정보의 이용 및 보호에 관한 법률에 따른 신용정보회사

3) 자산유동화에 관한 법률 제10조에 따른 자산관리자

4) 채권의 공정한 추심에 관한 법률 제2조 제1호 가목에 규정된 자를 제외한 일반 금전대여 채권자

5) 위 1)부터 4)까지에 규정된 자들을 위하여 고용되거나 같은 자들의 위임을 받아 채권추심을 하는 자(다만, 채권추심을 하는 자가 대부업법에 따른 대부업자, 대부중개업자, 대부업의 등록을 하지 않고 사실상 대부업을 영위하는 자인 경우는 제외)

② 이를 위반하여 채무자를 방문하거나 채무자에게 말·글·음향·영상 또는 물건을 도달하게 한 자는 2천만원 이하의 과태료를 부과 받습니다(동법 제17조 제1항 제2호).

4-1-6. 관계인에 대한 연락 금지

① 채권추심자는 채권추심을 위하여 채무자의 소재, 연락처 또는 소재를 알 수 있는 방법 등을 문의하는 경우를 제외하고는 채무와 관련하여 관계인을 방문하거나 관계인에게 말·글·음향·영상 또는 물건을 도달하게 해서는 안 됩니다(채권의 공정한 추심에 관한 법률 제8조의3 제1항).

② 채권추심자는 관계인을 방문하거나 관계인에게 말·글·음향·영상 또는 물건을 도달하게 하는 경우 다음에 해당하는 사항을 관계인에게 밝혀야 하며, 관계인이 채무자의 채무내용 또는 신용에 관한 사실을 알게 해서는 안 됩니다(동법 제8조의3 제2항). 이를 위반한 자는 1천만원 이하의

과태료를 부과 받습니다(동법 제17조 제2항 제4호).

1) 채권추심자의 성명·명칭 및 연락처(채권추심자가 법인인
   경우에는 업무담당자의 성명 및 연락처를 포함)
2) 채권자의 성명·명칭
3) 방문 또는 말·글·음향·영상·물건을 도달하게 하는 목적

4-1-7. 개인정보의 누설 금지 등

① 채권추심자는 채권발생이나 채권추심과 관련해 알게 된 채
   무자 또는 관계인의 신용정보나 개인정보를 누설하거나 채
   권추심의 목적 외로 이용해서는 안 됩니다(채권의 공정한
   추심에 관한 법률 제10조 제1항).
② 채권추심자가 다른 법률에 따라 신용정보나 개인정보를 제
   공하는 경우는 이에 따른 누설 또는 이용으로 보지 않습
   니다(동법 제10조 제2항).
③ 이를 위반하여 채무자 또는 관계인의 신용정보나 개인정보
   를 누설하거나 채권추심의 목적 외로 이용한 자는 3년 이
   하의 징역 또는 3천만원 이하의 벌금에 처해집니다(동법
   제15조 제2항 제3호).

● **못 받은 돈 대신 받아주는 행위가 불법인가요?**

문 거리에 못 받은 돈 속전속결 해결이라고 적혀있는 현수
   막이 있는데, 돈 대신 받아주는 건 은행이나 대출업체
   말고는 다 불법 아닌가요?

답 질문의 내용은 도로가에 걸려 있는 현수막에 '못 받은

돈을 대신 받아 준다'는 내용이 적혀 있는데 불법이 아닌지 확인해 달라는 내용으로 이해하였습니다.

우선 현수막의 게시는 관할 행정관청의 검토를 받아 일정한 장소에 게시하도록 되어 있습니다.

질문의 현수막이 불법 게시된 것인지 여부는 민원 내용만으로 게시장소를 알 수 없어 행정관청에 통보가 불가능하므로, 민원인께서 관할 행정관청에 연락하셔서 불법 게시여부 확인 및 철거를 요청하시거나 인근 경찰관서에 연락을 주시면 행정관청과 협조하여 처리토록 할 것입니다.

또한 돈을 대신 받아주는 행위와 관련하여, 현행 '신용정보의 이용 및 보호에 관한 법률'에 '채권추심업'을 신용정보업의 한 종류로 규정하고 있고 시청 지역경제과에서 허가를 담당하고 있습니다.

채권추심업을 영위하는 신용정보회사는 주로 법원판결문에 의해 채권 및 물품대금 등을 채권자로부터 권한을 위임 받아 대행하고 있는 것으로 알고 있습니다.

● **대부업체로부터 채권추심을 위임받은 신용정보회사가 채권공정추심법 적용대상인지요?**

문 대부업체로부터 채권추심을 위임받은 신용정보회사가 채권의 공정한 추심에 관한 법률의 적용대상인지요?

답 채권의 공정한 추심에 관한 법률은 채권추심자가 권리를 남용하거나 불법적인 방법으로 채권추심을 하는 것을 방지하여 공정한 채권추심 풍토를 조성하고 채권자의 정당

한 권리행사를 보장하면서 채무자의 인간다운 삶과 평온한 생활을 보호함을 목적으로 하는 법입니다

이 법 제8조의2는 채무자가 변호사 등 대리인을 선임하여 통지한 경우 채무자에 대한 직접 추심을 금지하고 있지만 특별히 연락의 제한을 받지 않는 채권추심업자의 범위를 명시하고 있고, 신용정보의 이용 및 보호에 관한 법률에 따른 신용정보회사의 경우 이 조항의 제외 대상입니다.

동 조항은 채권추심자가 누구인지에 대해서만 규제를 하고 있으며, 이 때 채권추심자가 누구에게 채권추심을 위임받았는지의 여부에 대해서는 아무런 언급이 없습니다. 따라서 채권추심의뢰인이 설령 대부업체라 할지라도 동조 제2호의 신용정보회사는 원칙적으로 채무자에 대한 연락 금지의 대상은 아닙니다.

또한, 동법 제8조의2 제5호 단서의 경우는 제1호부터 제4호까지에 규정된 자들을 위하여 고용되거나 위임받아 채권추심을 하는 자가 대부업자, 대부중개업자, 대부업의 등록을 하지 아니하고 사실상 대부업을 영위하는 자인 경우를 제외하는 것이며, 대부업체나 대부업자가 신용정보회사에 추심을 의뢰하거나 위임한 경우까지 확대해서 해석하기는 어려울 것으로 사료됩니다.

● 대부업자로부터 급전을 빌려 사용하던 중 변제기가 되어 돈을 갚으려 하는데, 대부업자와 연락이 되지 않는 경우 이자를 어떻게 갚아야 되나요?

문 대부업자로부터 급전을 빌려 사용하던 중 변제기가 되어 돈을 갚으려 하는데, 대부업자는 애초에 약정한 원금과 이자보다 훨씬 많은 금액을 요구하며, 저를 만나주지 않고 연락도 되지 않고 있습니다. 채무를 변제하지 못하면 이자가 계속 늘어날텐데 어떻게 합니까?

답 채권자가 채무변제를 요구하지 않거나 정당한 사유 없이 채무변제를 받지 않는다 하여 자동적으로 변제의무가 소멸되는 것이 아니므로, 사채업자의 주소지를 관할하는 법원에 변제하고자 하는 채무금액(이자 및 원금)을 공탁함으로써 사채업자에 대한 채무를 면할 수 있습니다.

특히, 변제기일이 지났음에도 채권자가 변제를 요구하지 않는다는 이유로 채무변제에 소극적일 경우 향후 많은 이자를 부담할 수 있음을 유념해야 합니다.

불법 대부업을 예방하기 위해 불법 대부업 신고보상금 제도를 시행하고 있으며, 미등록대부업자나 이자율의 제한 등을 위반한 불법 대부업의 범인 검거에 공로가 있는 자는 신고보상금을 받을 수 있습니다.

범죄신고자와 범인검거공로자가 생명·신체에 해를 받거나 받을 염려가 있다고 인정되는 경우에는 경찰공무원의 직권 또는 범죄신고자 등의 신청에 따라 특정시설에서의 보호, 신변경호, 주기적 순찰 등 신변안전에 필요한 조치를 받을 수 있습니다.

불법 대부업 관련 신고는 금융감독원의 사금융피해상담
센터, 한국대부금융협회의 대부업피해신고센터 및 경찰
서의 지능범죄수사팀 등에 할 수 있습니다.

5. 불법 대부업 신고보상금 제도

① 불법 대부업 피해자의 경우 채무를 변제하지 못하거나 법
   을 잘 알지 못하고 보복을 우려해 피해신고를 잘하지 않
   고 있습니다. 이에 따라 불법 대부업을 예방하기 위해 불
   법 대부업 신고보상금 제도를 시행하고 있습니다(범죄신고
   자 등 보호 및 보상에 관한 규칙 제5조 제18호).
② 범죄신고자 등 보호 및 보상에 관한 규칙(경찰청 훈령 제
   746호, 2014.12.8. 발령·시행)은 범죄신고자와 범인검거공
   로자의 생명·신체의 안전, 비밀보장 및 보상금 지급에 관
   해 규정하고 있습니다.

5-1. 불법 대부업 신고보상금의 지급 대상

① 다음의 범인검거공로자는 불법 대부업 신고보상금을 받을
   수 있습니다(범죄신고자 등 보호 및 보상에 관한 규칙 제2
   조 제2호).
  1) 범죄의 범인이 검거되기 전에 경찰공무원에게 범인 또는
     범인의 소재를 신고해 검거하게 한 자
  2) 범인을 검거해 경찰공무원에게 인도한 자
  3) 범인검거에 적극 협조해 그 공이 현저한 자

② 원칙적으로 피해자 신고의 경우에는 보상금을 지급하지 않
   지만 피해자라도 범인 검거에 공이 있을 경우에는 보상금
   을 지급할 수 있도록 하고 있습니다.

5-2. 불법 대부업 신고보상금의 지급 기준

   미등록대부업자나 이자율의 제한 등을 위반한 불법 대부업
의 범인 검거에 공로가 있는 자는 보상금을 지급받을 수 있습
니다. 다만, 법령상 신고의무자인 경우에는 그렇지 않습니다
(범죄신고자 등 보호 및 보상에 관한 규칙 제5조 단서).

5-3. 불법사금융 피해신고센터의 설치·운영

5-3-1. 불법사금융 피해신고센터의 설치

   금융감독원은 불법사금융 이용에 대한 피해자의 신고 접수
및 상담, 금융지원 등의 컨설팅을 제공하기 위해 불법사금융
피해신고센터를 설치·운영하고 있습니다. 신고방법은 다음과
같습니다.
① 전화를 통한 신고 : 국번 없이 ☎ 1332
② 인터넷을 통한 신고 : 금감원 참여마당(www.fss.or.kr),
   서민금융1332(s1332.fss.or.kr)
③ 방문을 통한 신고 : 서울 본원, 부산, 대구, 광주, 대전 등
   4개 지원(평일:오전 9:00 ~ 오후 12:00, 토·일:오전 9:00
   ~ 오후 6:00)

5-3-2. 불법사금융 피해신고센터의 업무

① 1차 상담 실시 : 불법사금융 피해신고센터는 고금리대출,

불법채권추심, 대출사기 등 불법사금융 피해신고를 접수받고 피해유형별로 상담을 실시합니다.

② 2차 상담 연결 : 피해신고자를 대상으로 서민금융지원기관(자산관리공사·신용회복 위원회 등)에서 2차로 1:1 맞춤형 서민금융 상담을 받을 수 있도록 연결합니다.

③ 접수 건에 대한 정보제공 : 단속에 활용하도록 수사기관에 피해신고 건에 대한 정보를 제공합니다. 또한 지자체와 합동으로 피해신고 빈발 대부업체 등에 대한 특별검사를 실시할 예정입니다.

● **채무를 변제치 못하여 사기죄로 고소당한 경우에는 어떻게 대처해야 합니까?**

문 저는 사금융업체로부터 대출을 받았으나, 이자를 매달 갚아오다 사정이 어려워 최근 2개월간 납입을 못하고 있습니다. 반드시 갚아야 된다는 생각에는 변함이 없으며 채권자와 연락도 계속 유지하고 있는데 채권자가 저를 사기죄로 고소하겠다고 합니다. 이것도 사기죄가 됩니까?

답 통상 채무와 관련한 사기죄는 돈을 빌릴 당시 변제할 의사나 능력이 없는데도 상대방을 기망하여 돈을 빌리는 경우 성립됩니다. 즉, 빌릴 당시의 채무자의 재산 상태와 빌린 금액의 액수, 빌린 후 변제를 해 온 과정에 있어서 채무자의 변제에 대한 노력 등 여러 가지 사정을 참작하여 사기죄의 성립여부가 결정될 것이며, 빌릴 당시 채무변제에 대한 의사 및 능력이 있었다면 사기죄는 성립하지 않을 것으로 판단됩니다.

● **과도한 채권추심행위 등 대부업법 위반에 대해 신고할 경우에는 어디로 가야 하는지요?**

🔳 과도한 채권추심행위 등 대부업법 위반에 대해 사법기관에 신고할 경우에는 어디로 가야 하는지요?

🔳 형사처벌의 대상이 되는 대부업법 위반 행위로 인해 피해를 입으신 경우에는, 대부업법을 위반한 혐의가 있는 자 및 동 업체의 불법행위사실을 입증할 만한 구체적인 증거 자료 등을 확보하여 경찰서(경찰서 수사과 지능팀) 또는 검찰청에 관련내용을 신고하실 수 있습니다. 또는 금융감독원 사금융피해상담센터에 신고하실 수 있습니다.

● **타인이 본인 명의를 도용하여 사채를 쓴 경우에 어떻게 대처해야 하나요?**

🔳 어느 날 갑자기 사채업자가 저에게 300만원의 채무변제를 요구합니다. 저는 이 사채업자와 계약을 체결한 사실이 없습니다. 예전에 알고 지내던 사람이 제 명의를 도용한 것으로 추측되는데 어떻게 해야 하나요?

🔳 타인이 부당한 방법으로 본인의 명의로 돈을 빌렸을 경우 본인이 대출계약을 체결한 적이 없음과 서명, 날인이 본인의 것이 아니라는 사실 등을 입증하여 명의 도용사실을 주장함으로써 채무에 대한 책임을 면할 수 있습니다.

한편, 자신이 타인의 대출사실을 알고 명의를 빌려준 경우
에는 채권자에 대한 채무변제 책임을 질 수 있음을 유념
하여 개인정보 및 명의관리에 상당히 주의하여야 합니다.
사채업자의 불법행위로 피해를 당하고 있는 경우에는 금
융감독원 사금융피해상담센터로 상담하실 수 있습니다.

부 록

- 대부업 등의 등록 및 금융이용자 보호에 관한 법률
- 대부업 등의 등록 및 금융이용자 보호에 관한 법률 시행령
- 채권의 공정한 추심에 관한 법률

대부업 등의 등록 및 금융이용자 보호에 관한 법률

[시행 2016.9.4.] [법률 제14072호, 2016.3.3., 일부개정]

제1조(목적) 이 법은 대부업·대부중개업의 등록 및 감독에 필요한 사항을 정하고 대부업자와 여신금융기관의 불법적 채권추심행위 및 이자율 등을 규제함으로써 대부업의 건전한 발전을 도모하는 한편, 금융이용자를 보호하고 국민의 경제생활 안정에 이바지함을 목적으로 한다. [전문개정 2009.1.21.]

제2조(정의) 이 법에서 사용하는 용어의 뜻은 다음과 같다. <개정 2015.7.24.>

1. "대부업"이란 금전의 대부(어음할인·양도담보, 그 밖에 이와 비슷한 방법을 통한 금전의 교부를 포함한다. 이하 "대부"라 한다)를 업(業)으로 하거나 다음 각 목의 어느 하나에 해당하는 자로부터 대부계약에 따른 채권을 양도받아 이를 추심(이하 "대부채권매입추심"이라 한다)하는 것을 업으로 하는 것을 말한다. 다만, 대부의 성격 등을 고려하여 대통령령으로 정하는 경우는 제외한다.

   가. 제3조에 따라 대부업의 등록을 한 자(이하 "대부업자"라 한다)

   나. 여신금융기관

2. "대부중개업"이란 대부중개를 업으로 하는 것을 말한다.

3. "대부중개업자"란 제3조에 따라 대부중개업의 등록을 한 자를 말한다.

4. "여신금융기관"이란 대통령령으로 정하는 법령에 따라 인가 또는 허가 등을 받아 대부업을 하는 금융기관을 말한다.

5. "대주주"란 다음 각 목의 어느 하나에 해당하는 주주를 말한다.

   가. 최대주주: 대부업자 또는 대부중개업자(이하 "대부업자등"이라 한다)의 의결권 있는 발행주식 총수 또는 출자지분을 기준으로 본인 및 그와 대통령령으로 정하는 특수한 관계에 있는 자(이하 "특수관계인"이라 한다)가 누구의 명의로 하든지 자기의 계산으로 소유하는 주식 또는 출자지분을 합하여 그 수가 가장 많은 경우의 그 본인

   나. 주요주주: 다음의 어느 하나에 해당하는 자

   1) 누구의 명의로 하든지 자기의 계산으로 대부업자등의 의결권 있는 발행주식 총수 또는 출자지분의 100분의 10 이상

의 주식 또는 출자지분을 소유하는 자

    2) 임원의 임면 등의 방법으로 대부업자등의 주요 경영사항에
       대하여 사실상의 영향력을 행사하는 주주 또는 출자자로서
       대통령령으로 정하는 자

6. "자기자본"이란 납입자본금·자본잉여금 및 이익잉여금 등의 합
   계액으로서 대통령령으로 정하는 금액을 말한다.

[전문개정 2009.1.21.]

제3조(등록 등) ① 대부업 또는 대부중개업(이하 "대부업등"이라 한
다)을 하려는 자(여신금융기관은 제외한다)는 영업소별로 해당 영업
소를 관할하는 특별시장·광역시장·특별자치시장·도지사 또는 특
별자치도지사(이하 "시·도지사"라 한다)에게 등록하여야 한다. 다
만, 여신금융기관과 위탁계약 등을 맺고 대부중개업을 하는 자(그
대부중개업을 하는 자가 법인인 경우 그 법인과 직접 위탁계약 등을
맺고 대부를 받으려는 자를 모집하는 개인을 포함하며, 이하 "대출
모집인"이라 한다)는 해당 위탁계약 범위에서는 그러하지 아니하다.
〈개정 2012.12.11.〉

② 제1항에도 불구하고 대부업등을 하려는 자(여신금융기관은 제외
한다)로서 다음 각 호의 어느 하나에 해당하는 자는 금융위원회에
등록하여야 한다. 다만, 대출모집인은 해당 위탁계약 범위에서는 그
러하지 아니하다. 〈신설 2015.7.24.〉

1. 둘 이상의 특별시·광역시·특별자치시·도·특별자치도(이하 "
   시·도"라 한다)에서 영업소를 설치하려는 자

2. 대부채권매입추심을 업으로 하려는 자

3. 「독점규제 및 공정거래에 관한 법률」 제14조에 따라 지정된
   상호출자제한기업집단에 속하는 자

4. 최대주주가 여신금융기관인 자

5. 법인으로서 자산규모 100억원을 초과하는 범위에서 대통령령으
   로 정하는 기준에 해당하는 자

6. 그 밖에 제1호부터 제5호까지의 규정에 준하는 등 대통령령으로
   정하는 자

③ 제1항 또는 제2항에 따른 등록을 하려는 자는 다음 각 호의 사

항을 적은 신청서와 대통령령으로 정하는 서류를 첨부하여 시·도지사 또는 금융위원회(이하 "시·도지사등"이라 한다)에 제출하여야 한다. <개정 2010.1.25., 2011.4.12., 2012.12.11., 2015.7.24.>

1. 명칭 또는 성명과 주소

2. 등록신청인이 법인인 경우에는 주주 또는 출자자(대통령령으로 정하는 기준 이하의 주식 또는 출자지분을 소유하는 자는 제외한다)의 명칭 또는 성명, 주소와 그 지분율 및 임원의 성명과 주소

3. 등록신청인이 영업소의 업무를 총괄하는 사용인(이하 "업무총괄 사용인"이라 한다)을 두는 경우에는 업무총괄 사용인의 성명과 주소

4. 영업소의 명칭 및 소재지

4의2. 삭제 <2015.7.24.>

5. 경영하려는 대부업등의 구체적 내용 및 방법

6. 제9조제2항 또는 제3항에 따른 표시 또는 광고에 사용되는 전화번호(홈페이지가 있으면 그 주소를 포함한다)

7. 자기자본(법인이 아닌 경우에는 순자산액)

8. 제11조의4제2항에 따른 보증금, 보험 또는 공제

④ 제3항에 따라 등록신청을 받은 시·도지사등은 신청인이 제3조의5의 요건을 갖춘 경우에는 다음 각 호의 사항을 확인한 후 등록부에 제3항 각 호에 규정된 사항과 등록일자·등록번호를 적고 지체 없이 신청인에게 등록증을 교부하여야 한다. <개정 2012.12.11., 2015.7.24.>

1. 신청서에 적힌 사항이 사실과 부합하는지 여부. 이 경우 신청서에 적힌 사항이 사실과 다르면 30일 이내의 기한을 정하여 등록증 교부 전에 신청인에게 신청서의 수정·보완을 요청할 수 있으며, 그 수정·보완 기간은 처리기간에 산입하지 아니한다.

2. 사용하려는 상호가 해당 시·도 또는 금융위원회에 이미 등록된 상호인지 여부. 이 경우 이미 등록된 상호이면 다른 상호를 사용할 것을 요청할 수 있다.

3. 삭제 <2015.7.24.>

4. 삭제 <2015.7.24.>

⑤ 시·도지사 등은 제4항에 따른 등록부를 일반인이 열람할 수 있도록 하여야 한다. 다만, 등록부 중 개인에 관한 사항으로서 공개될

경우 개인의 사생활을 침해할 우려가 있는 것으로 대통령령으로 정하는 사항은 제외한다. <개정 2015.7.24.>

⑥ 제1항 또는 제2항에 따른 등록의 유효기간은 등록일부터 3년으로 한다. <개정 2015.7.24.>

⑦ 대부업자등이 제4항 및 제3조의2에 따라 교부받은 등록증을 분실한 경우에는 시·도지사등에게 분실신고를 하고 등록증을 다시 교부받아야 한다. <개정 2015.7.24.>

⑧ 제1항부터 제7항까지의 규정에 따른 등록 등의 구체적 절차는 대통령령으로 정한다. <개정 2015.7.24.>

[전문개정 2009.1.21.]

제3조의2(등록갱신) ① 대부업자등이 제3조제6항에 따른 등록유효기간 이후에도 계속하여 대부업등을 하려는 경우에는 시·도지사등에게 유효기간 만료일 3개월 전부터 1개월 전까지 등록갱신을 신청하여야 한다. <개정 2015.7.24.>

② 제1항에 따른 등록갱신신청을 받은 시·도지사등은 신청인이 제3조의5의 요건을 갖춘 경우에는 제3조제4항제1호의 사항을 확인한 후 등록부에 제3조제3항 각 호에 규정된 사항과 등록갱신일자·등록번호를 적고 지체 없이 신청인에게 등록증을 교부하여야 한다. <개정 2012.12.11., 2015.7.24.>

③ 제1항에 따른 등록갱신과 관련하여 시·도지사등은 유효기간 만료일 3개월 전까지 해당 대부업자등에게 갱신절차와 기간 내에 갱신을 신청하지 아니하면 유효기간이 만료된다는 사실을 알려야 한다. <개정 2015.7.24.>

④ 제1항 및 제2항에 따른 등록갱신의 구체적 절차 등은 대통령령으로 정한다. <개정 2015.7.24.> [본조신설 2009.1.21.]

제3조의3(등록증의 반납 등) ① 제5조제2항에 따라 폐업하거나 제13조제2항에 따라 등록이 취소된 대부업자등은 지체 없이 시·도지사등에게 등록증을 반납하여야 한다. <개정 2015.7.24.>

② 제13조제1항에 따라 영업정지 명령을 받은 대부업자등은 등록증을 반납하여야 하고, 시·도지사등은 그 영업정지기간 동안 이를 보관하여야 한다. <개정 2015.7.24.>

③ 제1항 및 제2항에 따라 등록증을 반납하여야 하는 대부업자등은 등록증을 분실한 경우 제3조제7항에 따라 분실신고를 하여야 한다. <개정 2015.7.24.> [본조신설 2009.1.21.]

제3조의4(대부업등의 교육) ① 제3조제1항 또는 제2항에 따라 대부업등의 등록을 하려는 자, 제3조의2제1항에 따라 대부업등의 등록갱신을 신청하려는 자 및 제5조제1항에 따라 대표자 또는 업무총괄 사용인에 대한 변경등록을 하려는 자는 미리 대부업등의 준수사항 등에 관한 교육을 받아야 한다. 다만, 대통령령으로 정하는 부득이한 사유로 미리 교육을 받을 수 없는 경우에는 대부업등의 등록, 등록갱신 또는 변경등록 후 대통령령으로 정하는 기간 내에 교육을 받을 수 있다. <개정 2012.12.11., 2015.7.24.>

② 제1항에 따른 교육의 실시기관, 대상, 내용, 방법 및 절차 등에 관하여 필요한 사항은 대통령령으로 정한다.

[본조신설 2009.1.21.]

제3조의5(등록요건 등) ① 제3조제1항에 따라 등록하려는 자는 다음 각 호의 요건을 갖추어야 한다.

1. 1천만원 이상으로서 대통령령으로 정하는 금액 이상의 자기자본(법인이 아닌 경우에는 순자산액)을 갖출 것. 다만, 대부중개업만을 하려는 자는 그러하지 아니하다.

2. 제3조의4에 따른 대부업등의 교육을 이수할 것. 다만, 제3조의4 제1항 단서에 따라 등록 후 교육을 받는 경우에는 등록 후 교육을 이수할 것

3. 대부업등을 위하여 대통령령으로 정하는 고정사업장을 갖출 것

4. 대표자, 임원, 업무총괄 사용인이 제4조제1항에 적합할 것

5. 등록신청인이 법인인 경우에는 다음 각 목의 요건을 충족할 것

　　가. 최근 5년간 제4조제1항제6호 각 목의 규정을 위반하여 벌금형 이상을 선고받은 사실이 없을 것

　　나. 파산선고를 받고 복권되지 아니한 사실이 없을 것

　　다. 최근 1년간 제5조제2항에 따라 폐업한 사실이 없을 것(둘 이상의 영업소를 설치한 경우에는 영업소 전부를 폐업한 경우를 말한다)

라. 최근 5년간 제13조제2항에 따라 등록취소 처분을 받은 사실
  이나 제5조제2항에 따라 폐업하지 아니하였다면 등록취소 처
  분을 받았을 상당한 사유가 없을 것
② 제3조제2항에 따라 등록하려는 자는 다음 각 호의 요건을 갖추
어야 한다.
1. 신청인이 법인일 것
2. 1천만원 이상으로서 대통령령으로 정하는 금액 이상의 자기자본을
  갖출 것. 다만, 대부중개업만을 하려는 자는 그러하지 아니하다.
3. 제1항제2호, 제3호, 제5호의 요건을 갖출 것
4. 임원, 업무총괄 사용인이 제4조제2항에 적합할 것
5. 「전기통신사업법」에 따른 전기통신사업자, 「사행산업통합감독
  위원회법」에 따른 사행산업 등 이해상충 가능성이 있거나 대부
  업 이용자의 권익 및 신용질서를 저해할 우려가 있는 업종으로서
  대통령령으로 정하는 업을 하지 아니할 것
6. 대주주(최대주주가 법인인 경우에는 그 법인의 주요경영사항에 대
  하여 사실상 영향력을 행사하고 있는 주주로서 대통령령으로 정하
  는 자를 포함한다)가 대통령령으로 정하는 사회적 신용을 갖출 것
7. 그 밖에 대통령령으로 정하는 사회적 신용을 갖출 것
[본조신설 2015.7.24.]

제4조(임원 등의 자격) ① 다음 각 호의 어느 하나에 해당하는 자는
시·도지사에 등록된 대부업자등의 대표자, 임원 또는 업무총괄 사
용인이 될 수 없다. 다만, 업무총괄 사용인의 경우에는 제1호부터
제6호까지의 어느 하나에 해당하는 경우로 한정한다.
<개정 2009.4.1., 2010.1.25., 2012.12.11., 2015.3.11., 2015.7.24.>
1. 미성년자·피성년후견인 또는 피한정후견인
2. 파산선고를 받고 복권되지 아니한 자
3. 금고 이상의 실형을 선고받고 그 집행이 끝나거나(집행이 끝난 것으
  로 보는 경우를 포함한다) 면제된 날부터 5년이 지나지 아니한 자
4. 금고 이상의 형의 집행유예를 선고받고 그 유예기간 중에 있는 자
5. 금고 이상의 형의 선고유예를 받고 그 유예기간 중에 있는 자
6. 다음 각 목의 어느 하나에 해당하는 규정을 위반하여 벌금형을

선고받고 5년이 지나지 아니한 자

가. 이 법의 규정

나. 「형법」 제257조제1항, 제260조제1항, 제276조제1항, 제283조제1항, 제319조, 제350조 또는 제366조(각각 채권추심과 관련된 경우만 해당한다)

다. 「폭력행위 등 처벌에 관한 법률」의 규정(채권추심과 관련된 경우만 해당한다)

라. 「신용정보의 이용 및 보호에 관한 법률」 제50조제1항부터 제3항까지의 규정

마. 「채권의 공정한 추심에 관한 법률」의 규정

바. 「개인정보 보호법」 제71조, 제72조 또는 제73조

6의2. 제5조제2항에 따라 폐업한 날부터 1년이 지나지 아니한 자(둘 이상의 영업소를 설치한 경우에는 등록된 영업소 전부를 폐업한 경우를 말한다)

7. 제13조제2항에 따라 등록취소 처분을 받은 후 5년이 지나지 아니한 자 또는 제5조제2항에 따라 폐업하지 아니하였다면 등록취소 처분을 받았을 상당한 사유가 있는 경우에는 폐업 후 5년이 지나지 아니한 자(등록취소 처분을 받은 자 또는 등록취소 처분을 받았을 상당한 사유가 있는 자가 법인인 경우에는 그 취소 사유 또는 등록취소 처분을 받았을 상당한 사유의 발생에 직접 책임이 있는 임원을 포함한다)

8. 삭제 <2015.7.24.>

② 다음 각 호의 어느 하나에 해당하는 자는 금융위원회에 등록한 대부업자등의 임원 또는 업무총괄 사용인이 될 수 없다. <신설 2015.7.24.>

1. 제1항 각 호의 어느 하나에 해당하는 자

2. 대통령령으로 정하는 금융관련 법령(이하 "금융관련법령"이라 한다)을 위반하여 벌금 이상의 형을 선고받고 그 집행이 끝나거나(집행이 끝난 것으로 보는 경우를 포함한다) 집행이 면제된 날부터 5년이 지나지 아니한 자

3. 금융관련법령에 따라 영업의 허가·인가·등록 등이 취소된 법인 또는 회사의 임직원이었던 자(그 취소사유의 발생에 관하여 직접

또는 이에 상응하는 책임이 있는 자로서 대통령령으로 정하는 자
에 한정한다)로서 그 법인 또는 회사에 대한 취소가 있는 날부터
5년이 경과되지 아니한 자

4. 이 법, 금융관련법령에 따라 해임되거나 면직된 날부터 5년이 지
나지 아니한 자

5. 재임 또는 재직 중이었더라면 이 법 또는 금융관련법령에 따라
해임요구 또는 면직요구의 조치를 받았을 것으로 통보된 퇴임한
임원 또는 퇴직한 직원으로서 그 통보된 날부터 5년(통보된 날부
터 5년이 퇴임 또는 퇴직한 날부터 7년을 초과하는 경우에는 퇴
임 또는 퇴직한 날부터 7년으로 한다)이 경과되지 아니한 자

③ 임원 또는 업무총괄 사용인이 된 후에 제1항 각 호 또는 제2항
각 호에 해당하게 된 경우에는 그 직을 잃는다. <신설 2015.7.24.>
[전문개정 2009.1.21.] [제목개정 2015.7.24.]

제5조(변경등록 등) ① 대부업자등은 제3조제3항 각 호의 기재사항이
변경된 경우에는 그 사유가 발생한 날부터 15일 이내에 대통령령으
로 정하는 바에 따라 변경된 내용을 시·도지사등에게 변경등록하여
야 한다. 다만, 대통령령으로 정하는 경미한 사항이 변경된 경우는
제외한다. <개정 2015.7.24.>

② 대부업자등이 폐업할 때에는 대통령령으로 정하는 바에 따라
시·도지사등에게 신고하여야 한다. <개정 2015.7.24.>

③ 제1항 및 제2항에 따른 변경등록 및 폐업신고와 관련한 세부적
인 사항은 대통령령으로 정한다. <개정 2015.7.24.>
[전문개정 2009.1.21.]

제5조의2(상호 등) ① 대부업자(대부중개업을 겸영하는 대부업자를
포함한다)는 그 상호 중에 "대부"라는 문자를 사용하여야 한다.

② 대부중개업만을 하는 대부중개업자는 그 상호 중에 "대부중개"라
는 문자를 사용하여야 한다.

③ 대부업등 외의 다른 영업을 겸영하는 대부업자등으로서 총영업수익
중 대부업등에서 생기는 영업수익의 비율 등을 고려하여 대통령령으
로 정하는 기준에 해당하는 자는 제1항 및 제2항에도 불구하고 그 상
호 중에 "대부" 및 "대부중개"라는 문자를 사용하지 아니할 수 있다.

④ 이 법에 따른 대부업자등이 아닌 자는 그 상호 중에 대부, 대부
중개 또는 이와 유사한 상호를 사용하지 못한다. <신설 2015.7.24.>
⑤ 대부업자등은 타인에게 자기의 명의로 대부업등을 하게 하거나
그 등록증을 대여하여서는 아니 된다. <개정 2015.7.24.>
[전문개정 2009.1.21.]

제5조의3(업무총괄 사용인 등) ① 대부업자등은 영업소마다 업무총괄
사용인을 두어야 한다. 다만, 등록신청인이 개인인 경우로서 단일 영
업소를 두고 있는 경우에는 업무총괄 사용인을 두지 아니할 수 있다.
② 업무총괄 사용인의 업무범위 등에 관한 세부적인 사항은 대통령
령으로 정한다.
[본조신설 2012.12.11.]

제6조(대부계약의 체결 등) ① 대부업자가 그의 거래상대방과 대부계
약을 체결하는 경우에는 거래상대방이 본인임을 확인하고 다음 각
호의 사항이 적힌 대부계약서를 거래상대방에게 교부하여야 한다.
<개정 2010.1.25., 2014.1.1.>
1. 대부업자(그 영업소를 포함한다) 및 거래상대방의 명칭 또는 성
   명 및 주소 또는 소재지
2. 계약일자
3. 대부금액
3의2. 제8조제1항에 따른 최고이자율
4. 대부이자율(제8조제2항에 따른 이자율의 세부내역 및 연 이자율
   로 환산한 것을 포함한다)
5. 변제기간 및 변제방법
6. 제5호의 변제방법이 계좌이체 방식인 경우에는 변제를 받기 위한
   대부업자 명의의 계좌번호
7. 해당 거래에 관한 모든 부대비용
8. 손해배상액 또는 강제집행에 관한 약정이 있는 경우에는 그 내용
9. 보증계약을 체결한 경우에는 그 내용
10. 채무의 조기상환 조건
11. 연체이자율
12. 그 밖에 대부업자의 거래상대방을 보호하기 위하여 필요한 사항

으로서 대통령령으로 정하는 사항

② 대부업자는 제1항에 따라 대부계약을 체결하는 경우에는 거래상 대방에게 제1항 각 호의 사항을 모두 설명하여야 한다.

③ 대부업자가 대부계약과 관련하여 보증계약을 체결하는 경우에는 다음 각 호의 사항이 적힌 보증계약서 및 제1항에 따른 대부계약서 사본을 보증인에게 교부하여야 한다.

1. 대부업자(그 영업소를 포함한다)·주채무자 및 보증인의 명칭 또는 성명 및 주소 또는 소재지

2. 계약일자

3. 보증기간

4. 피보증채무의 금액

5. 보증의 범위

6. 보증인이 주채무자와 연대하여 채무를 부담하는 경우에는 그 내용

7. 그 밖에 보증인을 보호하기 위하여 필요한 사항으로서 대통령령으로 정하는 사항

④ 대부업자는 대부계약과 관련하여 보증계약을 체결하는 경우에는 보증인에게 제3항 각 호의 사항을 모두 설명하여야 한다.

⑤ 대부업자는 제1항에 따른 대부계약을 체결하거나 제3항에 따른 보증계약을 체결한 경우에는 그 계약서와 대통령령으로 정하는 계약관계서류(대부업자의 거래상대방 또는 보증인이 채무를 변제하고 계약서 및 계약관계서류의 반환을 서면으로 요구함에 따라 이를 반환한 경우에는 그 사본 및 반환요구서를 말한다. 이하 같다)를 대부계약 또는 보증계약을 체결한 날부터 채무변제일 이후 2년이 되는 날까지 보관하여야 한다.

⑥ 대부계약 또는 그와 관련된 보증계약을 체결한 자 또는 그 대리인은 대부업자에게 그 계약서와 대통령령으로 정하는 계약관계서류의 열람을 요구하거나 채무 및 보증채무와 관련된 증명서의 발급을 요구할 수 있다. 이 경우 대부업자는 정당한 사유 없이 이를 거부하여서는 아니 된다. <개정 2014.3.18.>

[전문개정 2009.1.21.]

제6조의2(중요 사항의 자필 기재) ① 대부업자는 그의 거래상대방과

대부계약을 체결하는 경우에는 다음 각 호의 사항을 그 거래상대방
이 자필로 기재하게 하여야 한다.
1. 제6조제1항제3호의 대부금액
2. 제6조제1항제4호의 대부이자율
3. 제6조제1항제5호의 변제기간
4. 그 밖에 대부업자의 거래상대방을 보호하기 위하여 필요한 사항
   으로서 대통령령으로 정하는 사항
② 대부업자는 대부계약과 관련하여 보증계약을 체결하는 경우에는
다음 각 호의 사항을 그 보증인이 자필로 기재하게 하여야 한다.
1. 제6조제3항제3호의 보증기간
2. 제6조제3항제4호의 피보증채무의 금액
3. 제6조제3항제5호의 보증의 범위
4. 그 밖에 보증인을 보호하기 위하여 필요한 사항으로서 대통령령
   으로 정하는 사항
③ 대부계약 또는 이와 관련된 보증계약을 체결할 때 다음 각 호의
어느 하나에 해당하는 경우에는 대부업자는 제1항 각 호의 사항 또
는 제2항 각 호의 사항을 거래상대방 또는 보증인이 자필로 기재하
게 한 것으로 본다.
1. 「전자서명법」 제2조제8호에 따른 공인인증서를 이용하여 거래
   상대방 또는 보증인이 본인인지 여부를 확인하고, 인터넷을 이용
   하여 제1항 각 호의 사항 또는 제2항 각 호의 사항을 거래상대
   방 또는 보증인이 직접 입력하게 하는 경우
2. 그 밖에 거래상대방 또는 보증인이 본인인지 여부 및 제1항 각
   호의 사항 또는 제2항 각 호의 사항에 대한 거래상대방 또는 보
   증인의 동의 의사를 음성 녹음 등 대통령령으로 정하는 방법으로
   확인하는 경우
[본조신설 2009.1.21.]
제7조(과잉 대부의 금지) ① 대부업자는 대부계약을 체결하려는 경우
에는 미리 거래상대방으로부터 그 소득·재산 및 부채상황에 관한
것으로서 대통령령으로 정하는 증명서류를 제출받아 그 거래상대방
의 소득·재산 및 부채상황을 파악하여야 한다. 다만, 대부금액이

대통령령으로 정하는 금액 이하인 경우에는 그러하지 아니하다.

② 대부업자는 거래상대방의 소득·재산·부채상황·신용 및 변제계획 등을 고려하여 객관적인 변제능력을 초과하는 대부계약을 체결하여서는 아니 된다.

③ 대부업자는 제1항에 따른 서류를 거래상대방의 소득·재산 및 부채상황을 파악하기 위한 용도 외의 목적으로 사용하여서는 아니 된다. [전문개정 2009.1.21.]

제7조의2(담보제공 확인의무) 대부업자는 대부계약을 체결하고자 하는 자가 제3자의 명의로 된 담보를 제공하는 경우 그 제3자에게 담보제공 여부를 확인하여야 한다. [본조신설 2010.1.25.]

제7조의3(총자산한도) ① 금융위원회에 등록한 대부업자는 총자산이 자기자본의 10배의 범위에서 대통령령으로 정하는 배수(이하 "총자산한도"라 한다)에 해당하는 금액을 초과해서는 아니 된다.

② 총자산한도의 산정기준 등 세부적인 사항은 대통령령으로 정한다. [본조신설 2015.7.24.]

제8조(대부업자의 이자율 제한) ① 대부업자가 개인이나 「중소기업기본법」 제2조제2항에 따른 소기업(小企業)에 해당하는 법인에 대부를 하는 경우 그 이자율은 연 100분의 27.9 이하의 범위에서 대통령령으로 정하는 율을 초과할 수 없다.

② 제1항에 따른 이자율을 산정할 때 사례금, 할인금, 수수료, 공제금, 연체이자, 체당금(替當金) 등 그 명칭이 무엇이든 대부와 관련하여 대부업자가 받는 것은 모두 이자로 본다. 다만, 해당 거래의 체결과 변제에 관한 부대비용으로서 대통령령으로 정한 사항은 그러하지 아니하다.

③ 대부업자가 제1항을 위반하여 대부계약을 체결한 경우 제1항에 따른 이자율을 초과하는 부분에 대한 이자계약은 무효로 한다.

④ 채무자가 대부업자에게 제1항에 따른 이자율을 초과하는 이자를 지급한 경우 그 초과 지급된 이자 상당금액은 원본(元本)에 충당되고, 원본에 충당되고 남은 금액이 있으면 그 반환을 청구할 수 있다.

⑤ 대부업자가 선이자를 사전에 공제하는 경우에는 그 공제액을 제외하고 채무자가 실제로 받은 금액을 원본으로 하여 제1항에 따른

이자율을 산정한다.

[본조신설 2016.3.3.]

[법률 제14072호(2016.3.3.) 부칙 제2조제1항의 규정에 의하여 이 조는 2018년 12월 31일까지 유효함]

제9조(대부조건의 게시와 광고) ① 대부업자는 등록증, 대부이자율, 이자계산방법, 변제방법, 연체이자율, 그 밖에 대통령령으로 정하는 중요 사항을 일반인이 알 수 있도록 영업소마다 게시하여야 한다. <개정 2010.1.25., 2012.12.11.>

② 대부업자가 대부조건 등에 관하여 표시 또는 광고(「표시·광고의 공정화에 관한 법률」에 따른 표시 또는 광고를 말한다. 이하 "광고"라 한다)를 하는 경우에는 다음 각 호의 사항을 포함하여야 한다. <개정 2012.12.11.>

1. 명칭 또는 대표자 성명

2. 대부업 등록번호

3. 대부이자율(연 이자율로 환산한 것을 포함한다) 및 연체이자율

4. 이자 외에 추가비용이 있는 경우 그 내용

5. 과도한 채무의 위험성을 알리는 경고문구 및 그 밖에 대부업자의 거래상대방을 보호하기 위하여 필요한 사항으로서 대통령령으로 정하는 사항

③ 대부중개업자가 대부조건 등에 관하여 광고를 하는 경우에는 다음 각 호의 사항을 포함하여야 한다. <개정 2012.12.11.>

1. 명칭 또는 대표자 성명

2. 대부중개업 등록번호

3. 중개를 통하여 대부를 받을 경우 그 대부이자율(연 이자율로 환산한 것을 포함한다) 및 연체이자율

4. 이자 외에 추가비용이 있는 경우 그 내용

5. 과도한 채무의 위험성을 알리는 경고문구 및 그 밖에 대부중개업자의 거래상대방을 보호하기 위하여 필요한 사항으로서 대통령령으로 정하는 사항

④ 대부업자등은 제2항 또는 제3항에 따라 광고를 하는 경우에는 일반인이 제2항 각 호의 사항 또는 제3항 각 호의 사항을 쉽게 알

수 있도록 대통령령으로 정하는 방식에 따라 광고의 문안과 표기를 하여야 한다.

⑤ 대부업자등은 다음 각 호에 따른 시간에는 「방송법」 제2조제1호에 따른 방송을 이용한 광고를 하여서는 아니 된다. <신설 2015.7.24.>

1. 평일: 오전 7시부터 오전 9시까지 및 오후 1시부터 오후 10시까지

2. 토요일과 공휴일: 오전 7시부터 오후 10시까지

[전문개정 2009.1.21.]

제9조의2(대부업등에 관한 광고 금지) ① 대부업자 또는 여신금융기관이 아니면 대부업에 관한 광고를 하여서는 아니 된다.

② 대부중개업자 또는 대출모집인이 아니면 대부중개업에 관한 광고를 하여서는 아니 된다. <개정 2012.12.11.>

[전문개정 2009.1.21.]

제9조의3(허위·과장 광고의 금지 등) ① 대부업자등은 다음 각 호의 행위를 하여서는 아니 된다.

1. 대부이자율, 대부 또는 대부중개를 받을 수 있는 거래상대방, 대부중개를 통하여 대부할 대부업자, 그 밖에 대부 또는 대부중개의 내용에 관하여 다음 각 목의 방법으로 광고하는 행위

　가. 사실과 다르게 광고하거나 사실을 지나치게 부풀리는 방법

　나. 사실을 숨기거나 축소하는 방법

　다. 비교의 대상 및 기준을 명시하지 아니하거나, 객관적인 근거 없이 자기의 대부 또는 대부중개가 다른 대부업자등의 대부 또는 대부중개보다 유리하다고 주장하는 방법

2. 대부 또는 대부중개를 받을 수 있는 것으로 오인하게 하거나 유인하여 다음 각 목의 방법으로 광고하는 행위

　가. 이 법 또는 다른 법률을 위반하는 방법

　나. 타인의 재산권을 침해하는 방법

3. 그 밖에 대부업자등의 거래상대방을 보호하거나 불법 거래를 방지하기 위하여 필요한 경우로서 대통령령으로 정하는 광고 행위

② 시·도지사는 제1항을 위반한 대부업자등에게 제21조에 따라 과태료를 부과한 경우에는 지체 없이 그 내용을 공정거래위원회에 알려야 한다. [본조신설 2009.1.21.]

제9조의4(미등록대부업자로부터의 채권양수·추심 금지 등) ① 대부업자는 제3조에 따른 대부업의 등록 또는 제3조의2에 따른 등록갱신을 하지 아니하고 사실상 대부업을 하는 자(이하 "미등록대부업자"라 한다)로부터 대부계약에 따른 채권을 양도받아 이를 추심하는 행위를 하여서는 아니 된다. <개정 2012.12.11.>

② 대부업자는 제3조에 따른 대부중개업의 등록 또는 제3조의2에 따른 등록갱신을 하지 아니하고 사실상 대부중개업을 하는 자(이하 "미등록대부중개업자"라 한다)로부터 대부중개를 받은 거래상대방에게 대부하여서는 아니 된다. <신설 2012.12.11.>

③ 대부업자 또는 여신금융기관은 제3조제2항제2호에 따라 등록한 대부업자, 여신금융기관 등 대통령령으로 정한 자가 아닌 자에게 대부계약에 따른 채권을 양도해서는 아니 된다. <신설 2015.7.24.>

[본조신설 2009.1.21.] [제목개정 2012.12.11.]

제9조의5(고용 제한 등) ① 대부업자등은 다음 각 호의 어느 하나에 해당하는 사람을 고용하여서는 아니 된다. <개정 2015.7.24.>

1. 「폭력행위 등 처벌에 관한 법률」 제4조에 따라 금고 이상의 형을 선고받고 그 집행이 끝나거나(집행이 끝난 것으로 보는 경우를 포함한다) 면제된 날부터 5년이 지나지 아니한 사람

2. 제4조제1항제6호 각 목의 어느 하나에 해당하는 규정을 위반하여 다음 각 목의 어느 하나에 해당하는 사람

   가. 금고 이상의 실형을 선고받고 그 집행이 끝나거나(집행이 끝난 것으로 보는 경우를 포함한다) 면제된 날부터 2년이 지나지 아니한 사람

   나. 금고 이상의 형의 집행유예 또는 선고유예를 선고받고 그 유예기간 중에 있는 사람

   다. 벌금형을 선고받고 2년이 지나지 아니한 사람

② 대부업자등은 제1항 각 호의 어느 하나에 해당하는 사람에게 대부업등의 업무를 위임하거나 대리하게 하여서는 아니 된다.

[본조신설 2010.1.25.]

제9조의6(불법 대부광고에 사용된 전화번호의 이용중지 등) ① 시·도지사 등 대통령령으로 정하는 자는 제9조의2제1항 및 제2항을 위

반한 광고를 발견한 때에는 미래창조과학부장관에게 해당 광고에 사용된 전화번호에 대한 전기통신역무 제공의 중지를 요청할 수 있다.
② 시·도지사등은 제9조제2항부터 제4항까지 또는 제9조의3제1항을 위반한 광고를 발견한 경우 광고를 한 자에게 기한을 정하여 해당 광고의 중단을 명할 수 있으며, 그 명을 따르지 아니하는 경우에는 미래창조과학부장관에게 광고에 사용된 전화번호에 대한 전기통신역무 제공의 중지를 요청할 수 있다. <개정 2015.7.24.>
③ 제1항 또는 제2항에 따른 요청으로 전기통신역무 제공이 중지된 이용자는 전기통신역무 제공의 중지를 요청한 기관에 이의신청을 할 수 있다.
④ 제3항에 따른 이의신청의 절차 등에 필요한 사항은 대통령령으로 정한다.
[본조신설 2014.3.18.]

제9조의7(대부업 이용자 보호기준) ① 금융위원회에 등록한 대부업자등으로서 대통령령으로 정하는 자산규모 이상인 자는 법령을 지키고 거래상대방을 보호하기 위하여 임직원이 그 직무를 수행할 때 따라야 할 기본적인 절차와 기준(이하 "보호기준"이라 한다)을 정하여야 한다.
② 제1항에 따라 보호기준을 정하는 대부업자등은 보호기준을 지키는지를 점검하고, 보호기준을 위반하는 경우 이를 조사하여 감사(監査)하는 자(이하 "보호감시인"이라 한다)를 1명 이상 두어야 한다.
③ 제1항에 따른 대부업자등은 보호감시인을 임면하려면 이사회의 결의를 거쳐야 한다.
④ 보호감시인은 다음 각 호의 요건을 충족한 자이어야 하며, 보호감시인이 된 후 제2호 또는 제3호의 요건을 충족하지 못한 경우에는 그 직을 상실한다.
1. 다음 각 목의 어느 하나에 해당하는 경력이 있는 자일 것
　가. 한국은행 또는 「금융위원회의 설치 등에 관한 법률」 제38조에 따른 검사 대상 기관(이에 상당하는 외국금융기관을 포함한다)에서 10년 이상 근무한 경력이 있는 자
　나. 금융 또는 법학 분야의 석사 이상의 학위소지자로서 연구기관 또는 대학에서 연구원 또는 전임강사 이상의 직에서 5년 이

상 근무한 경력이 있는 자

다. 변호사 자격을 가진 자로서 해당 자격과 관련된 업무를 합산하여 5년 이상 종사한 경력이 있는 자

라. 기획재정부, 금융위원회, 「금융위원회의 설치 등에 관한 법률」에 따라 설립된 금융감독원(이하 "금융감독원"이라 한다) 또는 같은 법에 따른 증권선물위원회에서 5년 이상 근무한 경력이 있는 자로서 그 기관에서 퇴임하거나 퇴직한 후 5년이 지난 자

마. 그 밖에 대부업 이용자 보호를 위하여 대통령령으로 정하는 자

2. 제4조제2항 각 호의 어느 하나에 해당되지 아니하는 자일 것

3. 최근 5년간 이 법, 금융관련법령을 위반하여 금융위원회 또는 금융감독원 원장(이하 "금융감독원장"이라 한다)으로부터 주의·경고의 요구 이상에 해당하는 조치를 받은 사실이 없는 자일 것

⑤ 보호기준 및 보호감시인에 관하여 필요한 사항은 대통령령으로 정한다.

[본조신설 2015.7.24.]

제10조(대주주와의 거래제한 등) ① 제3조제2항제3호에 따라 등록한 대부업자(이하 "상호출자제한기업집단 대부업자"라 한다)가 그 대주주(최대주주의 특수관계인을 포함한다. 이하 이 조에서 같다)에게 제공할 수 있는 대부, 지급보증 또는 자금 지원적 성격의 유가증권의 매입, 그 밖에 금융거래상의 신용위험이 따르는 대부업자의 직접적·간접적 거래로서 대통령령으로 정하는 것(이하 "신용공여"라 한다)의 합계액은 그 대부업자의 자기자본의 100분의 100을 넘을 수 없으며, 대주주는 그 대부업자로부터 그 한도를 넘겨 신용공여를 받아서는 아니 된다.

② 상호출자제한기업집단 대부업자는 그 대주주에게 대통령령으로 정하는 금액 이상으로 신용공여를 하려는 경우에는 그 사실을 금융위원회에 지체 없이 보고하고, 인터넷 홈페이지 등을 이용하여 공시하여야 한다.

③ 상호출자제한기업집단 대부업자는 추가적인 신용공여를 하지 아니하였음에도 불구하고 자기자본의 변동, 대주주의 변경 등으로 제

1항에 따른 한도를 넘게 되는 경우에는 대통령령으로 정하는 기간 이내에 제1항에 따른 한도에 적합하도록 하여야 한다.

④ 제3항에도 불구하고 상호출자제한기업집단 대부업자는 신용공여의 기한 및 규모 등에 따른 부득이한 사유가 있으면 금융위원회의 승인을 받아 그 기간을 연장할 수 있다.

⑤ 제4항에 따른 승인을 받으려는 상호출자제한기업집단 대부업자는 제3항에 따른 기간이 만료되기 3개월 전까지 제1항에 따른 한도에 적합하도록 하기 위한 세부계획서를 금융위원회에 제출하여야 한다.

⑥ 금융위원회는 제5항에 따라 세부계획서를 제출받은 날부터 1개월 이내에 승인 여부를 결정·통보하여야 한다. 다만, 자료보완 등 필요한 경우에는 그 기간을 연장할 수 있다.

⑦ 여신금융기관이 최대주주인 대부업자는 제1항에도 불구하고 그 대주주에게 신용공여를 할 수 없으며, 대주주는 그 대부업자로부터 신용공여를 받아서는 아니 된다.

⑧ 금융위원회는 대부업자 또는 그 대주주가 제1항부터 제7항까지의 규정을 위반한 혐의가 있다고 인정되는 경우에는 대부업자 또는 그 대주주에게 필요한 자료의 제출을 명할 수 있다.

[본조신설 2015.7.24.]

제10조의2(채권추심자의 소속·성명 명시 의무) 대부계약에 따른 채권의 추심을 하는 자는 채무자 또는 그의 관계인에게 그 소속과 성명을 밝혀야 한다. [본조신설 2009.1.21.]

제11조(미등록대부업자의 이자율 제한) ① 미등록대부업자가 대부를 하는 경우의 이자율에 관하여는 「이자제한법」 제2조제1항 및 이 법 제8조제2항부터 제5항까지의 규정을 준용한다. <신설 2016.3.3.>

② 삭제 <2012.12.11.>

[전문개정 2009.1.21.] [제목개정 2012.12.11.]

[법률 제14072호(2016.3.3.) 부칙 제2조제1항의 규정에 의하여 이 조 제1항은 2018년 12월 31일까지 유효함]

제11조의2(중개의 제한 등) ① 대부중개업자는 미등록대부업자에게 대부중개를 하여서는 아니 된다.

② 대부중개업자 및 대출모집인(이하 "대부중개업자등"이라 한다)과

미등록대부중개업자는 수수료, 사례금, 착수금 등 그 명칭이 무엇이든 대부중개와 관련하여 받는 대가(이하 "중개수수료"라 한다)를 대부를 받는 거래상대방으로부터 받아서는 아니 된다. <개정 2012.12.11.>

③ 대부업자가 개인이나 대통령령으로 정하는 소규모 법인에 대부하는 경우 대부중개업자등에게 지급하는 중개수수료는 해당 대부금액의 100분의 5의 범위에서 대통령령으로 정하는 율에 해당하는 금액을 초과할 수 없다. <신설 2012.12.11.>

④ 여신금융기관이 대부중개업자등에게 중개수수료를 지급하는 경우의 중개수수료 상한에 관하여는 제3항을 준용한다. <신설 2012.12.11.>

⑤ 금융위원회는 제4항을 위반하여 중개수수료를 지급한 여신금융기관에 대하여 그 시정을 명할 수 있다. <신설 2012.12.11.>

⑥ 대부중개업자등은 대부업자 또는 여신금융기관으로부터 제3항 및 제4항에 따른 금액을 초과하는 중개수수료를 지급받아서는 아니 된다. <신설 2012.12.11.>

[전문개정 2009.1.21.]

제11조의3(대부중개를 위탁한 대부업자 또는 여신금융기관의 배상책임) ① 대부업자 또는 여신금융기관은 대부중개업자등이 그 위탁받은 대부중개를 하면서 이 법을 위반하여 거래상대방에게 손해를 발생시킨 경우에는 그 손해를 배상할 책임이 있다. 다만, 대부업자 또는 여신금융기관이 대부중개업자등에게 대부중개를 위탁하면서 상당한 주의를 하였고 이들이 대부중개를 하면서 거래상대방에게 손해를 입히는 것을 막기 위하여 노력한 경우에는 그러하지 아니하다.

② 제1항은 해당 대부중개업자등에 대한 대부업자 또는 여신금융기관의 구상권 행사를 방해하지 아니한다.

[본조신설 2014.1.1.]

제11조의4(거래상대방에 대한 배상책임) ① 대부업자등은 대부업등을 하면서 고의 또는 과실로 인한 위법행위로 거래상대방에게 손해를 발생시킨 경우에는 그 손해를 배상할 책임이 있다.

② 대부업자등은 업무를 개시하기 전에 제1항에 따른 손해배상책임을 보장하기 위하여 대통령령으로 정하는 바에 따라 보증금을 예탁하거나 보험 또는 공제에 가입하여야 한다. [본조신설 2015.7.24.]

제12조(검사 등) ① 시·도지사등은 대부업자등에게 그 업무 및 업무와 관련된 재산에 관하여 보고하게 하거나 자료의 제출, 그 밖에 필요한 명령을 할 수 있다. <개정 2015.7.24.>

② 시·도지사 또는 금융감독원장은 소속 공무원 또는 소속 직원(금융위원회에 등록한 대부업자등에 대한 검사로 한정한다)에게 그 영업소에 출입하여 그 업무 및 업무와 관련된 재산에 관하여 검사하게 할 수 있다. <개정 2015.7.24.>

③ 시·도지사는 대부업자등에 대한 전문적인 검사가 필요한 경우로서 대통령령으로 정하는 경우에는 제2항에도 불구하고 금융감독원장에게 대부업자등에 대한 검사를 요청할 수 있다. <개정 2015.7.24.>

④ 삭제 <2015.7.24.>

⑤ 금융감독원장은 제2항 및 제3항에 따른 검사에 필요하다고 인정하면 대부업자등에 대하여 업무 및 업무와 관련된 재산에 관한 보고, 자료의 제출, 관계자의 출석 및 의견의 진술을 요구할 수 있다. <개정 2015.7.24.>

⑥ 제2항 및 제3항에 따라 출입·검사를 하는 자는 그 권한을 표시하는 증표를 지니고 이를 관계인에게 내보여야 한다. <개정 2015.7.24.>

⑦ 시·도지사등은 제1항부터 제3항까지의 규정에 따른 보고 또는 검사 결과에 따라 필요하면 대부업자등에게 시정명령 등 감독상 필요한 명령을 할 수 있다. <개정 2015.7.24.>

⑧ 금융감독원장이 제2항에 따른 검사를 한 경우에는 그 보고서를 금융위원회에 제출하여야 한다. 이 경우 이 법 또는 이 법에 따른 명령이나 처분을 위반한 사실이 있을 때에는 그 처리에 관한 의견서를 첨부하여야 한다. <개정 2015.7.24.>

⑨ 대부업자등은 다음 각 호의 구분에 따른 사항을 적은 보고서를 대통령령으로 정하는 기간마다 대통령령으로 정하는 절차와 방법에 따라 관할 시·도지사등에게 제출하여야 한다. <개정 2015.7.24.>

1. 대부업자의 경우

　가. 대부금액

　나. 대부를 받은 거래상대방의 수

　다. 그 밖에 영업소의 업무현황을 파악하기 위하여 필요한 사항으

로서 대통령령으로 정하는 사항
2. 대부중개업자의 경우
　가. 대부를 중개한 금액
　나. 대부를 중개한 거래상대방의 수
　다. 그 밖에 영업소의 업무현황을 파악하기 위하여 필요한 사항으
　　　로서 대통령령으로 정하는 사항
[전문개정 2009.1.21.]

제13조(영업정지 및 등록취소 등) ① 시·도지사등은 대부업자등이 다음 각 호의 어느 하나에 해당하면 그 대부업자등에게 대통령령으로 정하는 기준에 따라 1년 이내의 기간을 정하여 그 영업의 전부 또는 일부의 정지를 명할 수 있다. <개정 2009.2.6., 2015.7.24., 2016.3.3.>
1. 별표 1 각 호의 어느 하나에 해당하는 경우, 「채권의 공정한 추심에 관한 법률」 제5조제1항, 제7조부터 제9조까지, 제10조제1항 및 제11조부터 제13조까지를 위반한 경우
2. 해당 대부업자등의 영업소 중 같은 시·도지사에게 등록한 다른 영업소가 영업정지 처분을 받은 경우
② 시·도지사등은 대부업자등이 다음 각 호의 어느 하나에 해당하면 그 대부업자등의 등록을 취소할 수 있다. 다만, 제1호에 해당하면 등록을 취소하여야 한다. <개정 2010.1.25., 2015.7.24.>
1. 속임수나 그 밖의 부정한 방법으로 제3조 또는 제3조의2에 따른 등록 또는 등록갱신을 한 경우
2. 제3조의5제1항제3호의 요건을 충족하지 아니한 경우
2의2. 시·도지사에 등록한 대부업자등이 제3조의5제1항제5호가목 또는 나목의 요건을 충족하지 아니한 경우
2의3. 금융위원회에 등록한 대부업자등이 제3조의5제1항제5호가목, 나목 또는 같은 조 제2항제5호 또는 제6호의 요건을 충족하지 아니한 경우
2의4. 시·도지사에 등록한 대부업자등의 대표자가 제4조제1항 각 호에 해당하는 경우
3. 6개월 이상 계속하여 영업실적이 없는 경우
4. 제1항에 따른 영업정지 명령을 위반한 경우

5. 제1항에 따라 영업정지 명령을 받고도 그 영업정지 기간 이내에 영업정지 처분 사유를 시정하지 아니하여 동일한 사유로 제1항에 따른 영업정지 처분을 대통령령으로 정하는 횟수 이상 받은 경우

6. 대부업자등의 소재를 확인할 수 없는 경우로서 시·도지사등이 대통령령으로 정하는 바에 따라 소재 확인을 위한 공고를 하고 그 공고일부터 30일이 지날 때까지 그 대부업자등으로부터 통지가 없는 경우

7. 대부업자등이 제1항제1호에 해당하는 경우로서 대부업자등의 거래상대방의 이익을 크게 해칠 우려가 있는 경우

8. 해당 대부업자등의 영업소 중 같은 시·도지사에게 등록한 다른 영업소가 등록취소 처분을 받은 경우

③ 시·도지사등은 제2항에 따른 등록취소를 하려면 다음 각 호의 방법에 따른 의견청취 절차를 거쳐야 한다. 다만, 제2항제6호의 경우에는 그러하지 아니하다. <개정 2015.7.24.>

1. 제2항제1호·제3호·제4호·제5호·제7호 및 제8호의 경우: 청문

2. 제2항제2호, 제2호의2부터 제2호의4까지의 경우: 의견제출 기회 부여

④ 제3항에도 불구하고 다음 각 호의 경우에는 의견청취 절차를 거치지 아니할 수 있다. <개정 2015.7.24.>

1. 제2항제2호, 제2호의2부터 제2호의4까지에 해당함이 재판 등에 따라 객관적으로 증명된 경우

2. 의견청취가 매우 어렵거나 명백히 불필요하다고 인정되는 상당한 이유가 있는 경우

3. 대부업자등이 의견청취 절차를 거치지 아니하여도 좋다는 의사를 명백히 표시하는 경우

⑤ 시·도지사등은 대부업자등에게 제1항 또는 제2항에 따른 영업정지 또는 등록취소 처분을 하는 경우에는 그 사실을 전산정보처리조직 등을 통하여 다른 시·도지사등에게 지체 없이 알려야 한다. <개정 2012.12.11., 2015.7.24.>

⑥ 금융위원회는 금융위원회에 등록된 대부업자등 또는 그 임직원이 별표 1 각 호의 어느 하나에 해당하는 경우에는 다음 각 호의 어느 하나에 해당하는 조치를 할 수 있다. <신설 2015.7.24., 2016.3.3.>

1. 대부업자등에 대한 주의·경고 또는 그 임직원에 대한 주의·경고·문책의 요구

2. 임원의 해임 권고 또는 직무정지의 요구

3. 직원의 면직 요구

⑦ 금융위원회는 퇴임·퇴직한 대부업자등의 임직원이 재임·재직 중이었더라면 제6항 각 호에 해당하는 조치를 받았을 것으로 인정되는 경우에는 그 조치의 내용을 금융감독원장으로 하여금 대부업자등에게 통보하도록 할 수 있다. <신설 2015.7.24.>

[전문개정 2009.1.21.] [제목개정 2015.7.24.]

제14조(등록취소 등에 따른 거래의 종결) 다음 각 호의 어느 하나에 해당하는 대부업자등(대부업자등이 개인인 경우에는 그 상속인을 포함한다)은 그 대부업자등이 체결한 대부계약에 따른 거래를 종결하는 범위에서 대부업자등으로 본다. <개정 2015.7.24.>

1. 제3조제6항에 따른 등록의 유효기간이 만료된 경우

2. 제5조제2항에 따라 폐업신고를 한 경우

3. 제13조제2항에 따라 등록취소 처분을 받은 경우

[전문개정 2009.1.21.]

제14조의2(과징금) ① 금융위원회는 대부업자 또는 그 대주주(최대주주의 특수관계인을 포함한다. 이하 이 조에서 같다)가 다음 각 호의 어느 하나에 해당할 때에는 다음 각 호의 구분에 따라 과징금을 부과할 수 있다.

1. 대부업자

　가. 상호출자제한기업집단 대부업자가 제10조제1항에 따른 신용공여의 한도를 초과하여 신용공여를 한 경우: 초과한 신용공여 금액의 100분의 10 이하

　나. 여신금융기관이 최대주주인 대부업자가 제10조제7항을 위반하여 신용공여를 한 경우: 신용공여 금액의 100분의 40 이하

2. 대주주

　가. 상호출자제한기업집단에 속하는 대주주가 제10조제1항에 따른 신용공여의 한도를 초과하여 신용공여를 받은 경우: 초과한 신용공여 금액의 100분의 10 이하

　　나. 대부업자의 최대주주인 여신금융기관이 제10조제7항을 위반하
　　　여 신용공여를 받은 경우: 신용공여 금액의 100분의 40 이하
　② 금융위원회는 과징금을 부과받은 자(이하 "과징금납부의무자"라
한다)가 납부기한 내에 과징금을 납부하지 아니한 때에는 납부기한
의 다음 날부터 납부한 날의 전 날까지의 기간에 대하여 대통령령
으로 정하는 가산금을 징수할 수 있다.
　③ 금융위원회는 과징금납부의무자가 그 기한까지 납부하지 아니하
면 국세 체납처분의 예에 따라 이를 징수할 수 있다.
　④ 금융위원회는 대통령령으로 정하는 바에 따라 과징금의 징수 및
체납처분에 관한 업무를 국세청장에게 위탁할 수 있다.
　⑤ 과징금 부과기준 및 금액, 징수, 그 밖에 필요한 사항은 대통령령
으로 정한다. [본조신설 2015.7.24.]

제14조의3(이의신청)　① 제14조의2에 따른 과징금 부과처분에 대하
여 불복하는 자는 그 처분의 고지를 받은 날부터 30일 이내에 그
사유를 갖추어 금융위원회에 이의를 신청할 수 있다.
　② 금융위원회는 제1항에 따른 이의신청에 대하여 60일 이내에 결
정을 하여야 한다. 다만, 부득이한 사정으로 그 기간 이내에 결정을
할 수 없을 경우에는 30일의 범위에서 그 기간을 연장할 수 있다.
　③ 금융위원회는 제2항 단서에 따라 결정기간을 연장하는 경우에는
지체 없이 제1항에 따라 이의를 신청한 자에게 결정기간이 연장되
었음을 통보하여야 한다. [본조신설 2015.7.24.]

제14조의4(과징금 납부기한의 연장 및 분할납부)　① 금융위원회는 과
징금납부의무자가 다음 각 호의 어느 하나에 해당하는 자로서 과징
금의 전액을 일시에 납부하기가 어렵다고 인정되는 경우에는 그 납
부기한을 연장하거나 분할납부하게 할 수 있다. 이 경우 필요하다고
인정되는 때에는 담보를 제공하게 할 수 있다.
　1. 재해 또는 도난 등으로 재산에 현저한 손실을 입은 경우
　2. 사업여건의 악화로 사업이 중대한 위기에 처한 경우
　3. 과징금의 일시납부에 따라 자금사정에 현저한 어려움이 예상되는 경우
　4. 그 밖에 제1호부터 제3호까지에 준하는 사유가 있는 경우
　② 과징금납부의무자가 제1항에 따른 과징금 납부기한의 연장을 받

거나 분할납부를 하고자 하는 경우에는 그 납부기한의 10일 전까지 금융위원회에 신청하여야 한다.

③ 금융위원회는 제1항에 따라 납부기한이 연장되거나 분할납부가 허용된 과징금납부의무자가 다음 각 호의 어느 하나에 해당하게 된 때에는 그 납부기한의 연장 또는 분할납부 결정을 취소하고 과징금을 일시에 징수할 수 있다.

1. 분할납부 결정된 과징금을 그 납부기한 내에 납부하지 아니한 경우
2. 담보의 변경, 그 밖에 담보보전에 필요한 금융위원회의 명령을 이행하지 아니한 때
3. 강제집행, 경매의 개시, 파산선고, 법인의 해산, 국세 또는 지방세의 체납처분을 받는 등 과징금의 전부 또는 잔여분을 징수할 수 없다고 인정되는 때
4. 그 밖에 제1호부터 제3호까지에 준하는 사유로서 대통령령으로 정하는 사유가 있는 때

④ 제1항부터 제3항까지의 규정에 따른 과징금 납부기한의 연장 또는 는 분할납부 등에 관하여 필요한 사항은 대통령으로 정한다.

[본조신설 2015.7.24.]

제14조의5(과징금 환급가산금) ① 금융위원회는 과징금납부의무자가 이의신청의 재결 또는 법원의 판결 등의 사유로 과징금을 환급하는 경우에는 과징금을 납부한 날부터 환급한 날까지의 기간에 대하여 대통령령으로 정하는 바에 따라 환급가산금을 지급하여야 한다.

② 제1항에도 불구하고 법원의 판결에 의하여 과징금 부과처분이 취소되어 그 판결이유에 따라 새로운 과징금을 부과하는 경우에는 당초 납부한 과징금에서 새로 부과하기로 결정한 과징금을 공제한 나머지 금액에 대해서만 환급가산금을 계산하여 지급한다.

[본조신설 2015.7.24.]

제15조(여신금융기관의 이자율의 제한) ① 여신금융기관은 연 100분의 27.9 이하의 범위에서 대통령령으로 정하는 율을 초과하여 대부금에 대한 이자를 받을 수 없다. <신설 2016.3.3.>

② 제1항에 따른 이자율을 산정할 때에는 제8조제2항을 준용한다. <신설 2016.3.3.>

③ 여신금융기관은 대부자금의 조달비용, 연체금의 관리비용, 연체금액, 연체기간, 금융업의 특성 등을 고려하여 대통령령으로 정하는 율을 초과하여 대부금에 대한 연체이자를 받을 수 없다.

④ 금융위원회는 제1항 및 제3항을 위반하여 이자 및 연체이자를 받는 여신금융기관에 대하여 그 시정을 명할 수 있다.

⑤ 여신금융기관이 제1항 및 제3항에 따른 기준을 초과하여 이자 또는 연체이자를 받은 경우 그 이자계약의 효력 등에 관하여는 제8조제3항부터 제5항까지의 규정을 준용한다.

[전문개정 2009.1.21.] [제목개정 2016.3.3.]

[법률 제14072호(2016.3.3.) 부칙 제2조제1항의 규정에 의하여 이 조 제1항·제2항은 2018년 12월 31일까지 유효함]

제15조의2(대부업정책협의회 등의 설치) ① 대부업등 관련 정책을 종합적인 관점에서 일관성 있게 수립·추진하고, 관계 행정기관 간의 협의가 필요한 사항을 효율적으로 협의·조정하기 위하여 금융위원회에 대부업정책협의회를 둔다.

② 대부업정책협의회는 회의의 효율적 운영을 위하여 대부업정책실무협의회를 둘 수 있다.

③ 대부업등 관련 업무의 효율적 수행과 위법행위의 효과적 예방·단속에 관한 사항을 협의하기 위하여 시·도에 대부업관계기관협의회를 둔다.

④ 제1항에 따른 대부업정책협의회, 제2항에 따른 대부업정책실무협의회 및 제3항에 따른 대부업관계기관협의회의 구성·운영, 그 밖에 필요한 사항은 대통령령으로 정한다.

[본조신설 2009.1.21.]

제16조(대부업자의 실태조사 등) ① 시·도지사는 수시로 대부업자등의 영업실태를 조사하여야 하며 그 결과를 매년 행정자치부장관 및 금융위원회에 제출하여야 한다. <개정 2013.3.23., 2014.11.19.>

② 행정자치부장관과 금융위원회는 시·도지사, 관계 행정기관 또는 공공단체의 장에게 대부업자등의 현황 파악과 제도 조사를 위하여 필요한 자료의 제공을 요청할 수 있다. <개정 2013.3.23., 2014.11.19.>

③ 행정자치부장관과 금융위원회는 대부업자등의 현황 및 영업실태

조사결과 등을 대통령령으로 정하는 바에 따라 관보 또는 인터넷 홈페이지 등에 게재하여야 한다. <신설 2014.1.1., 2014.11.19.>
[전문개정 2009.1.21.]

제16조의2(행정처분 사실 등의 공개) ① 시·도지사등은 금융이용자 보호를 위하여 다음 각 호의 어느 하나에 해당하는 자에 대한 행정처분 또는 시정명령 사실을 공개하여야 한다. <개정 2015.7.24.>
1. 최근 5년 이내에 제13조에 따른 영업정지 또는 등록취소 처분을 받은 자
2. 최근 5년 이내에 제15조제4항에 따른 시정명령을 받은 자
② 제1항에 따른 공개의 기준, 내용 및 절차 등에 필요한 사항은 대통령령으로 정한다.
[본조신설 2014.1.1.]

제17조(등록수수료 등) ① 제3조에 따른 등록을 하려는 자는 대통령령으로 정하는 바에 따라 수수료를 내야 한다.
② 제12조제2항 및 제3항에 따라 검사를 받는 대부업자등은 대통령령으로 정하는 검사수수료를 시·도지사나 금융감독원장에게 내야 한다. <개정 2015.7.24.> [전문개정 2009.1.21.]

제18조(분쟁 조정) ① 시·도지사에게 등록된 대부업자등과 거래상대방 간의 분쟁을 해결하기 위하여 해당 영업소를 관할하는 시·도지사 소속으로 분쟁조정위원회를 둔다. <개정 2015.7.24.>
② 시·도지사에게 등록된 대부업자등과 거래상대방은 제1항에 따른 분쟁조정위원회에서 분쟁이 해결되지 아니하는 경우에는 「소비자기본법」 제60조에 따른 소비자분쟁조정위원회에 분쟁 조정을 신청할 수 있다. <개정 2015.7.24.>
③ 제1항에 따른 분쟁조정위원회의 구성·운영과 분쟁 조정의 절차·방법 등 분쟁 조정에 관하여 필요한 사항은 대통령령으로 정한다.
④ 금융위원회에 등록된 대부업자등과 거래상대방 간의 분쟁 조정에 관하여는 「금융위원회의 설치 등에 관한 법률」 제51조부터 제57조까지의 규정을 준용한다. <신설 2015.7.24.> [전문개정 2009.1.21.]

제18조의2(대부업 및 대부중개업 협회 설립 등) ① 대부업등의 업무질서를 유지하고, 대부업등의 건전한 발전과 이용자 보호를 위하여

대부업 및 대부중개업 협회(이하 "협회"라 한다)를 설립한다.
② 협회는 법인으로 한다.
③ 협회는 정관으로 정하는 바에 따라 주된 사무소를 두고 필요한 곳에 지회(支會)를 둘 수 있다. <개정 2015.7.24.>
④ 협회는 대통령령으로 정하는 바에 따라 주된 사무소의 소재지에서 설립등기를 함으로써 성립한다.
⑤ 이 법에 따른 협회가 아닌 자는 대부업 및 대부중개업 협회 또는 이와 비슷한 명칭을 사용하지 못한다. [본조신설 2009.1.21.]

제18조의3(업무) ①협회는 다음 각 호의 업무를 한다. <개정 2016.3.3.>
1. 이 법 또는 관계 법령을 준수하도록 하기 위한 회원에 대한 지도와 권고
2. 대부업등의 이용자 보호를 위한 회원에 대한 업무방식 개선·권고
3. 대부업등의 이용자 민원의 상담·처리
4. 그 밖에 협회의 목적을 달성하기 위하여 대통령령으로 정하는 업무
② 협회는 업무에 관한 규정을 제정·변경하거나 폐지한 경우에는 지체 없이 금융위원회에 이를 보고하여야 한다. <신설 2016.3.3.>
[본조신설 2009.1.21.]

제18조의4(정관) ① 협회의 정관은 창립총회에서 작성한 후 금융위원회의 인가를 받아야 한다. 이를 변경하려는 경우에도 또한 같다.
② 협회의 정관에는 다음 각 호의 사항이 포함되어야 한다.
1. 목적, 명칭 및 주된 사무소의 소재지
2. 임직원에 관한 사항
3. 임원의 선출에 관한 사항
4. 회원의 권리와 의무에 관한 사항
5. 업무와 그 집행에 관한 사항
6. 회비의 분담과 예산 및 회계에 관한 사항
7. 회의에 관한 사항
8. 그 밖에 협회의 운영에 관한 사항
[본조신설 2009.1.21.]

제18조의5(가입 등) ① 대부업자등은 협회에 가입할 수 있다. 다만, 금융위원회에 등록된 대부업자등, 그 밖에 대통령령으로 정하는 자

는 협회에 가입하여야 한다. <개정 2015.7.24.>

② 협회는 대부업자등이 협회에 가입하려는 경우 정당한 사유 없이 그 가입을 거부하거나 가입에 부당한 조건을 부과하여서는 아니 된다.

③ 협회는 회원에게 정관으로 정하는 바에 따라 회비를 징수할 수 있다. [본조신설 2009.1.21.]

제18조의6(「민법」의 준용) 협회에 대하여 이 법에 특별한 규정이 없으면 「민법」 중 사단법인에 관한 규정을 준용한다.

[본조신설 2009.1.21.]

제18조의7(업무의 위탁) ① 이 법에 따른 시·도지사의 업무의 일부는 대통령령으로 정하는 바에 따라 협회에 위탁할 수 있다.

② 이 법에 따른 금융위원회의 업무의 일부는 대통령령으로 정하는 바에 따라 금융감독원장 또는 협회에 위탁할 수 있다. <신설 2015.7.24.>

③ 금융감독원장 및 협회는 제1항 및 제2항에 따라 위탁받은 업무의 처리 결과를 매 분기별로 시·도지사등에게 보고하여야 한다. <개정 2015.7.24.> [본조신설 2009.1.21.]

제18조의8(관계 기관에의 협조 요청) 시·도지사등은 대부업자등의 관리·감독 등을 위하여 관계 기관의 사실 확인이 필요하면 해당 기관에 그 확인을 요청할 수 있다. 이 경우 해당 기관은 특별한 사유가 없으면 사실을 확인하여 통보하여야 한다. <개정 2015.7.24.>

[본조신설 2009.1.21.]

제18조의9(협회에 대한 검사) ① 협회는 그 업무와 재산상황에 관하여 금융감독원장의 검사를 받아야 한다.

② 금융감독원장은 제1항의 검사를 함에 있어서 필요하다고 인정하는 경우에는 협회에 업무 또는 재산에 관한 보고, 자료의 제출, 증인의 출석, 증언 및 의견의 진술을 요구할 수 있다.

③ 제1항에 따라 검사를 하는 자는 그 권한을 표시하는 증표를 지니고 이를 관계자에게 내보여야 한다.

④ 금융감독원장이 제1항에 따른 검사를 한 경우에는 그 보고서를 금융위원회에 제출하여야 한다. 이 경우 이 법 또는 이 법에 따른 명령이나 처분을 위반한 사실이 있는 때에는 그 처리에 관한 의견서를 첨부하여야 한다.

⑤ 금융위원회는 검사의 방법·절차, 검사결과에 대한 조치기준, 그 밖에 검사업무와 관련하여 필요한 사항을 정하여 고시할 수 있다.
[본조신설 2016.3.3.]

제18조의10(협회에 대한 조치) ① 금융위원회는 협회가 별표 2 각 호의 어느 하나에 해당하는 경우에는 다음 각 호의 어느 하나에 해당하는 조치를 할 수 있다.

1. 6개월 이내의 업무의 일부의 정지
2. 위법행위의 시정명령
3. 기관경고
4. 기관주의
5. 그 밖에 위법행위를 시정하거나 방지하기 위하여 필요한 조치로서 대통령령으로 정하는 조치

② 금융위원회는 협회의 임원이 별표 2 각 호의 어느 하나에 해당하는 경우에는 다음 각 호의 어느 하나에 해당하는 조치를 할 수 있다.

1. 해임요구
2. 6개월 이내의 직무정지
3. 문책경고
4. 주의적 경고
5. 주의
6. 그 밖에 위법행위를 시정하거나 방지하기 위하여 필요한 조치로서 대통령령으로 정하는 조치

③ 금융위원회는 협회의 직원이 별표 2 각 호의 어느 하나에 해당하는 경우에는 다음 각 호의 어느 하나에 해당하는 조치를 협회에 요구할 수 있다.

1. 면직
2. 6개월 이내의 정직
3. 감봉
4. 견책
5. 경고
6. 주의
7. 그 밖에 위법행위를 시정하거나 방지하기 위하여 필요한 조치로

　　서 대통령령으로 정하는 조치

④ 금융위원회는 제2항 또는 제3항에 따라 협회의 임직원에 대하여 조치를 하거나 이를 요구하는 경우 그 임직원에 대하여 관리·감독의 책임이 있는 임직원에 대한 조치를 함께 하거나 이를 요구할 수 있다. 다만, 관리·감독의 책임이 있는 자가 그 임직원의 관리·감독에 상당한 주의를 다한 경우에는 조치를 감면할 수 있다.

⑤ 금융위원회는 다음 각 호의 어느 하나에 해당하는 처분 또는 조치를 하고자 하는 경우에는 청문을 하여야 한다.

1. 제18조의4제1항에 따른 협회의 정관에 대한 인가의 취소

2. 제18조의10제2항 또는 제3항에 따른 협회의 임직원에 대한 해임요구 또는 면직요구

[본조신설 2016.3.3.]

제18조의11(처분 등의 기록 및 공시 등) ① 금융위원회는 제18조의10에 따라 처분 또는 조치한 경우에는 그 내용을 기록하고 이를 유지·관리하여야 한다.

② 금융위원회는 협회의 퇴임한 임원 또는 퇴직한 직원이 재임 또는 재직 중이었다면 제18조의10제2항제1호부터 제5호까지 또는 같은 조 제3항제1호부터 제6호까지에 해당하는 조치를 받았을 것으로 인정되는 경우에는 그 받았을 것으로 인정되는 조치의 내용을 금융감독원장으로 하여금 협회에 통보하도록 할 수 있다. 이 경우 통보를 받은 협회는 이를 퇴임·퇴직한 그 임직원에게 통보하여야 한다.

③ 제1항은 협회가 금융위원회의 조치요구에 따라 그 임직원을 조치한 경우 및 제2항에 따라 통보를 받은 경우에 준용한다.

④ 협회 또는 그 임직원(임직원이었던 자를 포함한다)은 금융위원회에 자기에 대한 제18조의10에 따른 처분 또는 조치 여부 및 그 내용을 조회할 수 있다.

⑤ 금융위원회는 제4항의 조회요청을 받은 경우에는 정당한 사유가 없으면 처분 또는 조치 여부 및 그 내용을 그 조회 요청자에게 통보하여야 한다.

⑥ 제18조의10제1항, 같은 조 제2항제2호부터 제6호까지 및 같은 조 제4항(제2항제2호부터 제6호까지의 어느 하나에 해당하는 조치

에 한정한다)에 따른 처분 또는 조치에 대하여 불복하는 자는 그 처분 또는 조치의 고지를 받은 날부터 30일 이내에 그 사유를 갖추어 금융위원회에 이의를 신청할 수 있다.

⑦ 금융위원회는 제6항에 따른 이의신청에 대하여 60일 이내에 결정을 하여야 한다. 다만, 부득이한 사정으로 그 기간 이내에 결정을 할 수 없을 경우에는 30일의 범위에서 그 기간을 연장할 수 있다.

[본조신설 2016.3.3.]

제19조(벌칙) ① 다음 각 호의 어느 하나에 해당하는 자는 5년 이하의 징역 또는 5천만원 이하의 벌금에 처한다.

<개정 2009.2.6., 2015.7.24.>

1. 제3조 또는 제3조의2를 위반하여 등록 또는 등록갱신을 하지 아니하고 대부업등을 한 자

2. 속임수나 그 밖의 부정한 방법으로 제3조 또는 제3조의2에 따른 등록 또는 등록갱신을 한 자

3. 제9조의2제1항 또는 제2항을 위반하여 대부업 또는 대부중개업 광고를 한 자

4. 제10조제1항 또는 제7항을 위반하여 신용공여를 한 자

5. 제10조제1항 또는 제7항을 위반하여 신용공여를 받은 자

② 다음 각 호의 어느 하나에 해당하는 자는 3년 이하의 징역 또는 3천만원 이하의 벌금에 처한다. <개정 2009.2.6., 2012.12.11., 2015.7.24.>

1. 제5조의2제4항을 위반하여 그 상호 중에 대부, 대부중개 또는 이와 유사한 상호를 사용한 자

1의2. 제5조의2제5항을 위반하여 타인에게 자기의 명의로 대부업등을 하게 하거나 등록증을 대여한 자

2. 제7조제3항을 위반하여 서류를 해당 용도 외의 목적으로 사용한 자

3. 제8조 또는 제11조제1항에 따른 이자율을 초과하여 이자를 받은 자

4. 제9조의4제1항 또는 제2항을 위반하여 미등록대부업자로부터 대부계약에 따른 채권을 양도받아 이를 추심하는 행위를 한 자 또는 미등록대부중개업자로부터 대부중개를 받은 거래상대방에게 대부행위를 한 자

5. 제9조의4제3항을 위반하여 대부계약에 따른 채권을 양도한 자

6. 제11조의2제1항 또는 제2항을 위반하여 대부중개를 하거나 중개
   수수료를 받은 자

7. 제11조의2제3항에 따른 중개수수료를 초과하여 지급한 자

8. 제11조의2제5항에 따른 시정명령을 이행하지 아니한 자

9. 제11조의2제6항을 위반하여 중개수수료를 지급받은 자

10. 제15조제4항에 따른 시정명령을 이행하지 아니한 자

③ 제1항 및 제2항의 징역형과 벌금형은 병과(倂科)할 수 있다.
[전문개정 2009.1.21.]

제20조(양벌규정) 법인의 대표자나 법인 또는 개인의 대리인, 사용인, 그 밖의 종업원이 그 법인 또는 개인의 업무에 관하여 제19조의 위반행위를 하면 그 행위자를 벌하는 외에 그 법인 또는 개인에게도 해당 조문의 벌금형을 과(科)한다. 다만, 법인 또는 개인이 그 위반행위를 방지하기 위하여 해당 업무에 관하여 상당한 주의와 감독을 게을리하지 아니한 경우에는 그러하지 아니하다. [전문개정 2009.1.21.]

제21조(과태료) ① 다음 각 호의 어느 하나에 해당하는 자에게는 2천만원 이하의 과태료를 부과한다. <개정 2010.1.25., 2015.7.24.>

1. 제5조제1항 또는 제2항을 위반하여 변경등록 또는 폐업신고를
   하지 아니한 자

2. 제5조의2제1항 또는 제2항을 위반하여 상호 중에 "대부" 또는 "
   대부중개"라는 문자를 사용하지 아니한 자

3. 제6조제1항 또는 제3항을 위반하여 계약서를 교부하지 아니한
   자 또는 같은 조 제1항 각 호 또는 같은 조 제3항 각 호에서 정
   한 내용 중 전부 또는 일부가 적혀 있지 아니한 계약서를 교부하
   거나 같은 조 제1항 각 호 또는 같은 조 제3항 각 호에서 정한
   내용 중 전부 또는 일부를 거짓으로 적어 계약서를 교부한 자

4. 제6조제2항 또는 제4항을 위반하여 설명을 하지 아니한 자

5. 제6조의2를 위반하여 거래상대방 또는 보증인이 같은 조 제1항
   각 호의 사항 또는 같은 조 제2항 각 호의 사항을 자필로 기재하
   게 하지 아니한 자

6. 제7조제1항을 위반하여 거래상대방으로부터 소득·재산 및 부채
   상황에 관한 증명서류를 제출받지 아니한 자

6의2. 제7조의2를 위반하여 제3자에게 담보제공 여부를 확인하지
아니한 자

7. 제9조제1항을 위반하여 중요 사항을 게시하지 아니한 자

8. 제9조제2항, 제3항 또는 제5항을 위반하여 광고를 한 자

9. 제9조의3제1항 각 호의 행위를 한 자

10. 제9조의5제1항 또는 제2항을 위반하여 종업원을 고용하거나 업
무를 위임하거나 대리하게 한 자

11. 제12조제2항 및 제3항에 따른 검사에 불응하거나 검사를 방해
한 자

12. 제12조제9항을 위반하여 보고서를 제출하지 아니하거나, 거짓
으로 작성하거나, 기재하여야 할 사항의 전부 또는 일부를 기재
하지 아니하고 제출한 자

② 다음 각 호의 어느 하나에 해당하는 자에게는 500만원 이하의
과태료를 부과한다. <개정 2009.2.6., 2015.7.24.>

1. 제3조제7항을 위반하여 분실신고를 하지 아니한 자

2. 제3조의3제1항 또는 제2항을 위반하여 등록증을 반납하지 아니
한 자

3. 삭제 <2012.12.11.>

4. 제6조제5항을 위반하여 계약서와 계약관계서류의 보관의무를 이
행하지 아니한 자

5. 제6조제6항을 위반하여 정당한 사유 없이 계약서 및 계약관계서
류의 열람을 거부하거나 관련 증명서의 발급을 거부한 자

6. 제9조제4항을 위반하여 광고의 문안과 표기에 관한 의무를 이행
하지 아니한 자

7. 제10조제2항을 위반하여 보고 또는 공시를 하지 아니한 자

8. 제10조의2를 위반하여 소속과 성명을 밝히지 아니한 자

9. 제12조제1항 또는 제5항에 따른 보고 또는 자료의 제출을 거부
하거나 거짓으로 보고 또는 자료를 제출한 자

10. 제18조의2제5항에 따른 대부업 및 대부중개업 협회 또는 이와
비슷한 명칭을 사용한 자

③ 제1항이나 제2항에 따른 과태료는 대통령령으로 정하는 바에 따

라 시·도지사등이 부과·징수한다. <개정 2015.7.24.>

[전문개정 2009.1.21.]

부칙

<제14072호, 2016.3.3.>

제1조(시행일) 이 법은 공포한 날부터 시행한다. 다만, 법률 제13445
호 대부업 등의 등록 및 금융이용자 보호에 관한 법률 일부개정법
률 제13조제6항의 개정규정은 2016년 7월 25일부터 시행하고, 제
18조의3제2항, 제18조의9부터 제18조의11까지 및 별표 2의 개정
규정은 공포 후 6개월이 경과한 날부터 시행한다.

제2조(유효기간 등) ① 제8조, 제11조제1항, 제15조제1항·제2항의
개정규정은 2018년 12월 31일까지 효력을 가진다.

② 제1항에 따른 유효기간 중 제8조, 제11조제1항, 제15조제1항·
제2항의 개정규정을 위반하여 이자를 받은 자에 대하여는 제1항에
따른 유효기간이 만료한 후에도 제15조제4항 및 제19조제2항제3
호·제10호를 적용한다.

제3조(초과이자에 관한 적용례) 제8조제4항의 개정규정(제11조제1항
의 개정규정 및 제15조제5항에서 준용하는 경우를 포함한다)은 종전
의 규정에 따라 이자율을 초과하는 이자를 지급한 경우에도 적용한다.

제4조(이자율 제한에 관한 적용례 등) ① 제8조, 제11조제1항, 제15
조제1항·제2항의 개정규정에 따른 이자율은 이 법 시행 후 최초로
계약을 체결 또는 갱신하거나 연장하는 분부터 적용한다.

② 부칙 제5조제2항 및 제4항 중 연 100분의 27.9의 이자율은 이
법 시행 후 최초로 계약을 체결 또는 갱신하거나 연장하는 분부터
적용한다.

③ 2016년 1월 1일부터 이 법 시행 전에 성립한 계약(그 계약의 갱
신이나 연장을 제외한다)의 이자율에 대하여는 이 법 시행일부터 법
률 제12156호 대부업 등의 등록 및 금융이용자 보호에 관한 법률
일부개정법률 제8조, 제11조제1항, 제15조제1항·제2항을 적용한다.

제5조(이자율 제한 등에 관한 특례) ① 제8조, 제15조제1항·제2항의

개정규정에도 불구하고 같은 개정규정에 따른 대통령령이 시행되기 전까지는 제2항부터 제5항까지의 규정에 따른다.

② 제8조제1항의 개정규정에서 "대통령령으로 정하는 율"이란 연 100분의 27.9를 말하며, 월 이자율 및 일 이자율은 연 100분의 27.9를 단리로 환산한다.

③ 제8조제2항 단서의 개정규정에서 "대통령령으로 정한 사항"이란 다음 각 호의 비용을 말한다.

1. 담보권 설정비용

2. 신용조회비용(「신용정보의 이용 및 보호에 관한 법률」 제4조제1항제1호의 업무를 허가받은 자에게 거래상대방의 신용을 조회하는 경우만 해당한다)

④ 제15조제1항의 개정규정에서 "대통령령으로 정하는 율"이란 연 100분의 27.9를 말하며, 월 이자율 및 일 이자율은 연 100분의 27.9를 단리로 환산한다.

⑤ 제15조제2항의 개정규정에 따라 준용되는 제8조제2항 단서의 개정규정에서 "대통령령으로 정하는 사항"이란 다음 각 호의 비용을 말한다.

1. 담보권 설정비용

2. 신용조회비용(「신용정보의 이용 및 보호에 관한 법률」 제4조제1항제1호의 업무를 허가받은 자에게 거래상대방의 신용을 조회하는 경우만 해당한다)

3. 만기가 1년 이상인 대부계약의 대부금액을 조기상환함에 따라 발생하는 비용으로서 조기상환 금액의 100분의 1을 초과하지 아니하는 금액

제6조(행정처분 등에 관한 경과조치) ① 이 법 시행 전의 행위에 대하여 행정처분을 하는 경우에는 종전의 규정에 따른다.

② 이 법 시행 전의 행위에 대하여 벌칙 및 과태료를 적용할 때에는 종전의 규정에 따른다.

[별표 1]
대부업자등에 대한 영업정지 처분 등 사유(제13조제1항제1호 및 제13조제6항 관련)

1. 제3조제7항을 위반하여 분실신고를 하지 아니한 경우
2. 제3조의4제1항 단서에 따른 교육을 받지 아니한 경우
2의2. 제4조를 위반하여 임원 또는 업무총괄 사용인을 선임한 경우
3. 제5조제1항 본문을 위반하여 변경등록을 하지 아니한 경우
4. 제5조의2제1항 또는 제2항을 위반하여 상호 중에 "대부" 또는 "대부중개"라는 문자를 사용하지 아니하거나, 같은 조 제5항을 위반하여 타인에게 자기의 명의로 대부업등을 하게 하거나 그 등록증을 대여한 경우
5. 제6조제1항 또는 제3항을 위반하여 대부계약서 또는 보증계약서를 교부하지 아니한 경우, 같은 조 제1항 각 호 또는 같은 조 제3항 각 호의 사항 중 전부 또는 일부를 적지 아니하거나 거짓으로 적어 대부계약서 또는 보증계약서를 교부한 경우
6. 제6조제2항 또는 제4항을 위반하여 설명의무를 이행하지 아니한 경우
7. 제6조제5항을 위반하여 계약서와 계약관계서류를 보관하지 아니한 경우
8. 제6조제6항을 위반하여 계약서와 계약관계서류의 열람을 거부하거나 관련 증명서의 발급을 정당한 사유 없이 거부한 경우
9. 제6조의2를 위반하여 거래상대방 또는 보증인이 같은 조 제1항 각 호의 사항 또는 같은 조 제2항 각 호의 사항을 자필로 기재하게 하지 아니한 경우
10. 제7조제1항을 위반하여 미리 거래상대방으로부터 소득·재산 및 부채상황에 관한 증명서류를 제출받지 아니한 경우
11. 제7조제3항을 위반하여 서류를 용도 외의 목적으로 사용한 경우
11의2. 제7조의3을 위반하여 총자산한도에 해당하는 금액을 초과하는 경우
12. 제8조에 따른 이자율을 초과하여 대부계약을 체결하거나 이자

를 받은 경우

13. 제9조제1항을 위반하여 게시의무를 이행하지 아니한 경우

14. 제9조제2항 또는 제3항을 위반하여 광고를 한 경우

15. 제9조제4항을 위반하여 광고의 문안과 표기에 관한 의무를 이행하지 아니한 경우

16. 제9조의3제1항을 위반하여 같은 항 각 호에 해당하는 행위를 한 경우

17. 제9조의4제1항 또는 제2항을 위반하여 미등록대부업자로부터 대부계약에 따른 채권을 양도받아 이를 추심하는 행위를 한 경우 또는 미등록대부중개업자로부터 대부중개를 받은 거래상대방에게 대부행위를 한 경우

17의2. 제9조의4제3항을 위반하여 제3조제2항제2호에 따라 등록한 대부업자나 여신금융기관 등 대통령령으로 정하는 자가 아닌 자에게 대부계약에 따른 채권을 양도하는 경우

17의3. 제9조의5제1항 또는 제2항을 위반하여 종업원을 고용하거나 업무를 위임하거나 대리하게 한 경우

17의4. 제9조의7을 위반하여 보호기준 및 보호감시인과 관련된 의무를 이행하지 아니한 경우

18. 제10조제1항을 위반하여 대주주에게 신용공여를 한 경우

18의2. 제10조제2항을 위반하여 보고를 하지 아니하였거나 공시하지 아니한 경우

19. 제10조제7항을 위반하여 대주주에게 신용공여를 한 경우

20. 제11조의2제1항 또는 제2항을 위반하여 대부중개를 하거나 중개수수료를 받은 경우

20의2. 제11조의4제2항을 위반하여 보증금을 예탁하지 아니하였거나 보험 또는 공제에 가입하지 아니한 경우

21. 제12조제2항 및 제3항에 따른 검사에 불응하거나 검사를 방해한 경우

22. 제12조제1항 또는 제7항에 따른 명령을 위반한 경우

23. 제12조제5항에 따른 요구에 응하지 아니한 경우

24. 제12조제9항을 위반하여 보고서를 제출하지 아니한 경우 또
는 거짓으로 작성하거나, 기재하여야 할 사항의 전부 또는 일
부를 기재하지 아니하고 제출한 경우
25. 그 밖에 대부업자등의 거래상대방을 보호하거나 건전한 영업
질서를 유지하기 위한 경우로서 대통령령으로 정하는 경우

[별표 2]

협회 및 그 임직원에 대한 처분 사유

(제18조의10제1항부터 제3항까지의 규정 관련)

1. 제18조의3제1항 각 호 외의 업무를 영위한 경우
2. 제18조의3제2항에 따른 보고를 하지 아니하거나 업무에
관한 규정을 위반한 경우
3. 제18조의4제1항을 위반하여 인가를 받지 아니하거나 거짓
이나 그 밖의 부정한 방법으로 인가를 받은 경우
4. 제18조의7제2항에 따라 위탁받은 권한에 따른 업무를 수
행함에 있어 관계 법령을 위반한 경우
5. 제18조의9제1항에 따른 검사를 거부·방해 또는 기피한 경우
6. 제18조의9제2항에 따른 보고 등의 요구에 불응한 경우
7. 제18조의10제1항제2호·제5호, 같은 조 제2항제1호 또는
같은 조 제3항에 따른 조치를 이행하지 아니한 경우
8. 제18조의11제3항을 위반하여 그 내용을 기록·유지 또는
관리하지 아니한 경우
9. 「형법」 제355조, 제356조 또는 제357조제1항·제2항, 제3
59조를 위반한 경우
10. 그 밖에 금융이용자 보호 또는 국민의 경제생활 안정을
해할 우려가 있는 경우로서 대통령령으로 정하는 경우

대부업 등의 등록 및 금융이용자 보호에 관한 법률 시행령

[시행 2016.9.1.] [대통령령 제27472호, 2016.8.31., 타법개정]

제1조(목적) 이 영은 「대부업 등의 등록 및 금융이용자 보호에 관한 법률」에서 위임된 사항과 그 시행에 필요한 사항을 규정함을 목적으로 한다. [전문개정 2009.4.21.]

제2조(대부업에서 제외되는 범위) 「대부업 등의 등록 및 금융이용자 보호에 관한 법률」(이하 "법"이라 한다) 제2조제1호 각 목 외의 부분 단서에서 "대통령령으로 정하는 경우"란 다음 각 호의 어느 하나에 해당하는 경우를 말한다.

1. 사업자가 그 종업원에게 대부하는 경우
2. 「노동조합 및 노동관계조정법」에 따라 설립된 노동조합이 그 구성원에게 대부하는 경우
3. 국가 또는 지방자치단체가 대부하는 경우
4. 「민법」이나 그 밖의 법률에 따라 설립된 비영리법인이 정관에서 정한 목적의 범위에서 대부하는 경우

[전문개정 2009.4.21.]

제2조의2(여신금융기관의 범위) 법 제2조제4호에서 "대통령령으로 정하는 법령"이란 다음 각 호의 법률을 말한다.

1. 「은행법」
2. 「중소기업은행법」
3. 「한국산업은행법」
4. 「한국수출입은행법」
5. 「한국은행법」
6. 「자본시장과 금융투자업에 관한 법률」
7. 「상호저축은행법」
8. 「농업협동조합법」
9. 「수산업협동조합법」
10. 「신용협동조합법」
11. 「산림조합법」
12. 「새마을금고법」

13. 「보험업법」

14. 「여신전문금융업법」

15. 「자산유동화에 관한 법률」

16. 「우체국예금·보험에 관한 법률」

17. 「중소기업창업 지원법」

18. 그 밖에 금융위원회가 정하여 고시하는 법률

[본조신설 2016.7.6.]

[종전 제2조의2는 제2조의4로 이동 <2016.7.6.>]

제2조의3(특수관계인의 범위 등) ① 법 제2조제5호가목에서 "대통령령으로 정하는 특수한 관계에 있는 자"란 다음 각 호의 어느 하나에 해당하는 자(이하 "특수관계인"이라 한다)를 말한다.

1. 본인이 개인인 경우: 다음 각 목의 어느 하나에 해당하는 자

  가. 배우자(사실상의 혼인관계에 있는 사람을 포함한다. 이하 같다)

  나. 6촌 이내의 부계혈족 및 4촌 이내의 부계혈족의 처

  다. 3촌 이내의 부계혈족의 남편 및 자녀

  라. 3촌 이내의 모계혈족과 그 배우자 및 자녀

  마. 배우자의 2촌 이내의 부계혈족과 그 배우자

  바. 입양자 생가(生家)의 직계존속

  사. 출양자 및 그 배우자와 출양자 양가(養家)의 직계비속

  아. 혼인 외 출생자의 생모

  자. 본인의 금전이나 그 밖의 재산으로 생계를 유지하는 사람 및 생계를 함께 하는 사람

  차. 본인이 혼자서 또는 본인과 가목부터 자목까지의 관계에 있는 사람과 합하여 100분의 30 이상을 출자하거나 그 밖에 임원의 임면(任免) 등 법인 또는 단체(이하 "법인등"이라 한다)의 주요 경영사항에 대하여 사실상 영향력을 행사하고 있는 경우에는 해당 법인등과 그 임원

  카. 본인이 혼자서 또는 본인과 가목부터 차목까지의 관계에 있는 자와 합하여 100분의 30 이상을 출자하거나 그 밖에 임원의 임면 등 법인등의 주요 경영사항에 대하여 사실상 영향력을 행사하고 있는 경우에는 해당 법인등과 그 임원

2. 본인이 법인등인 경우: 다음 각 목의 어느 하나에 해당하는 자
　가. 임원
　나. 「독점규제 및 공정거래에 관한 법률」 제2조제3호에 따른 계
　　　열회사(이하 "계열회사"라 한다) 및 그 임원
　다. 혼자서 또는 제1호 각 목의 관계에 있는 자와 합하여 본인에
　　　게 100분의 30 이상을 출자하거나 그 밖에 임원의 임면 등
　　　본인의 주요 경영사항에 대하여 사실상 영향력을 행사하고 있
　　　는 개인(그와 제1호 각 목의 관계에 있는 자를 포함한다) 또
　　　는 법인(계열회사는 제외한다. 이하 이 호에서 같다)·단체와
　　　그 임원
　라. 본인이 혼자서 또는 본인과 가목부터 다목까지의 관계에 있는
　　　자와 합하여 100분의 30 이상을 출자하는 경우나 그 밖에 임
　　　원의 임면 등 법인 또는 단체의 주요 경영사항에 대하여 사실상
　　　영향력을 행사하고 있는 경우에는 해당 법인·단체와 그 임원
② 법 제2조제5호나목2)에서 "대통령령으로 정하는 자"란 다음 각
호의 어느 하나에 해당하는 자를 말한다.
1. 혼자서 또는 다른 주주(출자자를 포함한다. 이하 이 항에서 같
　　다)와의 합의·계약 등에 따라 대표이사 또는 이사의 과반수를
　　선임한 주주
2. 경영전략, 조직 변경 등 주요 의사결정이나 업무집행에 지배적인
　　영향력을 행사한다고 인정되는 자로서 금융위원회가 정하는 주주
③ 법 제2조제6호에서 "대통령령으로 정하는 금액"이란 「상법」 제
30조제2항에 따른 대차대조표 상 납입자본금·자본잉여금 및 이익
잉여금 등의 합계액에 결산상 오류에 따른 금액을 더하거나 뺀 금
액을 말한다.
[본조신설 2016.7.6.]
[종전 제2조의3은 제2조의5로 이동 <2016.7.6.>]
제2조의4(출자자의 범위) 법 제3조제3항제2호에서 "대통령령으로 정
하는 기준"이란 발행주식총수 또는 출자총액의 100분의 1을 말한
다. <개정 2016.7.6.> [본조신설 2009.4.21.]
[제2조의2에서 이동, 종전 제2조의4는 제2조의6으로 이동 <2016.7.6.>]

제2조의5(등록 등의 절차) ① 법 제3조제1항 또는 제2항에 따라 대부업 또는 대부중개업(이하 "대부업등"이라 한다)을 등록하려는 자는 금융위원회가 정하여 고시하는 대부업등 등록신청서에 법 제3조제3항제4호에 따른 영업소의 소재지를 증명할 수 있는 서류(등기부등본 또는 임대차 등의 계약서 사본에 한정한다), 제2조의7제4항에 따른 교육이수증 사본(이하 "교육이수증 사본"이라 한다)과 그 밖에 금융위원회가 정하여 고시하는 서류를 첨부하여 영업소의 소재지를 관할하는 특별시장·광역시장·특별자치시장·도지사 또는 특별자치도지사(이하 "시·도지사"라 한다) 또는 금융위원회에 제출하여야 한다. 다만, 법 제3조의4제1항 단서에 해당되어 교육을 받은 경우에는 교육을 받은 날부터 1주일 이내에 교육이수증 사본을 제출하여야 한다. <개정 2010.4.20., 2014.4.1., 2016.7.6.>
② 제1항에 따라 제출하는 교육이수증 사본은 등록신청일 전 6개월 이내의 교육에 대한 교육이수증[등록하려는 시·도지사 또는 금융위원회(이하 "시·도지사등"이라 한다)가 교부한 것에 한정되지 아니한다] 사본이어야 한다. <개정 2016.7.6.>
③ 법 제3조제2항제5호에서 "대통령령으로 정하는 기준"이란 다음 각 호의 기준을 모두 충족하는 것을 말한다. <신설 2016.7.6.>
1. 직전 사업연도말을 기준으로 자산규모가 120억원 이상일 것
2. 제1호에 따른 자산 중 대부계약에 따른 채권(이하 "대부채권"이라 한다) 잔액이 50억원 이상일 것
④ 법 제3조제3항 각 호 외의 부분에서 "대통령령으로 정하는 서류"란 다음 각 호의 서류를 말한다. <신설 2016.7.6.>
1. 법 제3조의5제1항제1호 또는 같은 조 제2항제2호에 따른 자기자본(법인이 아닌 경우에는 순자산액)을 갖추었음을 증명하는 서류
2. 법 제11조의4제2항에 따라 보증금을 예탁하거나 보험 또는 공제에 가입하였음을 증명하는 서류
3. 그 밖에 법 또는 이 영에 따른 등록요건을 심사하기 위하여 필요한 서류로서 금융위원회가 정하여 고시하는 서류
⑤ 시·도지사에게 등록한 대부업자등이 법 제3조제2항 각 호에 해당하게 되어 등록기관이 금융위원회로 변경되거나 금융위원회에 등

록한 대부업자등이 법 제3조제2항 각 호에 해당하지 아니하게 되어 등록기관이 시·도지사로 변경되는 경우 해당 대부업자등은 그 변경 사유의 발생일부터 15일 이내에 현재 등록되어 있는 시·도지사 또는 금융위원회에 금융위원회가 정하여 고시하는 변경신청과 관련된 서류를 제출하여야 한다. <신설 2016.7.6.>

⑥ 법 제3조제4항 각 호 외의 부분에 따른 등록증의 서식은 금융위원회가 정하여 고시한다. <개정 2016.7.6.>

⑦ 법 제3조제5항 단서에서 "대통령령으로 정하는 사항"이란 다음 각 호의 사항을 말한다. <개정 2016.7.6.>

1. 법 제3조제3항제1호에 따른 등록신청인의 주소

2. 법 제3조제3항제2호에 따른 주주 또는 출자자 및 임원의 주소

3. 법 제3조제3항제3호에 따른 사용인의 주소

⑧ 법 제3조제7항에 따라 등록증을 다시 교부받으려는 자는 금융위원회가 정하여 고시하는 대부업등 등록증 분실신고서를 현재 등록되어 있는 시·도지사등에게 제출하여야 한다. <개정 2016.7.6.>

⑨ 제1항 또는 제5항에 따른 등록 등의 절차에 관하여 필요한 사항은 금융위원회가 정하여 고시한다. <신설 2016.7.6.>

[전문개정 2009.4.21.]

[제2조의3에서 이동, 종전 제2조의5는 제2조의7로 이동 <2016.7.6.>]

제2조의6(등록갱신 절차) ① 법 제3조의2제1항에 따라 등록갱신을 신청하려는 자는 금융위원회가 정하여 고시하는 대부업등 등록갱신신청서에 법 제3조제3항제4호에 따른 영업소의 소재지를 증명할 수 있는 서류(등기부등본 또는 임대차 등의 계약서 사본에 한정한다), 교육이수증 사본과 그 밖에 금융위원회가 정하여 고시하는 서류를 첨부하여 현재 등록되어 있는 시·도지사등에게 제출하여야 한다. <개정 2010.4.20., 2016.7.6.>

② 제1항의 경우에는 제2조의5제1항 단서 및 같은 조 제2항을 준용한다.

[본조신설 2009.4.21.]

[제2조의4에서 이동, 종전 제2조의6은 제2조의9로 이동 <2016.7.6.>]

제2조의7(대부업등의 교육) ① 법 제3조의4제1항 단서에서 "대통령령으

로 정하는 부득이한 사유"란 다음 각 호의 어느 하나의 사유를 말한다.

1. 천재지변
2. 본인의 질병·사고, 업무상 국외 출장 등 부득이한 사유
3. 교육기관의 인적·물적 사정 등으로 교육을 받기 어려운 경우

② 법 제3조의4제1항 단서에서 "대통령령으로 정하는 기간" 이란 1개월을 말한다. <개정 2016.7.6.>

③ 법 제3조의4제1항에 따른 대부업등의 준수사항 등에 관한 교육은 대표자 및 업무를 총괄하는 사용인(이하 "업무총괄 사용인"이라 한다)을 대상으로 시·도지사등이 다음 각 호의 사항을 내용으로 실시하는 집합교육으로 한다. 이 경우 법 제3조제1항 또는 제2항에 따라 대부업등의 등록을 하려는 자나 법 제3조의2제1항에 따라 대부업등의 등록갱신을 신청하려는 자가 법인인 대부업자 또는 대부중개업자(이하 "대부업자등"이라 한다)의 지점인 경우에는 해당 지점의 업무총괄 사용인을 교육 대상으로 한다.

<개정 2009.8.5., 2010.4.20., 2011.11.30., 2016.7.6.>

1. 법 제8조에 따른 대부업자의 이자율 제한 및 이자율 계산 방법
2. 「채권의 공정한 추심에 관한 법률」에 따른 불법적 채권추심행위의 금지
3. 법 제12조제9항에 따른 보고서 작성 방법
4. 대부업자등의 광고에 관한 방법
5. 그 밖에 대부업자등이 대부업등을 경영하는 데에 필요하다고 판단되는 사항

④ 시·도지사등은 제3항에 따른 교육을 받은 사람에게 금융위원회가 정하여 고시하는 교육이수증을 교부하여야 한다. <개정 2016.7.6.>

[본조신설 2009.4.21.]

[제2조의5에서 이동 <2016.7.6.>]

제2조의8(자기자본) ① 법 제3조의5제1항제1호에서 "대통령령으로 정하는 금액"이란 다음 각 호의 구분에 따른 금액을 말한다.

1. 등록신청인이 법인인 경우: 5천만원
2. 등록신청인이 법인이 아닌 경우: 1천만원

② 법 제3조의5제2항제2호에서 "대통령령으로 정하는 금액"이란 3

억원을 말한다.
③ 법 제3조의5제1항제1호 및 같은 조 제2항제2호에 따른 자기자본(법인이 아닌 경우에는 순자산액)의 산정방법은 금융위원회가 정하여 고시한다.
[본조신설 2016.7.6.]

제2조의9(고정사업장) 법 제3조의5제1항제3호에서 "대통령령으로 정하는 고정사업장"이란 건축물대장에 기재된 건물(「건축법」 제2조제2항제1호에 따른 단독주택, 같은 항 제2호에 따른 공동주택 및 같은 항 제15호에 따른 숙박시설은 제외한다)에 대하여 소유, 임차 또는 사용대차 등의 방법으로 6개월 이상의 사용권을 확보한 장소를 말한다. <개정 2016.7.6.>
[본조신설 2010.4.20.]
[제2조의6에서 이동 <2016.7.6.>]

제2조의10(겸업금지업종 등) ① 법 제3조의5제2항제5호에서 "대통령령으로 정하는 업"이란 다음 각 호의 어느 하나에 해당하는 업을 말한다.
1. 「전기통신사업법」에 따른 전기통신사업
2. 「사행산업통합감독위원회법」에 따른 사행산업
3. 「식품위생법 시행령」에 따른 단란주점영업 및 유흥주점영업
4. 「방문판매 등에 관한 법률」에 따른 다단계판매업
5. 그 밖에 이해상충 가능성이 있거나 대부업 이용자의 권익 및 신용질서를 현저히 저해할 우려가 있는 업종으로서 금융위원회가 정하여 고시하는 업
② 법 제3조의5제2항제6호에서 "대통령령으로 정하는 자"란 다음 각 호의 어느 하나에 해당하는 자를 말한다. 다만, 제1호의 경우 법인의 성격 등을 고려하여 금융위원회가 정하여 고시하는 자는 제외한다.
1. 최대주주인 법인의 최대주주(최대주주인 법인을 사실상 지배하는 자가 그 법인의 최대주주와 다른 경우에는 그 사실상 지배하는 자를 포함한다)
2. 최대주주인 법인의 대표자
③ 법 제3조의5제2항제6호 및 제7호에서 "대통령령으로 정하는 사회적 신용을 갖출 것"이란 각각 다음 각 호의 요건을 모두 갖춘 경

우를 말한다. 다만, 다음 각 호의 위반 정도 등이 경미하다고 인정
되는 경우는 사회적 신용을 갖춘 것으로 본다.

1. 최근 5년간 법, 이 영, 금융관련법령(제2조의11에 따른 금융관련
   법령을 말한다. 이하 같다), 「독점규제 및 공정거래에 관한 법
   률」 또는 「조세범 처벌법」을 위반하여 벌금형 이상에 상당하
   는 형사처벌을 받은 사실이 없을 것
2. 최근 5년간 채무불이행 등으로 건전한 신용질서를 해친 사실이
   없을 것
3. 「금융산업의 구조개선에 관한 법률」에 따라 부실금융기관으로
   지정되었거나 법, 이 영 또는 금융관련법령에 따라 영업의 허가
   ·인가·등록 등이 취소된 금융기관의 대주주 또는 그의 특수관
   계인(부실금융기관으로 지정되거나 영업의 허가 등이 취소될 당
   시 「독점규제 및 공정거래에 관한 법률 시행령」 제3조의2제1
   항제2호가목에 따른 독립경영자에 해당하거나 같은 목에 따라 공
   정거래위원회로부터 동일인관련자의 범위에서 분리되었다고 인정
   을 받은 자는 제외한다)이 아닐 것. 다만, 대주주 또는 그의 특수
   관계인으로서 법원의 판결에 따라 부실책임이 없다고 인정된 자
   또는 부실에 따른 경제적 책임을 부담하는 등 금융위원회가 정하
   여 고시하는 기준에 해당하는 자는 제외한다.
4. 그 밖에 금융위원회가 정하여 고시하는 건전한 금융거래질서를
   해친 사실이 없을 것

[본조신설 2016.7.6.]

제2조의11(금융관련법령) 법 제4조제2항제2호에서 "대통령령으로 정하
는 금융관련법령"이란 다음 각 호의 법률을 말한다. <개정 2016.8.31.>

1. 「공사채 등록법」
2. 「공인회계사법」
3. 「근로자퇴직급여 보장법」
4. 「금융회사부실자산 등의 효율적 처리 및 한국자산관리공사의 설
   립에 관한 법률」
5. 「금융산업의 구조개선에 관한 법률」
6. 「금융실명거래 및 비밀보장에 관한 법률」

7. 「금융위원회의 설치 등에 관한 법률」

8. 「금융지주회사법」

9. 「기술신용보증기금법」

10. 「농업협동조합법」

11. 「담보부사채신탁법」

12. 「문화산업진흥 기본법」

13. 「벤처기업육성에 관한 특별조치법」

14. 「보험업법」

15. 「감정평가 및 감정평가사에 관한 법률」

16. 「부동산투자회사법」

17. 「사회기반시설에 대한 민간투자법」

18. 「산업발전법」

19. 「상호저축은행법」

20. 「선박투자회사법」

21. 「새마을금고법」

22. 「소재·부품전문기업 등의 육성에 관한 특별조치법」

23. 「수산업협동조합법」

24. 「신용보증기금법」

25. 「신용정보의 이용 및 보호에 관한 법률」

26. 「신용협동조합법」

27. 「여신전문금융업법」

28. 「예금자보호법」

29. 「외국인투자 촉진법」

30. 「외국환거래법」

31. 「유사수신행위의 규제에 관한 법률」

32. 「은행법」

33. 「이자제한법」

34. 「자본시장과 금융투자업에 관한 법률」

35. 「자산유동화에 관한 법률」

36. 「전자금융거래법」

37. 「주식회사의 외부감사에 관한 법률」

38. 「주택법」

39. 「중소기업은행법」

40. 「중소기업창업 지원법」

41. 「채권의 공정한 추심에 관한 법률」

42. 「특정 금융거래정보의 보고 및 이용 등에 관한 법률」

43. 「한국산업은행법」

44. 「한국수출입은행법」

45. 「한국은행법」

46. 「한국주택금융공사법」

47. 「해외자원개발 사업법」

48. 그 밖에 금융위원회가 정하여 고시하는 법률

[본조신설 2016.7.6.]

제3조(변경등록 등) ① 법 제5조제1항 본문에 따라 변경등록을 하려는 대부업자등은 금융위원회가 정하여 고시하는 대부업등 변경등록 신청서에 변경 사항을 증명하는 서류를 첨부하여 현재 등록되어 있는 시·도지사등에게 제출하여야 한다. <개정 2016.7.6.>

② 법 제5조제1항 단서에서 "대통령령으로 정하는 경미한 사항이 변경된 경우"란 다음 각 호의 어느 하나에 해당하는 경우를 말한다. <개정 2014.9.3., 2016.7.6.>

1. 대표자, 임원, 출자자 및 업무총괄 사용인의 주소가 변경된 경우

2. 출자총액이 100분의 5 이하인 출자자의 명칭 또는 성명 및 지분율이 변경된 경우

3. 둘 이상의 영업소를 설치한 경우로서 영업소의 명칭 또는 소재지가 변경된 경우(명칭 또는 소재지가 변경된 해당 영업소는 제외한다)

4. 자기자본(법인이 아닌 경우에는 순자산액)이 직전 사업연도말 기준 100분의 5 미만으로 변경된 경우

③ 법 제5조제2항에 따라 폐업하려는 대부업자등은 폐업한 날부터 15일 이내에 금융위원회가 정하여 고시하는 대부업등 폐업신고서(「전자문서 및 전자거래 기본법」 제2조제1호에 따른 전자문서를 포함한다)를 현재 등록되어 있는 시·도지사등에게 제출하여야 한다. <개정 2012.8.31., 2016.7.6.>

④ 제1항부터 제3항까지에서 규정한 사항 외에 법 제5조에 따른 변경등록 및 폐업신고에 관하여 필요한 사항은 금융위원회가 정하여 고시한다. <신설 2016.7.6.> [전문개정 2009.4.21.]

제3조의2(상호 등) ① 법 제5조의2제3항에서 "대통령령으로 정하는 기준"이란 총영업수익 중 대부업등에서 생기는 영업수익의 비율이 100분의 50 미만인 경우를 말한다.

② 제1항에 해당하여 상호(商號) 중에 "대부" 또는 "대부중개"라는 문자를 사용하지 아니한 대부업자등이 대부업등과 관련하여 광고 등의 영업행위를 할 때에는 상호와 함께 "대부" 또는 "대부중개"라는 글자를 쉽게 알아볼 수 있도록 적어야 한다.

③ 제1항의 영업수익의 비율은 직전 사업연도 말 손익계산서를 기준으로 하여 대부업등에서는 이자수익, 대부업등 외의 영업에서는 매출액으로 계산한다. 이 경우 유가증권에 대한 투자 및 금융회사에의 예치금 등 금융상품의 운용에 따른 수익은 영업수익의 비율 계산에서 제외한다.

[본조신설 2009.4.21.]

제3조의3(업무총괄 사용인의 업무범위) 법 제5조의3제2항에 따른 업무총괄 사용인의 업무범위는 다음 각 호와 같다.

1. 대부업자의 업무총괄 사용인

　가. 대부계약의 체결 및 이행에 관한 업무

　나. 채권추심에 관한 업무

　다. 민원의 상담·처리에 관한 업무

　라. 광고 등을 통한 거래상대방 모집에 관한 업무

　마. 그 밖에 거래상대방의 편의를 위하여 대부업자를 갈음하여 행하는 영업에 관한 업무

2. 대부중개업자의 업무총괄 사용인

　가. 대부계약의 중개에 관한 업무

　나. 대부업자와의 중개계약 체결 및 이행에 관한 업무

　다. 민원의 상담·처리에 관한 업무

　라. 광고 등을 통한 거래상대방 모집에 관한 업무

　마. 그 밖에 거래상대방의 편의를 위하여 대부중개업자를 갈음하

여 행하는 영업에 관한 업무

[본조신설 2013.6.11.]

제4조(대부계약서 등의 기재사항) ① 법 제6조제1항제12호 및 같은 조 제3항제7호에서 "대통령령으로 정하는 사항"이란 다음 각 호의 사항을 말한다. <개정 2010.4.20., 2011.11.30.>

1. 대부업등 등록번호

2. 삭제 <2010.4.20.>

3. 기한의 이익 상실에 관한 약정이 있는 경우에는 그 내용

4. 대부원리금의 변제 순서에 관한 약정이 있는 경우에는 그 내용

5. 채무 및 보증채무와 관련된 증명서의 발급비용과 발급기한

② 법 제6조제5항 및 같은 조 제6항 전단에서 "대통령령으로 정하는 계약관계서류"란 다음 각 호의 서류를 말한다.

1. 대부계약대장

2. 채무자와 날짜별로 원리금 및 부대비용을 주고 받은 내역

3. 담보 관련 서류 등 거래상대방(보증인을 포함한다)이 대부계약 또는 그와 관련된 보증계약의 체결과 관련하여 제출한 서류(채무자가 채무를 변제하고 관련 서류의 반환을 서면으로 요구하여 반환한 경우에는 그 반환요구서)

[전문개정 2009.4.21.]

제4조의2(중요 사항의 자필 기재) ①법 제6조의2제1항제4호 및 같은 조 제2항제4호에서 "대통령령으로 정하는 사항"이란 연체이자율을 말한다. <개정 2016.7.6.>

② 법 제6조의2제3항제2호에서 "음성 녹음 등 대통령령으로 정하는 방법"이란 다음 각 호의 사항을 모두 충족하는 방법을 말한다. <신설 2016.7.6.>

1. 유무선 통신을 이용하여 거래상대방이 본인인지 여부와 법 제6조의2제1항 각 호의 사항에 관하여 질문 또는 설명하고 그에 대한 거래상대방의 답변 또는 확인내용을 음성 녹음할 것

2. 제1호에 따른 음성 녹음 내용을 다음 각 목의 방법 중 거래상대방이 요청하는 방법으로 확인할 수 있도록 할 것. 이 경우 대부업자는 거래상대방에게 서면확인서를 요청할 수 있음을 대부계약 체결 전에 알려야 한다.

가. 전화

나. 인터넷 홈페이지

다. 서면확인서

[본조신설 2009.4.21.]

제4조의3(과잉 대부의 금지) ① 법 제7조제1항 본문에서 "대통령령으로 정하는 증명서류"란 다음 각 호의 구분에 따른 서류를 말한다. <개정 2013.6.28.>

1. 거래상대방이 개인인 경우

가. 「소득세법」 제143조에 따른 근로소득 원천징수영수증, 같은 법 제144조에 따른 사업소득 원천징수영수증, 소득금액증명원, 급여통장 사본, 연금증서 중 어느 하나의 소득증명서류

나. 법 제6조제6항 전단에 따른 증명서로서 부채 잔액 증명서. 다만, 신용조회로 부채상황을 알 수 있으면 신용조회로 대신한다.

다. 부동산 등기권리증, 부동산 임대차계약서 등 재산상 권리관계를 증명할 수 있는 서류(담보대출인 경우만 해당한다)

라. 그 밖에 소득, 재산 및 부채상황을 파악할 수 있는 서류

2. 거래상대방이 법인인 경우

가. 감사보고서(「주식회사의 외부감사에 관한 법률」 제2조에 따른 외부감사의 대상인 법인만 해당한다)

나. 「부가가치세법 시행령」 제11조제5항에 따른 사업자등록증, 지방세 세목별 과세증명서 및 지방세 납세증명서

다. 제1호나목부터 라목까지의 서류

② 법 제7조제1항 단서에서 "대통령령으로 정하는 금액"이란 300만원을 말한다. 이 경우 금액은 해당 대부업자가 대부계약을 체결하려는 거래상대방에게 이미 대부한 금액의 잔액과 새로 대부계약을 체결하려는 금액을 합하여 산정한다. <개정 2010.4.20., 2011.11.30.>

[본조신설 2009.4.21.]

제4조의4(총자산한도) ① 법 제7조의3제1항에서 "대통령령으로 정하는 배수"란 10배를 말한다.

② 법 제7조의3제2항의 총자산한도는 「상법」 제30조제2항에 따른 대차대조표상 자산을 기준으로 산정한다. [본조신설 2016.7.6.]

제5조(이자율의 제한) ① 법 제8조제1항에서 "대통령령으로 정하는 소규모 법인"이란 「중소기업기본법」 제2조제2항에 따른 소기업에 해당하는 법인을 말한다.

② 법 제8조제1항에서 "대통령령으로 정하는 율"이란 연 100분의 34.9를 말한다.

③ 제2항의 율을 월 또는 일 기준으로 적용하는 경우에는 연 100분의 34.9를 단리로 환산한다.

④ 법 제8조제2항 단서에서 "대통령령으로 정한 사항"이란 다음 각 호의 비용을 말한다.

1. 담보권 설정비용

2. 신용조회비용(「신용정보의 이용 및 보호에 관한 법률」 제4조제1항제1호의 업무를 허가받은 자에게 거래상대방의 신용을 조회하는 경우만 해당한다)

[전문개정 2014.4.1.]

제6조(대부조건의 게시 등) ① 법 제9조제1항에서 "대통령령으로 정하는 중요 사항"이란 다음 각 호의 사항을 말한다.

1. 대부업 등록번호

2. 삭제 <2010.4.20.>

3. 대부계약과 관련한 부대비용의 내용

② 법 제9조제2항제5호에서 "대통령령으로 정하는 사항"이란 다음 각 호의 사항을 말한다. <개정 2011.11.30., 2014.4.1., 2016.7.6.>

1. 영업소의 주소와 법 제3조제3항제6호에 따라 등록된 표시 또는 광고(「표시·광고의 공정화에 관한 법률」에 따른 표시 또는 광고를 말한다. 이하 "광고"라 한다)에 사용되는 전화번호[2 이상의 특별시·광역시·특별자치시·도 또는 특별자치도(이하 "시·도"라 한다)에 영업소를 설치한 대부업자인 경우에는 본점의 주소와 광고에 사용되는 전화번호를 말한다]

2. 현재 등록되어 있는 시·도 또는 금융위원회(이하 "시·도등"이라 한다)의 명칭과 등록정보를 확인할 수 있는 시·도등의 전화번호

3. 과도한 차입의 위험성을 알리는 별표 1 제2호가목에 따른 경고문구

③ 법 제9조제3항제5호에서 "대통령령으로 정하는 사항"이란 다음

각 호의 사항을 말한다. <개정 2011.11.30., 2016.7.6.>

1. 영업소의 주소와 법 제3조제3항제6호에 따라 등록된 광고에 사용되는 전화번호(2 이상의 시·도에 영업소를 설치한 대부중개업자인 경우에는 본점의 주소와 광고에 사용되는 전화번호를 말한다)
2. 현재 등록되어 있는 시·도등의 명칭과 등록정보를 확인할 수 있는 시·도등의 전화번호
3. "중개수수료를 요구하거나 받는 것은 불법"이라는 문구
4. 과도한 차입의 위험성을 알리는 별표 1 제2호가목에 따른 경고문구

[전문개정 2009.4.21.]

제6조의2(대부업자등의 광고) 법 제9조제4항에서 "대통령령으로 정하는 방식"이란 다음 각 호의 방식을 말한다. <개정 2011.11.30., 2016.7.6.>

1. 대부업자등의 상호의 글자는 상표의 글자보다 크게 하고, 쉽게 알아볼 수 있도록 할 것
2. 등록번호, 전화번호, 대부이자율, 대부계약과 관련된 부대비용, 제6조제2항제3호 및 제3항제3호·제4호의 문구는 상호의 글자와 글자 크기를 같거나 크게 하고, 그 밖의 광고사항과 쉽게 구별할 수 있도록 할 것
3. 별표 1에 따른 대부업자등의 광고 표시기준을 준수할 것

[본조신설 2009.4.21.]

제6조의3(대부업자등의 허위·과장 광고) 법 제9조의3제1항제3호에서 "대통령령으로 정하는 광고 행위"란 다음 각 호의 어느 하나에 해당하는 광고 행위를 말한다.

1. 다른 법률에 따라 허가·인가·등록 등을 받은 금융기관으로 오인될 수 있는 표현 등을 사용하는 광고 행위
2. 서민금융상품(서민 등 금융 소외계층을 지원하기 위한 상품으로서 금융위원회가 정하여 고시하는 상품을 말한다)으로 오인될 수 있는 표현 등을 사용하는 광고 행위

[전문개정 2013.6.11.]

제6조의4(미등록대부업자 등에 대한 채권양도 금지) 법 제9조의4제3항에서 "대부업자, 여신금융기관 등 대통령령으로 정한 자"란 다음 각 호의 자를 말한다.

1. 법 제3조제2항제2호에 따라 등록한 대부업자

2. 여신금융기관

3. 「예금자보호법」에 따른 예금보험공사 및 정리금융회사

4. 「금융회사부실자산 등의 효율적 처리 및 한국자산관리공사의 설립에 관한 법률」에 따른 한국자산관리공사

5. 「한국주택금융공사법」에 따른 한국주택금융공사

6. 그 밖에 제1호부터 제5호까지에 준하는 자로서 금융위원회가 정하여 고시하는 자

[본조신설 2016.7.6.]

[종전 제6조의4는 제6조의5로 이동 <2016.7.6.>]

제6조의5(불법 대부광고에 사용된 전화번호의 이용중지 등) ① 법 제9조의6제1항에서 "시·도지사 등 대통령령으로 정하는 자"란 다음 각 호의 자를 말한다.

1. 시·도지사

2. 검찰총장

3. 경찰청장

4. 금융감독원장(「금융위원회의 설치 등에 관한 법률」에 따른 금융감독원의 원장을 말한다. 이하 같다)

② 법 제9조의6제1항 또는 제2항에 따른 요청으로 전기통신역무 제공이 중지된 이용자가 같은 조 제3항에 따라 이의신청을 하려면 전기통신역무 제공이 중지된 날부터 30일 이내에 다음 각 호의 사항을 적은 문서를 같은 조 제1항 또는 제2항에 따른 전기통신역무 제공의 중지를 요청한 기관(이하 이 조에서 "제공중지요청기관"이라 한다)에 제출하여야 한다.

1. 이의신청인의 명칭 또는 성명과 주소 및 연락처

2. 이의신청의 사유

3. 전기통신역무 제공이 중지된 날

③ 제공중지요청기관은 제2항에 따라 이의신청을 받은 날부터 15일 이내에 그 이의신청에 대하여 결정을 하고 그 결과를 이의신청인에게 문서로 통지하여야 한다. 다만, 부득이한 사유로 그 기간 이내에 결정을 할 수 없을 때에는 15일의 범위에서 그 기간을 연장할 수

있으며, 연장사유와 연장기간을 이의신청인에게 통지하여야 한다.

④ 제공중지요청기관은 제2항에 따라 제출된 문서에 흠결이 있거나 추가적인 사실 확인이 필요한 경우 보완을 요청할 수 있다. 이 경우 그 보완에 소요된 기간은 제3항 본문의 기간에 산입(算入)되지 아니한다.

⑤ 제공중지요청기관은 법 제9조의6제3항에 따른 이의신청이 이유가 있다고 인정할 때에는 지체 없이 미래창조과학부장관에게 해당 전기통신역무 제공의 중지를 해제하도록 요청하여야 한다.

[본조신설 2014.9.3.]

[제6조의4에서 이동, 종전 제6조의5는 제6조의8로 이동 <2016.7.6.>]

제6조의6(대부업 이용자 보호기준) ① 법 제9조의7제1항에서 "대통령령으로 정하는 자산규모"란 직전 사업연도말을 기준으로 500억원을 말한다.

② 법 제9조의7제1항에 따른 보호기준(이하 "보호기준"이라 한다)에는 다음 각 호의 사항이 포함되어야 한다.

1. 업무의 분장 및 조직구조에 관한 사항

2. 임직원이 업무를 수행할 때 준수하여야 하는 절차에 관한 사항

3. 임직원의 보호기준 준수 여부를 확인하는 절차 및 방법과 보호기준을 위반한 임직원의 처리에 관한 사항

4. 보호기준의 제정 또는 변경 절차에 관한 사항

5. 법 제9조의7제2항에 따른 보호감시인(이하 "보호감시인"이라 한다)의 임면절차에 관한 사항

6. 대부채권 추심 관련 불법행위를 방지하기 위한 절차나 기준에 관한 사항

7. 그 밖에 대부업 이용자 보호를 위하여 필요한 사항으로서 금융위원회가 정하여 고시하는 사항

③ 대부업자등이 보호기준을 제정하거나 변경하려는 경우에는 이사회의 결의를 거쳐야 한다. 다만, 이사회가 없는 경우에는 그러하지 아니하다.

④ 금융위원회는 법 제12조에 따른 검사 결과 법령을 위반한 사실이 드러난 대부업자등에 대해서는 법령 위반행위의 재발 방지를 위

하여 보호기준의 변경을 권고할 수 있다.

⑤ 보호감시인은 다음 각 호의 업무를 수행한다.

1. 대부업 이용자 보호를 위한 계획의 수립

2. 법령 준수 여부와 관련한 영업실태와 관행에 대한 정기적인 점검 및 개선

3. 임직원에 대한 교육 계획의 수립

4. 그 밖에 대부업 이용자 보호를 위하여 금융위원회가 정하여 고시하는 사항

⑥ 보호감시인은 다른 영리법인의 상시적인 업무에 종사할 수 없다.

⑦ 보호감시인은 선량한 관리자의 주의로 그 직무를 수행하여야 하며, 다음 각 호의 어느 하나에 해당하는 업무를 수행하는 직무를 담당해서는 아니 된다. 다만, 직전 사업연도 말 기준으로 대부거래자 수가 1천명 미만인 대부업자등에 두는 보호감시인은 다음 각 호의 어느 하나에 해당하는 업무를 수행하는 직무를 담당할 수 있다.

1. 자산운용에 관한 업무

2. 법 제2조제1호 또는 제2호에 따라 대부업자등이 수행하는 업무 및 그 부수업무

⑧ 제1항부터 제7항까지에서 규정한 사항 외에 보호기준 및 보호감시인에 관하여 필요한 사항은 금융위원회가 정하여 고시한다.

[본조신설 2016.7.6.]

제6조의7(대주주와의 거래제한 등) ① 법 제10조제1항에서 "대통령령으로 정하는 것"이란 다음 각 호의 것을 말한다.

1. 대주주(그의 특수관계인을 포함한다. 이하 이 조에서 같다)를 위하여 담보를 제공하는 거래

2. 대주주를 위하여 어음을 배서(「어음법」 제15조제1항에 따른 담보적 효력이 없는 배서는 제외한다)하는 거래

3. 대주주에 대하여 출자의 이행을 약정하는 거래

4. 부동산, 증권 등 경제적 가치가 있는 재산의 대여

5. 대부, 지급보증, 자금 지원적 성격의 유가증권의 매입

6. 제1호부터 제5호까지의 어느 하나에 해당하는 거래의 제한을 회피할 목적으로 하는 거래로서 다음 각 목의 어느 하나에 해당하

　는 거래

　　가. 제3자와의 계약 또는 담합 등에 의하여 서로 교차하는 방법으로 하는 거래

　　나. 장외파생상품거래, 신탁계약 또는 연계거래 등을 이용하는 거래

7. 대부업자가 직접적으로 제1호부터 제6호까지에 해당하는 거래를 한 것은 아니나 실질적으로 그에 해당하는 결과를 가져올 수 있는 거래

② 금융위원회는 다음 각 호의 어느 하나에 해당하는 거래에 대해서는 제1항에도 불구하고 이를 신용공여의 범위에 포함시키지 아니할 수 있다.

1. 대부업자에게 손실을 끼칠 가능성이 매우 적은 것으로 판단되는 거래
2. 금융시장에 미치는 영향 등 해당 거래의 상황에 비추어 신용공여의 범위에 포함시키지 아니하는 것이 타당하다고 판단되는 거래

③ 법 제10조제2항에서 "대통령령으로 정하는 금액"이란 금융위원회가 정하는 기준에 따른 단일거래금액이 자기자본의 1만분의 10에 해당하는 금액 또는 10억원 중 적은 금액을 말한다.

④ 법 제10조제3항에서 "대통령령으로 정하는 기간"이란 1년을 말한다.

[본조신설 2016.7.6.]

제6조의8(중개수수료의 제한) ① 법 제11조의2제3항에서 "대통령령으로 정하는 소규모 법인"이란 「중소기업기본법」 제2조제2항에 따른 소기업에 해당하는 법인을 말한다.

②법 제11조의2제3항에서 "대통령령으로 정하는 율에 해당하는 금액"이란 다음 표의 구분에 따른 금액을 말한다.

대부금액	중개수수료 금액
5백만원 이하	100분의 5
5백만원 초과 1천만원 이하	25만원 + 5백만원을 초과하는 금액의 100분의 4
1천만원 초과	45만원 + 1천만원을 초과하는 금액의 100분의 3

[본조신설 2013.6.11.] [제6조의5에서 이동 <2016.7.6.>]

제6조의9(손해배상책임의 이행을 위한 보증금 예탁 등) ① 대부업자 등은 법 제11조의4제2항에 따라 다음 각 호의 구분에 따른 금액 이상을 법 제18조의2제1항에 따른 대부업 및 대부중개업 협회(이하 "협회"라 한다)에 보증금으로 예탁하거나 해당 금액을 최소 보장금액으로 하는 보험 또는 공제에 가입하고 등록기간 동안 이를 계속하여 유지하여야 한다.

1. 시·도지사에게 등록한 경우: 1천만원
2. 금융위원회에 등록한 경우: 5천만원

② 시·도지사등은 대부업자등의 거래규모, 법령 위반 등을 고려하여 대부업 이용자 보호를 위하여 필요하다고 인정하는 경우에는 제1항 각 호에 따른 금액의 증액을 명할 수 있다.

③ 대부업자등은 다음 각 호에 해당하는 사유가 발생한 날부터 3년의 범위에서 대부계약에 따른 거래를 종결하기 전까지 제1항 또는 제2항에 따른 보증금의 예탁이나 보험 또는 공제의 가입을 유지하여야 한다. 다만, 대부업자등의 불법행위로 인한 손해배상책임과 관련한 소송이 진행 중인 경우에는 해당 소송의 확정판결에 따른 보증금이나 보험 또는 공제의 지급이 종료되는 날까지 보증금의 예탁이나 보험 또는 공제의 가입을 유지하여야 한다.

1. 법 제3조제6항에 따른 등록의 유효기간이 만료되었으나 갱신등록을 하지 아니한 경우
2. 법 제5조제2항에 따라 폐업신고를 한 경우
3. 법 제13조제2항에 따라 등록취소 처분을 받은 경우

④ 제1항부터 제3항까지의 규정에 따른 보증금 예탁 등의 절차에 관하여 필요한 사항은 금융위원회가 정하여 고시한다.

[본조신설 2016.7.6.]

제7조(금융감독원장에 대한 검사 요청 대상) 법 제12조제3항에서 "대통령령으로 정하는 경우"란 다음 각 호의 어느 하나에 해당하는 경우를 말한다. <개정 2010.4.20., 2016.7.6.>

1. 삭제 <2016.7.6.>
2. 매월 말을 기준으로 대부업자등의 월평균 대부금액의 잔액이 금융위원회가 정하는 금액을 초과하는 경우

3. 대부업자등의 영업행위가 법령에 위반되는 경우

4. 동일인이 2 이상의 등록업체의 대주주인 경우 등 분사(分社) 등의 수단을 통하여 법 제12조제2항에 따른 금융감독원장의 검사를 피하려는 의도가 있다고 의심되는 경우

5. 대부업자등의 영업행위가 거래상대방(대부계약과 관련된 보증계약을 체결하는 경우에는 보증인을 포함한다)에게 불이익을 줄 가능성이 크고 「금융위원회의 설치 등에 관한 법률」 제38조에 따라 금융감독원의 검사를 받는 기관(이하 "금융기관"이라 한다)과 연계되어 있는 경우

[전문개정 2009.4.21.]

제7조의2 삭제 <2016.7.6.>

제7조의3(대부업자등의 보고서 제출) ① 법 제12조제9항에 따라 대부업자등은 금융위원회가 정하여 고시하는 보고서를 6월 30일 및 12월 31일을 기준으로 작성하여 그 기준일의 다음 달 말일까지 관할 시·도지사등에게 제출하여야 한다. <개정 2016.7.6.>

② 법 제12조제9항제1호다목 및 같은 항 제2호다목에서 "대통령령으로 정하는 사항"이란 제1항에 따른 보고서에 기재된 영업소 일반현황 및 대부현황·대부중개현황·차입현황 등의 사항을 말한다.

[본조신설 2009.4.21.]

제7조의4(영업정지 및 등록취소 기준) ① 법 제13조제1항 각 호 외의 부분에서 "대통령령으로 정하는 기준"이란 별표 2에 따른 기준을 말한다. <개정 2011.11.30.>

② 법 제13조제2항제5호에서 "대통령령으로 정하는 횟수"란 별표 2에서 정한 횟수를 말한다. <개정 2011.11.30.>

[본조신설 2009.4.21.]

제8조(공고내용 및 방법) 법 제13조제2항제6호에 따라 시·도지사등은 해당 대부업자등이 소재지를 통지하지 아니하는 경우 등록이 취소될 수 있다는 내용의 소재 확인을 위한 공고를 작성하여 관보, 시·도의 공보 또는 일간신문에 실어야 한다. <개정 2016.7.6.>

[전문개정 2009.4.21.]

제8조의2(과징금의 부과기준 등) ① 법 제14조의2에 따른 과징금은

다음 각 호의 사항을 고려하여 부과한다.

1. 위반행위의 내용 및 정도
2. 위반행위의 기간 및 횟수
3. 위반행위로 인하여 취득한 이익의 규모

② 제1항에서 규정한 사항 외에 과징금의 부과기준 등에 관하여 필요한 사항은 금융위원회가 정하여 고시한다.

[본조신설 2016.7.6.]

제8조의3(과징금의 부과절차) ① 금융위원회는 법 제14조의2제1항에 따라 과징금을 부과할 때에는 그 위반행위의 종류와 해당 과징금의 금액을 구체적으로 밝혀 과징금을 낼 것을 서면으로 통지하여야 한다.

② 제1항에 따라 통지를 받은 자는 통지받은 날부터 60일 이내에 금융위원회가 정하는 수납기관에 과징금을 납부하여야 한다.

③ 제1항 및 제2항에서 규정한 사항 외에 과징금의 부과절차에 관하여 필요한 사항은 금융위원회가 정하여 고시한다.

[본조신설 2016.7.6.]

제8조의4(가산금) 법 제14조의2제2항에서 "대통령령으로 정하는 가산금"이란 체납된 과징금에 연 100분의6을 적용하여 계산한 금액을 말한다. [본조신설 2016.7.6.]

제8조의5(납부기한 연장과 분할납부) 금융위원회는 법 제14조의4에 따라 과징금납부의무자에 대하여 과징금의 납부기한을 연장하거나 분할납부하게 할 경우 납부기한 연장은 1년을 초과할 수 없으며, 분할 납부의 간격은 6개월 이내로 횟수는 3회를 초과할 수 없다.

[본조신설 2016.7.6.]

제8조의6(환급가산금의 이율) 금융위원회는 법 제14조의5제1항에 따라 은행의 1년 만기 정기예금의 이자율을 고려하여 금융위원회가 정하여 고시하는 이율을 적용한 환급가산금을 지급하여야 한다.

[본조신설 2016.7.6.]

제9조(여신금융기관의 이자율 등의 제한) ① 법 제15조제1항에서 "대통령령으로 정하는 율"이란 연 100분의 34.9를 말한다. <개정 2014.4.1.>

② 제1항의 율을 월 또는 일 기준으로 적용하는 경우에는 연 100분의 34.9를 단리로 환산한다. <개정 2014.4.1.>

③ 법 제15조제2항에 따라 준용되는 법 제8조제2항 단서에서 "대통령령으로 정하는 사항"이란 다음 각 호의 비용을 말한다. <신설 2014.9.3.>

1. 담보권 설정비용

2. 신용조회비용(「신용정보의 이용 및 보호에 관한 법률」 제4조제1항제1호의 업무를 허가받은 자에게 거래상대방의 신용을 조회하는 경우만 해당한다)

3. 만기가 1년 이상인 대부계약의 대부금액을 조기상환함에 따라 발생하는 비용으로서 조기상환 금액의 100분의 1을 초과하지 아니하는 금액

④ 법 제15조제3항에서 "대통령령으로 정하는 율"이란 다음 각 호의 어느 하나의 연체이자율을 말한다. 이 경우 연 100분의 34.9를 초과할 수 없다. <개정 2010.7.21., 2011.6.27., 2014.4.1., 2014.9.3.>

1. 「한국은행법」 제11조에 따른 금융기관의 경우에는 한국은행이 정하는 연체이자율

2. 제1호에 따른 금융기관 외의 여신금융기관의 경우에는 금융위원회가 각 금융업의 특성을 반영하여 금융업별로 정하는 연체이자율

[전문개정 2009.4.21.]

제9조의2(대부업자등의 현황 및 영업실태 조사결과 등의 관보 등 게재) 행정자치부장관과 금융위원회는 법 제16조제3항에 따라 대부업자등의 현황 및 영업실태 조사결과 등을 매년 6월 30일과 12월 31일을 기준으로 작성하여 그 기준일부터 6개월 이내에 관보 또는 인터넷 홈페이지에 게재하여야 한다. <개정 2014.11.19.>

[본조신설 2014.4.1.]

제9조의3(행정처분 또는 시정명령 사실의 공개 내용 및 절차 등) ① 시·도지사등은 법 제16조의2제1항에 따라 행정처분 또는 시정명령 사실을 공개하는 경우 다음 각 호의 사항이 포함되도록 하여야 한다. <개정 2016.7.6.>

1. 행정처분 또는 시정명령 사실의 공개임을 알 수 있는 제목

2. 상호, 소재지 및 성명(법인의 경우 대표자 성명을 말한다)

3. 대부업등 등록번호(여신금융기관의 경우 사업자등록번호를 말한다)

4. 위반행위

5. 위반행위에 대한 행정처분 또는 시정명령의 내용

6. 행정처분일·시정명령일 및 그 기간

② 제1항에 따른 공개는 시·도지사등이 해당 행정처분 또는 시정명령을 한 후 지체 없이 시·도등의 인터넷 홈페이지에 게재하는 방법으로 한다. <개정 2016.7.6.>

③ 시·도지사등은 제1항제5호에 따른 행정처분 또는 시정명령이 취소된 경우에는 그 취소된 사실을 해당 행정처분 또는 시정명령 사실이 제2항에 따라 게재된 기간 이상 시·도등의 인터넷 홈페이지에 게재하는 방법으로 공개하여야 한다. <개정 2016.7.6.>

[본조신설 2014.4.1.]

제10조(등록수수료 등) ① 대부업등의 등록을 하려는 자는 법 제17조제1항에 따라 각각의 사업에 대하여 영업소당 10만원의 수수료를 내야 한다. 다만, 10만원 이내에서 시·도의 조례로 그 금액을 다르게 정할 수 있다.

② 법 제17조제2항에서 "대통령령으로 정하는 검사수수료"란 검사일을 기준으로 연평균 대부금액 잔액의 1천분의 1 이내에서 금융위원회가 정하는 금액을 말한다. 다만, 시·도지사가 받는 검사수수료의 경우에는 연평균 대부금액 잔액의 1천분의 1 이내에서 시·도의 조례로 그 금액을 다르게 정할 수 있다.

[전문개정 2009.4.21.]

제11조(분쟁조정위원회의 구성 및 운영) ① 법 제18조제1항에 따른 분쟁조정위원회는 다음 각 호의 어느 하나에 해당하는 사람으로서 시·도지사가 임명하거나 위촉하는 5명의 위원으로 구성한다.

<개정 2012.2.29., 2016.7.6.>

1. 금융기관에서 3년 이상 근무한 경력이 있는 사람

2. 변호사 또는 공인회계사

3. 소비자단체에서 3년 이상 근무한 경력이 있는 사람

4. 금융·대부업 또는 소비자보호 분야에서 3년 이상 근무한 경력이 있는 공무원

5. 금융 또는 법학을 전공하여 대학에서 조교수 이상의 직(職)에 3년 이상 재직한 경력이 있는 사람

② 위원장은 위원 중에서 호선(互選)하며, 위원장 및 위원의 임기는 1년으로 하되 연임할 수 있다.

③ 시·도지사는 제1항 각 호에 따른 위원이 다음 각 호의 어느 하나에 해당하는 경우에는 해당 위원을 해임(解任)하거나 해촉(解囑)할 수 있다. <신설 2016.7.6.>

1. 심신장애로 인하여 직무를 수행할 수 없게 된 경우

2. 직무와 관련된 비위사실이 있는 경우

3. 직무태만, 품위손상이나 그 밖의 사유로 인하여 위원으로 적합하지 아니하다고 인정하는 경우

4. 위원 스스로 직무를 수행하는 것이 곤란하다고 의사를 밝히는 경우

④ 분쟁조정위원회는 재적위원 3분의 2의 찬성으로 분쟁에 대한 조정안을 의결하며, 분쟁당사자에게 그 조정안의 수락을 권고할 수 있다. <개정 2016.7.6.>

⑤ 제1항부터 제4항까지에서 규정한 사항 외에 분쟁조정위원회의 효율적인 운영에 필요한 세부사항은 분쟁조정위원회가 정한다. <개정 2016.7.6.> [전문개정 2009.4.21.]

제11조의2(대부업 및 대부중개업 협회) ① 법 제18조의2제4항에 따라 협회는 정관을 작성하여 금융위원회의 인가를 받은 날부터 2주일 이내에 주된 사무소의 소재지에서 설립등기를 하여야 한다. <개정 2016.7.6.>

② 제1항에 따른 설립등기에는 다음 각 호의 사항이 포함되어야 한다.

1. 목적

2. 명칭

3. 주된 사무소 및 지회(支會)의 소재지

4. 임원의 성명 및 주소

5. 공고의 방법

③ 제1항에 따른 설립등기의 신청서에는 다음 각 호의 서류를 첨부하여야 한다.

1. 정관

2. 정관인가서 사본

④ 법 제18조의3제1항제4호에서 "대통령령으로 정하는 업무"란 다음 각 호의 업무를 말한다. <개정 2011.11.30., 2016.7.6.>

1. 대부업자등의 임직원에 대한 교육

2. 대부업등의 발전을 위한 조사·연구

3. 대부업자등의 광고에 대한 자율심의

4. 대부업자등, 법 제3조에 따라 등록을 하지 아니하고 사실상 대부업등을 하는 자의 법령위반사항 등에 대한 자율감시

5. 법 제11조의4에 따른 대부업자등의 손해배상책임을 보장하기 위한 보증금 예탁 및 공제업무

6. 그 밖에 협회의 목적을 달성하기 위하여 필요한 업무

⑤ 법 제18조의5제1항 단서에서 "대통령령으로 정하는 자"란 법 제3조제1항에 따라 등록한 법인인 대부업자등을 말한다. <신설 2016.7.6.> [본조신설 2009.4.21.]

제11조의3(업무의 위탁) ①시·도지사등은 법 제18조의7제1항 및 제2항에 따라 법 제3조의4에 따른 대부업등의 준수사항 등에 관한 교육 업무를 협회에 위탁한다. <개정 2016.7.6.>

② 금융위원회는 법 제18조의7제2항에 따라 다음 각 호의 업무를 금융감독원장에게 위탁한다. <신설 2016.7.6.>

1. 법 제3조·제3조의2 및 제3조의3에 따른 대부업등의 등록, 등록갱신, 등록증의 반납과 등록증의 분실신고 접수 등의 절차에 관한 업무

2. 법 제3조의5에 따른 대부업등의 등록요건 심사에 관한 업무

3. 법 제4조제2항에 따른 대부업자등의 임원 및 업무총괄 사용인의 자격심사에 관한 업무

4. 법 제5조에 따른 대부업등의 변경등록 및 폐업신고 접수에 관한 업무

5. 법 제10조제2항에 따른 상호출자제한기업집단 대부업자의 신용공여 사실에 관한 보고의 접수

6. 법 제10조제5항에 따른 세부계획서의 접수

7. 법 제10조제8항에 따른 신용공여한도 위반 혐의 대부업자 및 그 대주주에 대한 자료제출명령

8. 법 제12조제1항에 따른 대부업자등의 업무 및 업무와 관련된 재산에 관한 보고, 자료의 제출 및 그 밖에 필요한 명령

9. 법 제12조제9항에 따른 보고서의 접수

10. 법 제13조제6항제1호 및 제3호에 따른 조치

11. 법 제16조에 따른 대부업자의 실태조사 등에 관한 업무

12. 법 제16조의2에 따른 행정처분 사실 등의 공개에 관한 업무

13. 법 제17조제1항에 따른 등록수수료에 관한 업무

14. 법 제18조의8에 따른 대부업자등의 관리·감독 등을 위하여 사
실확인이 필요한 경우 관계 기관에의 협조 요청

[본조신설 2009.4.21.]

제11조의4(고유식별정보의 처리) ① 시·도지사등(제11조의3에 따라
시·도지사등의 업무를 위탁받은 자를 포함한다)은 다음 각 호의 사
무를 수행하기 위하여 불가피한 경우 「개인정보 보호법 시행령」
제19조제1호, 제2호 또는 제4호에 따른 주민등록번호, 여권번호 또
는 외국인등록번호(이하 이 조에서 "주민등록번호등"이라 한다)가
포함된 자료를 처리할 수 있다. <개정 2016.7.6.>

1. 법 제3조에 따른 등록에 관한 사무

2. 법 제3조의2에 따른 등록갱신에 관한 사무

3. 법 제3조의3에 따른 등록증 반납 등에 관한 사무

4. 법 제3조의4에 따른 대부업등 교육에 관한 사무

5. 법 제4조에 따른 대부업자등의 대표자, 임원 또는 업무총괄 사용
인의 자격요건 확인 등에 관한 사무

6. 법 제5조에 따른 변경등록 및 폐업신고에 관한 사무

7. 법 제9조의7에 따른 보호기준 및 보호감시인에 관한 사무

8. 법 제10조에 따른 상호출자제한기업집단 대부업자의 대주주와의
거래 관련 보고, 신용공여기간 연장 승인, 자료제출명령 등에 관
한 사무

9. 법 제11조의4제2항에 따른 손해배상책임을 보장하기 위한 보증
금 예탁 등에 관한 사무

10. 법 제12조, 제13조에 따른 검사, 영업정지, 등록취소 및 이에
따른 사후 조치 등에 관한 사무

11. 법 제14조의2에 따른 과징금 부과·징수에 관한 사무

12. 법 제16조에 따른 대부업자의 실태조사 등에 관한 사무

13. 법 제18조에 따른 분쟁 조정에 관한 사무

② 행정자치부장관은 다음 각 호의 사무를 수행하기 위하여 불가피

한 경우 주민등록번호등이 포함된 자료를 처리할 수 있다. <개정 2013.3.23., 2014.11.19., 2016.7.6.>

1. 법 제12조에 따른 검사 및 이에 따른 사후조치 등에 관한 사무

2. 법 제16조에 따른 대부업자의 실태조사 등에 관한 사무

③ 대부업자등은 법 제9조의5에 따른 고용 제한 또는 업무 위임·대리 제한의 사유 확인에 관한 사무를 수행하기 위하여 불가피한 경우 주민등록번호등이 포함된 자료를 처리할 수 있다. <신설 2014.8.6.>

[본조신설 2012.1.6.]

제11조의5(규제의 재검토) 금융위원회는 다음 각 호의 사항에 대하여 다음 각 호의 기준일을 기준으로 2년마다(매 2년이 되는 해의 기준일과 같은 날 전까지를 말한다) 그 타당성을 검토하여 개선 등의 조치를 하여야 한다. <개정 2016.7.6.>

1. 제4조에 따른 대부계약서 등의 기재사항: 2015년 1월 1일

2. 제6조의8에 따른 중개수수료의 제한: 2015년 1월 1일

[본조신설 2014.12.9.]

제12조(과태료 부과기준) 과태료의 부과기준은 별표 3과 같다. <개정 2011.11.30.> [전문개정 2009.4.21.]

부칙

<제27472호, 2016.8.31.>
(감정평가 및 감정평가사에 관한 법률 시행령)

제1조(시행일) 이 영은 2016년 9월 1일부터 시행한다.

제2조부터 제5조까지 생략

제6조(다른 법령의 개정) ①부터 ㊲까지 생략

㊳ 대부업 등의 등록 및 금융이용자 보호에 관한 법률 시행령 일부를 다음과 같이 개정한다.

제2조의11제15호를 다음과 같이 한다.

15. 「감정평가 및 감정평가사에 관한 법률」

㊴부터 <92>까지 생략

제7조 생략

[별표 1]

대부업자 등의 광고 표시기준(제6조의2제3호 관련)

1. 광고 표시 등의 방법
 가. 상호 및 등록번호는 광고 왼쪽상단에 표시한다.
 나. 삭제 <2016. 7. 6.>
 다. 방송(라디오 방송은 제외한다. 이하 같다), 지면, 옥외간판, 현수막, 인터넷을 통한 광고는 상호, 등록번호, 전화번호, 대부이자율, 대부계약과 관련된 부대비용 및 차입의 위험성과 불법중개수수료 경고문구의 글자를 해당 광고에 표시된 최대 글자의 3분의 1 이상의 크기로 쉽게 알아볼 수 있도록 한다.
 라. 방송을 통한 광고는 상호, 등록번호, 전화번호, 대부이자율, 대부계약과 관련된 부대비용 및 차입의 위험성과 불법중개수수료 경고문구에 관한 내용이 전체 광고시간의 5분의 1 이상 자막으로 표시되어야 한다.
 마. 인터넷을 통한 광고는 해당 홈페이지의 최초 화면에 법 제9조제2항 각 호의 사항 및 같은 조 제3항 각 호의 사항을 일반인이 알아보기 쉬운 방식을 통해 모두 표시하여야 한다.
 바. 고객모집 또는 대부상품 홍보를 위해 전화번호를 표기할 경우에는 등록번호, 대부이자율 및 대부계약과 관련된 부대비용, 제2호에 따른 경고문구 등 필수 표기사항을 모두 표시한다. 다만, 간판 등 단순히 영업소 위치를 표시하기 위한 경우 또는 음악, 체육행사 등의 후원 목적에 불과할 경우에는 상호 또는 상표만 표시할 수 있다.

2. 경고문구 표기기준

가. 과도한 차입의 위험성을 알리는 경고문구는 다음 중 어느 하
   나로 한다.
   1) "과도한 빚, 고통의 시작입니다."
   2) "과도한 빚은 당신에게 큰 불행을 안겨 줄 수 있습니다."
   3) "과도한 빚, 파산으로 가는 지름길입니다."
나. 경고문구는 광고에 사용된 배경과 명확하게 구분되어 소비자
   가 쉽게 알아볼 수 있어야 한다.
다. 경고문구는 지면 및 방송 광고의 경우에 표기한다. 다만, 광고
   면적이 150제곱센티미터 미만인 지면광고에 대해서는 경고문구
   를 생략할 수 있다.

[별표 2]

영업정지 및 등록취소 기준(제7조의4 관련)

1. 일반 기준
   가. 위반행위가 2 이상인 경우로서 그에 해당하는 각각의 처분
      기준이 영업정지인 경우에는 무거운 처분의 영업정지 기간
      에 가벼운 처분의 영업정지 기간의 2분의 1을 가중한다.
   나. 위반행위의 횟수에 따른 행정처분기준은 위반사항에 대하여
      행정처분을 한 날부터 3년 이내에 다시 동일한 위반사항을
      적발한 경우에 적용한다.
   다. 시·도지사는 위반행위의 동기, 내용 및 그 횟수 등을 고려하여
      영업정지 기간의 2분의 1의 범위에서 그 기간을 가중하거나
      감경할 수 있다. 다만, 가중하는 경우에도 가목 및 나목에 따
      른 기간은 1년을 넘지 못한다.
2. 개별 기준

위반행위	해당 조문	행정처분기준		
		1회	2회	3회
가. 법 제3조 제7항을 위반하	법 제	-	영업	영업 일부

위반행위	근거 법조문	1차	2차	3차
여 분실신고를 하지 아니한 경우	13조 제1항 제1호		일부정지 1월	정지 3월
나. 법 제3조의4 제1항 단서에 따른 교육을 받지 아니한 경우	법 제13조 제1항 제1호	-	영업 일부정지 3월	영업 일부 정지 6월
다. 법 제4조를 위반하여 임원 또는 업무총괄 사용인을 선임한 경우	법 제13조 제1항 제1호	-	영업 일부정지 3월	영업 일부 정지 6월
라. 법 제5조제1항 본문을 위반하여 법 제3조제3항제1호부터 제3호까지의 규정 중 변경된 내용을 변경등록하지 아니한 경우	법 제13조 제1항 제1호	-	영업 일부정지 1월	영업 일부 정지 3월
마. 법 제5조제1항 본문을 위반하여 법 제3조제3항제4호부터 제8호까지의 규정 중 변경된 내용을 변경등록하지 아니한 경우	법 제13조 제1항 제1호	-	영업 일부정지 3월	영업 일부 정지 6월
바. 법 제5조의2 제1항 또는 제2항을 위반하여 상호 중에 "대부" 또는 "대부중개"라는 문자를 사용하지 아니한 경우	법 제13조 제1항 제1호, 제2항 제7호	영업 일부정지 3월	영업 일부정지 6월	등록취소
사. 법 제5조의2 제4항을 위반하여 타인에게 자기의 명의	법 제13조	영업 전부정	등록 취소	-

로 대부업등을 하게 하거나 그 등록증을 대여한 경우	제1항 제1호, 제2항 제7호	지 6월		
아. 법 제6조 제1항 또는 제3항을 위반하여 대부계약서 또는 보증계약서를 교부하지 아니한 경우, 같은 조 제1항 각 호 또는 같은 조 제3항 각 호의 사항 중 전부 또는 일부를 적지 아니하거나 거짓으로 적어 대부계약서 또는 보증계약서를 교부한 경우	법 제13조 제1항 제1호, 제2항 제7호	영업 일부정지 3월	영업 일부정지 6월	등록취소
자. 법 제6조 제2항 또는 제4항을 위반하여 설명의무를 이행하지 아니한 경우	법 제13조 제1항 제1호	-	영업 일부정지 3월	영업 일부 정지 6월
차. 법 제6조 제5항을 위반하여 계약서와 계약관계서류를 보관하지 아니한 경우	법 제13조 제1항 제1호	-	영업 일부정지 3월	영업 일부 정지 6월
카. 법 제6조제6항을 위반하여 계약서와 계약관계서류의 열람을 거부하거나 관련 증명서의 발급을 정당한 사유 없이 거부한 경우 또는 「채권의 공정한 추심에 관한 법률」제5조제1항을 위반하여 채무확인서의 교부를 정당한 사유 없이 거부한 경우	법 제13조 제1항 제1호	-	영업 일부정지 3월	영업 일부 정지 6월

타. 법 제6조의2를 위반하여 거래상대방 또는 보증인이 같은 조 제1항 각 호의 사항 또는 같은 조 제2항 각 호의 사항을 자필로 기재하게 하지 아니한 경우	법 제13조 제1항 제1호, 제2항 제7호	영업 일부정지 3월	영업 일부정지 6월	등록취소
파. 법 제7조제1항을 위반하여 미리 거래상대방으로부터 소득·재산 및 부채상황에 관한 증명서류를 제출받지 아니한 경우	법 제13조 제1항 제1호	-	영업 일부정지 3월	영업 일부정지 6월
하. 법 제7조제3항을 위반하여 서류를 용도 외의 목적으로 사용한 경우	법 제13조 제1항 제1호, 제2항 제7호	영업 전부정지 6월	등록취소	-
거. 법 제7조의3을 위반하여 총자산한도에 해당하는 금액을 초과하는 경우	법 제13조 제1항 제1호, 제2항 제7호	영업 전부정지 6월	등록취소	-
너. 법 제8조에 따른 이자율을 초과하여 대부계약을 체결한 경우	법 제13조 제1항 제1호	영업 일부정지 1월	영업 일부정지 3월	영업 일부정지 6월
더. 법 제8조에 따른 이자율을 초과하여 이자를 받은 경우	법 제13조 제1항	영업 전부정지 6월	등록취소	-

	제1호, 제2항 제7호			
러. 법 제9조제1항을 위반하여 게시의무를 이행하지 아니한 경우	법 제13조 제1항 제1호	-	영업 일부정 지 3월	영업 일부 정지 6월
머. 법 제9조제2항 또는 제3항을 위반하여 광고를 한 경우	법 제13조 제1항 제1호, 제2항 제7호	영업 일부정 지 3월	영업 일부정 지 6월	등록취소
버. 법 제9조 제4항을 위반하여 광고의 문안과 표기에 관한 의무를 이행하지 아니한 경우	법 제13조 제1항 제1호	-	영업 일부정 지 1월	영업 일부 정지 3월
서. 법 제9조의3 제1항을 위반하여 같은 항 각 호에 해당하는 행위를 한 경우	법 제13조 제1항 제1호, 제2항 제7호	영업 일부정 지 3월	영업 일부정 지 6월	등록취소
어. 법 제9조의4 제1항 또는 제2항을 위반하여 미등록대부업자로부터 대부계약에 따른 채권을 양도받아 이를 추심하는 행위를 한 경우 또는 미등록대부중개업자로부터 대부중개를 받은 거래상대방에게 대부행위를 한 경우	법 제13조 제1항 제1호, 제2항 제7호	영업 전부정 지 6월	등록취 소	-

위반행위	근거 법조문	1차위반	2차위반	3차위반
저. 법 제9조의4 제3항을 위반하여 법 제3조 제2항 제2호에 따라 등록한 대부업자나 여신금융기관 등 대통령령으로 정하는 자가 아닌 자에게 대부계약에 따른 채권을 양도하는 경우	법 제13조 제1항 제1호, 제2항 제7호	영업 전부정지 6월	등록취소	-
처. 법 제9조의5 제1항 또는 제2항을 위반하여 종업원을 고용하거나 업무를 위임하거나 대리하게 한 경우	법 제13조 제1항 제1호	-	영업 일부정지 3월	영업 일부정지 6월
커. 법 제9조의7을 위반하여 보호기준 및 보호감시인과 관련된 의무를 이행하지 않은 경우	법 제13조 제1항 제1호	-	영업 일부정지 1월	영업 일부정지 3월
터. 법 제10조 제1항을 위반하여 대주주에게 신용공여를 한 경우	법 제13조 제1항 제1호, 제2항 제7호	영업 전부정지 6월	등록취소	-
퍼. 법 제10조 제2항을 위반하여 보고를 하지 않았거나 공시하지 않은 경우	법 제13조 제1항 제1호	-	영업 일부정지 1월	영업 일부정지 3월
허. 법 제10조 제7항을 위반하여 대주주에게 신용공여를 한 경우	법 제13조 제1항 제1호, 제2항	영업 전부정지 6월	등록취소	-

	제7호			
고. 법 제11조의2 제1항 또는 제2항을 위반하여 대부중개를 하거나 중개수수료를 받은 경우	법 제13조 제1항 제1호, 제2항 제7호	영업전부정지 6월	등록취소	-
노. 법 제11조의4 제2항을 위반하여 보증금을 예탁하지 않았거나 보험 또는 공제에 가입하지 않은 경우	법 제13조 제1항 제1호, 제2항 제7호	영업전부정지 6월	등록취소	-
도. 법 제12조 제2항 및 제3항에 따른 검사에 불응하거나 검사를 방해한 경우	법 제13조 제1항 제1호, 제2항 제7호	영업일부정지 3월	영업일부정지 6월	등록취소
로. 법 제12조 제1항 또는 제7항에 따른 명령을 위반한 경우	법 제13조 제1항 제1호, 제2항 제7호	영업일부정지 3월	영업일부정지 6월	등록취소
모. 법 제12조 제5항에 따른 요구에 응하지 아니한 경우	법 제13조 제1항 제1호,	영업일부정지 3월	영업일부정지 6월	등록취소

	제2항 제7호			
보. 법 제13조 제1항 제2호를 위반하여 해당 대부업자등의 영업소 중 같은 시·도지사에게 등록한 다른 영업소가 영업정지처분을 받은 경우	법 제13조 제1항 제2호		영업 일부정지 3월	영업 일부 정지 6월
소. 법률 제9344호 「대부업 등의 등록 및 금융이용자 보호에 관한 법률」 부칙 제7조 제1항 후단을 위반하여 2009년 7월 22일까지 대부업 등록증 및 대부중개업 등록증을 다시 교부받지 아니한 경우	법 제13조 제1항 제1호, 제2항 제7호	영업 일부정지 3월	영업 일부정지 6월	등록취소
오. 「채권의 공정한 추심에 관한 법률」 제7조를 위반하여 동일한 채권에 대하여 동시에 2인 이상의 자에게 채권추심을 위임한 경우	법 제13조 제1항 제1호	영업 일부정지 1월	영업 일부정지 3월	영업 일부 정지 6월
조. 「채권의 공정한 추심에 관한 법률」 제8조를 위반하여 채무의 존재를 다투는 소송이 진행 중임에도 해당 채무자를 채무불이행자로 등록을 한 경우	법 제13조 제1항 제1호	영업 일부정지 1월	영업 일부정지 3월	영업 일부 정지 6월
초. 「채권의 공정한 추심에 관한 법률」 제8조의2를 위반하여 채무자를 방문하거나 채무자에게 말·글·음향·영상 또는 물건을 도달하게 한 경우	법 제13조 제1항 제1호, 제2항 제7호	영업 일부정지 3월	영업 일부정지 6월	등록취소
코. 「채권의 공정한 추심에 관한 법률」 제8조의3 제1항을	법 제13조	영업 전부정	영업 전부정	등록취소

위반행위	근거 법조문	1차 위반	2차 위반	3차 이상 위반
위반하여 관계인을 방문하거나 관계인에게 말·글·음향·영상 또는 물건을 도달하게 한 경우	제1항 제1호, 제2항 제7호	지 3월	지 6월	
토.「채권의 공정한 추심에 관한 법률」 제8조의3 제2항을 위반하여 같은 항 각 호에 해당하는 사항을 관계인에게 밝히지 않거나 관계인이 채무자의 채무 내용 또는 신용에 관한 사실을 알게 한 경우	법 제13조 제1항 제1호	영업 일부정지 1월	영업 일부정지 3월	영업 일부 정지 6월
포.「채권의 공정한 추심에 관한 법률」 제8조의4를 위반하여 채권추심과 관련한 소송행위를 한 경우	법 제13조 제1항 제1호, 제2항 제7호	영업 전부정지 6월	등록취소	-
호.「채권의 공정한 추심에 관한 법률」 제9조를 위반하여 같은 조 각 호의 어느 하나에 해당하는 행위로 추심한 경우	법 제13조 제1항 제1호, 제2항 제7호	영업 전부정지 6월	등록취소	-
구.「채권의 공정한 추심에 관한 법률」 제10조 제1항을 위반하여 채무자 또는 관계인의 신용정보나 개인정보를 누설하거나 목적 외로 이용한 경우	법 제13조 제1항 제1호, 제2항 제7호	영업 전부정지 6월	등록취소	-
누.「채권의 공정한 추심에 관한 법률」 제11조를 위반하	법 제13조	영업 전부정지	등록취소	-

여 같은 조 제1호에 해당하는 행위를 한 경우	제 1 항 제 1 호, 제 2 항 제7호	지 6월		
두. 「채권의 공정한 추심에 관한 법률」 제11조를 위반하여 같은 조 제2호에 해당하는 행위를 한 경우	법 제 1 3 조 제 1 항 제 1 호, 제 2 항 제7호	영 업 전부정 지 3월	영 업 전부정 지 6월	등록취소
루. 「채권의 공정한 추심에 관한 법률」 제11조를 위반하여 같은 조 제3호부터 5호까지의 어느 하나에 해당하는 행위를 한 경우	법 제 1 3 조 제 1 항 제1호	영 업 일부정 지 1월	영 업 일부정 지 3월	영업 일부 정지 6월
무. 「채권의 공정한 추심에 관한 법률」 제12조를 위반하여 같은 조 제1호 또는 제2호에 해당하는 행위로 채권을 추심한 경우	법 제 1 3 조 제 1 항 제 1 호, 제 2 항 제7호	영 업 일부정 지 3월	영 업 일부정 지 6월	등록취소
부. 「채권의 공정한 추심에 관한 법률」 제12조를 위반하여 같은 조 제3호부터 제5호까지의 어느 하나에 해당하는 행위로 채권을 추심한 경우	법 제 1 3 조 제 1 항 제1호	-	영 업 일부정 지 3월	영업 일부 정지 6월
수. 「채권의 공정한 추심에 관한 법률」 제13조를 위반하여 지급할 의무가 없거나 실제로 사용된 금액을 초과한 채권추심 비용을 청구한 경우	법 제 1 3 조 제 1 항 제1호	영 업 일부정 지 1월	영 업 일부정 지 3월	영업 일부 정지 6월

[별표 3]

과태료의 부과기준(제12조 관련)

1. 일반 기준
　　가. 위반행위의 횟수에 따른 과태료 부과기준은 위반사항에 대하여 과태료 부과처분을 한 날부터 3년 이내에 다시 동일한 위반사항을 적발한 경우에 적용한다.
　　나. 시·도지사는 위반행위의 동기, 내용 및 그 횟수 등을 고려하여 과태료 부과금액의 2분의 1의 범위에서 그 금액을 가중하거나 감경할 수 있다. 이 경우 과태료의 총액은 법 제21조제1항 및 제2항에 따른 금액을 초과할 수 없다.

2. 개별 기준

(단위: 만원)

위반행위	해당 조문	과태료 부과기준		
		1회	2회	3회 이상
가. 법 제3조제7항을 위반하여 분실신고를 하지 아니한 자	법 제21조제2항제1호	20	100	200
나. 법 제3조의3제1항 또는 제2항을 위반하여 등록증을 반납하지 아니한 자	법 제21조제2항제2호	50	250	500
다. 삭제 <2013.6.11>				
라. 법 제5조제1항을 위반하여 법 제3조제3항제1호부터 제3호까지의 변경사항을 변경등록하지 아니한 자	법 제21조제1항제1호	20	100	200
마. 법 제5조제1항을 위반하여 법 제3조제3항제4호부터 제8호까지의 규정 중 변경사	법 제21조제1항제1호	50	250	500

항을 변경등록하지 아니한 자				
바. 법 제5조제2항을 위반하여 폐업신고를 하지 아니한 자	법 제21조제1항제1호	50	250	500
사. 법 제5조의2제1항 또는 제2항을 위반하여 상호 중에 "대부" 또는 "대부중개"라는 문자를 사용하지 아니한 자	법 제21조제1항제2호	200	500	1,000
아. 법 제6조제1항 또는 제3항을 위반하여 계약서를 교부하지 아니한 자 또는 같은 조 제1항 각 호 또는 같은 조 제3항 각 호에서 정한 내용 중 전부 또는 일부가 적혀 있지 아니한 계약서를 교부하거나 같은 조 제1항 각 호 또는 같은 조 제3항 각 호에서 정한 내용 중 전부 또는 일부를 거짓으로 적어 계약서를 교부한 자	법 제21조제1항제3호	200	500	1,000
자. 법 제6조제2항 또는 제4항을 위반하여 설명을 하지 아니한 자	법 제21조제1항제4호	50	250	500
차. 법 제6조제5항을 위반하여 계약서와 계약관계서류의 보관의무를 이행하지 아니한 자	법 제21조제2항제4호	50	250	500
카. 법 제6조제6항을 위반하여 정당한 사유 없이 계약서 및 계약관계서류의 열람을	법 제21조제2항제5호	50	250	500

		200	500	1,000
거부하거나 관련 증명서의 발급을 거부한 자				
타. 법 제6조의2를 위반하여 거래상대방 또는 보증인이 같은 조 제1항 각 호의 사항 또는 같은 조 제2항 각 호의 사항을 자필로 기재하게 하지 아니한 자	법 제21조제1항제5호	200	500	1,000
파. 법 제7조제1항을 위반하여 거래상대방으로부터 소득·재산 및 부채상황에 관한 증명서류를 제출받지 아니한 자	법 제21조제1항제6호	50	250	500
하. 법 제7조의2를 위반하여 제3자에게 담보제공 여부를 확인하지 않은 자	법 제21조제1항제6호의2	50	250	500
거. 법 제9조제1항을 위반하여 중요 사항을 게시하지 아니한 자	법 제21조제1항제7호	50	250	500
너. 법 제9조제2항 또는 제3항을 위반하여 광고를 한 자	법 제21조제1항제8호	200	500	1,000
더. 법 제9조제4항을 위반하여 광고의 문안과 표기에 관한 의무를 이행하지 아니한 자	법 제21조제2항제6호	50	250	500
러. 법 제9조제5항을 위반하여 광고를 한 경우	법 제21조제1항제8호	500	1,000	1,500
머. 법 제9조의3제1항 각 호의 행위를 한 자	법 제21조제1항제9호	200	500	1,000

위반행위	근거 법조문	1차	2차	3차
버. 법 제9조의5제1항 또는 제2항을 위반하여 종업원을 고용하거나 업무를 위임하거나 대리하게 한 자	법 제21조제1항제10호	50	250	500
서. 법 제10조제2항을 위반하여 보고 또는 공시를 하지 않은 경우	법 제21조제2항제7호	50	250	500
어. 법 제10조의2를 위반하여 소속과 성명을 밝히지 아니한 자	법 제21조제2항제8호	20	100	200
저. 법 제12조제2항 및 제3항에 따른 검사에 불응하거나 검사를 방해한 자	법 제21조제1항제11호	500	1,000	1,500
처. 법 제12조제1항 또는 제5항에 따른 보고 또는 자료의 제출을 거부하거나 거짓으로 보고 또는 자료를 제출한 자	법 제21조제2항제9호	50	250	500
커. 법 제12조제9항을 위반하여 보고서를 제출하지 아니하거나, 거짓으로 작성하거나, 기재하여야 할 사항의 전부 또는 일부를 기재하지 아니하고 제출한 자	법 제21조제1항제12호	200	500	1,000
터. 법 제18조의2제5항에 따른 대부업 및 대부중개업 협회 또는 이와 비슷한 명칭을 사용한 자	법 제21조제2항제10호	50	250	500

채권의 공정한 추심에 관한 법률

[시행 2014.11.21.] [법률 제12594호, 2014.5.20., 일부개정]

제1조(목적) 이 법은 채권추심자가 권리를 남용하거나 불법적인 방법으로 채권추심을 하는 것을 방지하여 공정한 채권추심 풍토를 조성하고 채권자의 정당한 권리행사를 보장하면서 채무자의 인간다운 삶과 평온한 생활을 보호함을 목적으로 한다.

제2조(정의) 이 법에서 사용하는 용어의 뜻은 다음과 같다.
<개정 2011.3.29., 2014.5.20.>

1. "채권추심자"란 다음 각 목의 어느 하나에 해당하는 자를 말한다.

   가. 「대부업 등의 등록 및 금융이용자 보호에 관한 법률」에 따른 대부업자, 대부중개업자, 대부업의 등록을 하지 아니하고 사실상 대부업을 영위하는 자, 여신금융기관 및 이들로부터 대부계약에 따른 채권을 양도받거나 재양도 받은 자

   나. 가목에 규정된 자 외의 금전대여 채권자 및 그로부터 채권을 양도받거나 재양도 받은 자

   다. 「상법」에 따른 상행위로 생긴 금전채권을 양도받거나 재양도 받은 자

   라. 금전이나 그 밖의 경제적 이익을 대가로 받거나 받기로 약속하고 타인의 채권을 추심하는 자(채권추심을 목적으로 채권의 양수를 가장한 자를 포함한다)

   마. 가목부터 라목까지에 규정된 자들을 위하여 고용, 도급, 위임 등 원인을 불문하고 채권추심을 하는 자

2. "채무자"란 채무를 변제할 의무가 있거나 채권추심자로부터 채무를 변제할 의무가 있는 것으로 주장되는 자연인(보증인을 포함한다)을 말한다.

3. "관계인"이란 채무자와 동거하거나 생계를 같이 하는 자, 채무자의 친족, 채무자가 근무하는 장소에 함께 근무하는 자를 말한다.

4. "채권추심"이란 채무자에 대한 소재파악 및 재산조사, 채권에 대한 변제 요구, 채무자로부터 변제 수령 등 채권의 만족을 얻기 위한 일체의 행위를 말한다.

5. "개인정보"란 「개인정보 보호법」 제2조제1호의 개인정보를 말한다.

6. "신용정보"란 「신용정보의 이용 및 보호에 관한 법률」 제2조제1호의 신용정보를 말한다.

제3조(국가와 지방자치단체의 책무) ① 국가와 지방자치단체는 공정한 채권추심 풍토가 정착되도록 제도와 여건을 마련하고 이를 위한 시책을 추진하여야 한다.

② 국가와 지방자치단체는 권리를 남용하거나 불법적인 채권추심행위를 하는 채권추심자로부터 채무자 또는 관계인을 보호하기 위하여 노력하여야 한다.

제4조(다른 법률과의 관계) 채권추심에 관하여 다른 법률에 특별한 규정이 있는 경우를 제외하고는 이 법에서 정하는 바에 따른다.

제5조(채무확인서의 교부) ① 채권추심자(제2조제1호가목에 규정된 자에 한한다. 이하 이 조에서 같다)는 채무자로부터 원금, 이자, 비용, 변제기 등 채무를 증명할 수 있는 서류(이하 "채무확인서"라 한다)의 교부를 요청받은 때에는 정당한 사유가 없는 한 이에 응하여야 한다.

② 채권추심자는 채무확인서 교부에 직접 사용되는 비용 중 대통령령으로 정하는 범위에서 채무자에게 그 비용을 청구할 수 있다.
〈개정 2012.1.17.〉

제6조(수임사실 통보) ① 채권추심자(제2조제1호라목에 규정된 자 및 그 자를 위하여 고용, 도급, 위임 등 원인을 불문하고 채권추심을 하는 자를 말한다. 이하 이 조에서 같다)가 채권자로부터 채권추심을 위임받은 경우에는 채권추심에 착수하기 전까지 다음 각 호에 해당하는 사항을 채무자에게 서면(「전자문서 및 전자거래 기본법」 제2조제1호의 전자문서를 포함한다)으로 통지하여야 한다. 다만, 채무자가 통지가 필요 없다고 동의한 경우에는 그러하지 아니하다.
〈개정 2012.6.1., 2014.5.20.〉

1. 채권추심자의 성명·명칭 또는 연락처(채권추심자가 법인인 경우에는 채권추심담당자의 성명, 연락처를 포함한다)

2. 채권자의 성명·명칭, 채무금액, 채무불이행 기간 등 채무에 관한 사항

3. 입금계좌번호, 계좌명 등 입금계좌 관련 사항

② 제1항에도 불구하고 채무발생의 원인이 된 계약에 기한의 이익에 관한 규정이 있는 경우에는 채무자가 기한의 이익을 상실한 후 즉시 통지하여야 한다.

③ 제1항에도 불구하고 채무발생의 원인이 된 계약이 계속적인 서비스 공급 계약인 경우에는 서비스 이용료 납부지체 등 채무불이행으로 인하여 계약이 해지된 즉시 통지하여야 한다.

제7조(동일 채권에 관한 복수 채권추심 위임 금지) 채권추심자는 동일한 채권에 대하여 동시에 2인 이상의 자에게 채권추심을 위임하여서는 아니 된다.

제8조(채무불이행정보 등록 금지) 채권추심자(제2조제1호가목 및 라목에 규정된 자 및 그 자를 위하여 고용, 도급, 위임 등 원인을 불문하고 채권추심을 하는 자를 말한다. 이하 이 조에서 같다)는 채무자가 채무의 존재를 다투는 소를 제기하여 그 소송이 진행 중인 경우에 「신용정보의 보호 및 이용에 관한 법률」에 따른 신용정보집중기관이나 신용정보업자의 신용정보전산시스템에 해당 채무자를 채무불이행자로 등록하여서는 아니 된다. 이 경우 채무불이행자로 이미 등록된 때에는 채권추심자는 채무의 존재를 다투는 소가 제기되어 소송이 진행 중임을 안 날부터 30일 이내에 채무불이행자 등록을 삭제하여야 한다. <개정 2014.5.20.>

제8조의2(대리인 선임 시 채무자에 대한 연락 금지) 다음 각 호를 제외한 채권추심자는 채무자가 「변호사법」에 따른 변호사·법무법인·법무법인(유한) 또는 법무조합을 채권추심에 응하기 위한 대리인으로 선임하고 이를 채권추심자에게 서면으로 통지한 경우 채무와 관련하여 채무자를 방문하거나 채무자에게 말·글·음향·영상 또는 물건을 도달하게 하여서는 아니 된다. 다만, 채무자와 대리인이 동의한 경우 또는 채권추심자가 대리인에게 연락할 수 없는 정당한 사유가 있는 경우에는 그러하지 아니하다.

1. 「대부업 등의 등록 및 금융이용자 보호에 관한 법률」에 따른 여신금융기관
2. 「신용정보의 이용 및 보호에 관한 법률」에 따른 신용정보회사
3. 「자산유동화에 관한 법률」 제10조에 따른 자산관리자

4. 제2조제1호가목에 규정된 자를 제외한 일반 금전대여 채권자

5. 제1호부터 제4호까지에 규정된 자들을 위하여 고용되거나 같은
   자들의 위임을 받아 채권추심을 하는 자(다만, 채권추심을 하는
   자가 「대부업 등의 등록 및 금융이용자 보호에 관한 법률」에
   따른 대부업자, 대부중개업자, 대부업의 등록을 하지 아니하고 사
   실상 대부업을 영위하는 자인 경우는 제외한다)

[본조신설 2014.1.14.]

제8조의3(관계인에 대한 연락 금지) ① 채권추심자는 채권추심을 위하
여 채무자의 소재, 연락처 또는 소재를 알 수 있는 방법 등을 문의하
는 경우를 제외하고는 채무와 관련하여 관계인을 방문하거나 관계인에
게 말·글·음향·영상 또는 물건을 도달하게 하여서는 아니 된다.

② 채권추심자는 제1항에 따라 관계인을 방문하거나 관계인에게
말·글·음향·영상 또는 물건을 도달하게 하는 경우 다음 각 호에
해당하는 사항을 관계인에게 밝혀야 하며, 관계인이 채무자의 채무
내용 또는 신용에 관한 사실을 알게 하여서는 아니 된다.

1. 채권추심자의 성명·명칭 및 연락처(채권추심자가 법인인 경우에
   는 업무담당자의 성명 및 연락처를 포함한다)

2. 채권자의 성명·명칭

3. 방문 또는 말·글·음향·영상·물건을 도달하게 하는 목적

[본조신설 2014.1.14.]

제8조의4(소송행위의 금지) 변호사가 아닌 채권추심자(제2조제1호라
목에 규정된 자로서 채권추심을 업으로 하는 자 및 그 자를 위하여
고용, 도급, 위임 등 원인을 불문하고 채권추심을 하는 자로 한정한
다)는 채권추심과 관련한 소송행위를 하여서는 아니 된다.

[본조신설 2014.5.20.]

제9조(폭행·협박 등의 금지) 채권추심자는 채권추심과 관련하여 다음
각 호의 어느 하나에 해당하는 행위를 하여서는 아니 된다.
<개정 2014.1.14., 2014.5.20.>

1. 채무자 또는 관계인을 폭행·협박·체포 또는 감금하거나 그에게
   위계나 위력을 사용하는 행위

2. 정당한 사유 없이 반복적으로 또는 야간(오후 9시 이후부터 다음

날 오전 8시까지를 말한다. 이하 같다)에 채무자나 관계인을 방
문함으로써 공포심이나 불안감을 유발하여 사생활 또는 업무의
평온을 심하게 해치는 행위
3. 정당한 사유 없이 반복적으로 또는 야간에 전화하는 등 말·글·
음향·영상 또는 물건을 채무자나 관계인에게 도달하게 함으로써
공포심이나 불안감을 유발하여 사생활 또는 업무의 평온을 심하
게 해치는 행위
4. 채무자 외의 사람(제2조제2호에도 불구하고 보증인을 포함한다)
에게 채무에 관한 거짓 사실을 알리는 행위
5. 채무자 또는 관계인에게 금전의 차용이나 그 밖의 이와 유사한 방
법으로 채무의 변제자금을 마련할 것을 강요함으로써 공포심이나
불안감을 유발하여 사생활 또는 업무의 평온을 심하게 해치는 행위
6. 채무를 변제할 법률상 의무가 없는 채무자 외의 사람에게 채무자
를 대신하여 채무를 변제할 것을 요구함으로써 공포심이나 불안
감을 유발하여 사생활 또는 업무의 평온을 심하게 해치는 행위
7. 채무자의 직장이나 거주지 등 채무자의 사생활 또는 업무와 관련
된 장소에서 다수인이 모여 있는 가운데 채무자 외의 사람에게
채무자의 채무금액, 채무불이행 기간 등 채무에 관한 사항을 공
연히 알리는 행위

제10조(개인정보의 누설 금지 등) ① 채권추심자는 채권발생이나 채
권추심과 관련하여 알게 된 채무자 또는 관계인의 신용정보나 개인
정보를 누설하거나 채권추심의 목적 외로 이용하여서는 아니 된다.
② 채권추심자가 다른 법률에 따라 신용정보나 개인정보를 제공하는
경우는 제1항에 따른 누설 또는 이용으로 보지 아니한다.

제11조(거짓 표시의 금지 등) 채권추심자는 채권추심과 관련하여 채
무자 또는 관계인에게 다음 각 호의 어느 하나에 해당하는 행위를
하여서는 아니 된다.
1. 무효이거나 존재하지 아니한 채권을 추심하는 의사를 표시하는 행위
2. 법원, 검찰청, 그 밖의 국가기관에 의한 행위로 오인할 수 있는
말·글·음향·영상·물건, 그 밖의 표지를 사용하는 행위
3. 채권추심에 관한 법률적 권한이나 지위를 거짓으로 표시하는 행위

4. 채권추심에 관한 민사상 또는 형사상 법적인 절차가 진행되고 있지 아니함에도 그러한 절차가 진행되고 있다고 거짓으로 표시하는 행위

5. 채권추심을 위하여 다른 사람이나 단체의 명칭을 무단으로 사용하는 행위

제12조(불공정한 행위의 금지) 채권추심자는 채권추심과 관련하여 다음 각 호의 어느 하나에 해당하는 행위를 하여서는 아니 된다. <개정 2014.5.20.>

1. 혼인, 장례 등 채무자가 채권추심에 응하기 곤란한 사정을 이용하여 채무자 또는 관계인에게 채권추심의 의사를 공개적으로 표시하는 행위

2. 채무자의 연락두절 등 소재파악이 곤란한 경우가 아님에도 채무자의 관계인에게 채무자의 소재, 연락처 또는 소재를 알 수 있는 방법 등을 문의하는 행위

3. 정당한 사유 없이 수화자부담전화료 등 통신비용을 채무자에게 발생하게 하는 행위

3의2. 「채무자 회생 및 파산에 관한 법률」 제593조제1항제4호 또는 제600조제1항제3호에 따라 개인회생채권에 대한 변제를 받거나 변제를 요구하는 일체의 행위가 중지 또는 금지되었음을 알면서 법령으로 정한 절차 외에서 반복적으로 채무변제를 요구하는 행위

4. 「채무자 회생 및 파산에 관한 법률」에 따른 회생절차, 파산절차 또는 개인회생절차에 따라 전부 또는 일부 면책되었음을 알면서 법령으로 정한 절차 외에서 반복적으로 채무변제를 요구하는 행위

5. 엽서에 의한 채무변제 요구 등 채무자 외의 자가 채무사실을 알 수 있게 하는 행위(제9조제7호에 해당하는 행위는 제외한다)

제13조(부당한 비용 청구 금지) ① 채권추심자는 채무자 또는 관계인에게 지급할 의무가 없거나 실제로 사용된 금액을 초과한 채권추심비용을 청구하여서는 아니 된다.

② 채권추심자가 채무자 또는 관계인에게 청구할 수 있는 채권추심비용의 범위 등 제1항과 관련하여 필요한 사항은 대통령령으로 정

한다. <개정 2014.5.20.>

제13조의2(비용명세서의 교부) ① 채무자 또는 관계인은 채권추심자가 사업자(제2조제1호가목 및 라목에 따른 자 및 그 자를 위하여 고용, 도급, 위임 등에 따라 채권추심을 하는 자를 말한다. 이하 같다)인 경우에는 그 사업자에게 채권추심비용을 항목별로 명시한 서류(이하 "비용명세서"라 한다)의 교부를 요청할 수 있다.

② 제1항에 따라 비용명세서의 교부를 요청받은 채권추심자는 정당한 사유가 없으면 지체 없이 이를 교부하여야 하고, 채무자 또는 관계인에게 그 교부에 따른 비용을 청구해서는 아니 된다.

[본조신설 2014.5.20.]

제14조(손해배상책임) 채권추심자가 이 법을 위반하여 채무자 또는 관계인에게 손해를 입힌 경우에는 그 손해를 배상하여야 한다. 다만, 채권추심자가 사업자(제2조제1호가목 및 라목에 규정된 자 및 그 자를 위하여 고용, 도급, 위임 등에 따라 채권추심을 하는 자를 말한다. 이하 같다)인 경우에는 사업자가 자신에게 고의 또는 과실이 없음을 입증한 때에는 그러하지 아니하다. <개정 2014.5.20.>

제15조(벌칙) ① 제9조제1호를 위반하여 채무자 또는 관계인을 폭행·협박·체포 또는 감금하거나 그에게 위계나 위력을 사용하여 채권추심행위를 한 자는 5년 이하의 징역 또는 5천만원 이하의 벌금에 처한다.

② 다음 각 호의 어느 하나에 해당하는 자는 3년 이하의 징역 또는 3천만원 이하의 벌금에 처한다. <개정 2014.5.20.>

1. 제8조의4를 위반하여 변호사가 아니면서 채권추심과 관련하여 소송행위를 한 자
2. 제9조제2호부터 제7호까지를 위반한 자
3. 제10조제1항을 위반하여 채무자 또는 관계인의 신용정보나 개인정보를 누설하거나 채권추심의 목적 외로 이용한 자
4. 제11조제1호를 위반하여 채권을 추심하는 의사를 표시한 자

③ 다음 각 호의 어느 하나에 해당하는 자는 1년 이하의 징역 또는 1천만원 이하의 벌금에 처한다. <개정 2014.1.14.>

1. 제8조의3제1항을 위반한 자

2. 제11조제2호를 위반하여 말·글·음향·영상·물건, 그 밖의 표
   지를 사용한 자

제16조(양벌규정) 법인의 대표자나 법인 또는 개인의 대리인, 사용인,
그 밖의 종업원이 그 법인 또는 개인의 업무에 관하여 제15조의 위
반행위를 하면 그 행위자를 벌하는 외에 그 법인 또는 개인에게도
해당 조문의 벌금형을 과(科)한다. 다만, 법인 또는 개인이 그 위반
행위를 방지하기 위하여 해당 업무에 관하여 상당한 주의와 감독을
게을리하지 아니한 경우에는 그러하지 아니하다.

제17조(과태료) ① 다음 각 호의 어느 하나에 해당하는 자에게는 2천
만원 이하의 과태료를 부과한다. <개정 2014.1.14.>

1. 제5조제1항을 위반하여 채무확인서의 교부요청에 응하지 아니한 자
2. 제8조의2를 위반하여 채무자를 방문하거나 채무자에게 말·글·
   음향·영상 또는 물건을 도달하게 한 자
3. 제12조제1호 및 제2호를 위반한 자

② 다음 각 호의 어느 하나에 해당하는 자에게는 1천만원 이하의
과태료를 부과한다. <개정 2012.6.1., 2014.1.14., 2014.5.20.>

1. 제6조를 위반하여 채권자로부터 채권추심을 위임받은 사실을 서
   면(「전자문서 및 전자거래 기본법」 제2조제1호의 전자문서를
   포함한다)으로 통지하지 아니한 자
2. 제7조를 위반하여 동일 채권에 대하여 2인 이상의 자에게 채권
   추심을 위임한 자
3. 제8조를 위반하여 채무의 존재를 다투는 소송이 진행 중임에도
   채무불이행자로 등록하거나 소송이 진행 중임을 알면서도 30일
   이내에 채무불이행자 등록을 삭제하지 아니한 자
4. 제8조의3제2항을 위반한 자
5. 제11조제3호부터 제5호까지를 위반한 자
6. 제13조를 위반하여 채권추심비용을 청구한 자
7. 제13조의2제2항을 위반하여 비용명세서를 교부하지 아니한 자

③ 제12조제3호·제3호의2·제4호 또는 제5호를 위반한 자에게는
500만원 이하의 과태료를 부과한다. <개정 2014.5.20.>

④ 제1항제3호, 제2항제2호·제5호 및 제6호, 제3항에 해당하는 자

가 사업자가 아닌 경우에는 해당 규정이 정하는 과태료를 그 다액의 2분의 1로 감경한다. <개정 2014.1.14.>

제18조(과태료의 부과·징수 및 권한의 위임) ① 이 법에 따른 과태료는 대통령령으로 정하는 바에 따라 과태료 대상자에 대하여 다른 법률에 따른 인가·허가·등록 등을 한 감독기관이 있는 경우에는 그 감독기관이, 그 외의 경우에는 특별시장·광역시장·도지사 또는 특별자치도지사가 부과·징수한다.

② 제1항의 감독기관은 과태료의 부과·징수에 관한 권한의 일부를 대통령령으로 정하는 바에 따라 시장·군수 또는 구청장에게 위임할 수 있다.

부칙

<제12594호, 2014.5.20.>

이 법은 공포 후 6개월이 경과한 날부터 시행한다.

◆ 편저 김 만 기 ◆

- 전(前) 서울지방법원민사과장
- 전(前) 고등법원종합민원실장
- 저서 : 자동차사고의 법률적 해법과 지식(공저)
         법인등기실무
         의료사고의료분쟁속시원하게해결해드립니다(공저)
         채권채무 정석 요해
         채무 소액소장 사례실무

사채, 이것만 알고 빌려 씁시다

이 정도도 모르면 대부업체 이용
하지 마세요!   定價 18,000원

2017年 2月 10日 인쇄
2017年 2月 15日 발행
    편 저 : 김 만 기
    발행인 : 김 현 호
    발행처 : 법문 북스
    공급처 : 법률미디어

152-050
서울 구로구 경인로 54길4(구로동 636-62)
TEL : 2636-2911~3, FAX : 2636~3012
등록 : 1979년 8월 27일 제5-22호
Home : www.lawb.co.kr

▌ISBN 978-89-7535-570-7 13360
▌이 도서의 국립중앙도서관 출판예정도서목록(CIP)은 서지정보유통지
  원시스템 홈페이지(http://seoji.nl.go.kr)와 국가자료공동목록시스템
  (http://www.nl.go.kr/kolisnet)에서 이용하실 N 있습니다.(CIP제어
  번호: CIP2017002608)
▌파본은 교환해 드립니다.

대부업체를 이용하려는 경우 어떤 대부업체를 선택할 것인지,
대부계약의 체결방법, 법정이자의 범위,
대부금의 상환 및 불법 채권추심의 신고 등에 관하여
자세히 모르고 이용하기 때문에 고통을 받고 있는 분이 많아
상담 사례들을 모아서 이해하기 쉽게 수록하였습니다

ISBN 978-89-7535-570-7

18,000원